／税收公法学丛书／

葛克昌 李刚 ／总主编

租税国的危机

葛克昌　著

厦门大学出版社
XIAMEN UNIVERSITY PRESS

国家一级出版社
全国百佳图书出版单位

图书在版编目(CIP)数据

租税国的危机/葛克昌著. —厦门:厦门大学出版社,2016.7
(税收公法学丛书)
ISBN 978-7-5615-6057-0

Ⅰ. ①租…　Ⅱ. ①葛…　Ⅲ. ①税法-研究　Ⅳ. ①D912.204

中国版本图书馆 CIP 数据核字(2016)第 111238 号

出 版 人	蒋东明
责任编辑	甘世恒、邓臻
装帧设计	李嘉彬
责任印制	许克华

出版发行	厦门大学出版社
社　　址	厦门市软件园二期望海路 39 号
邮政编码	361008
总 编 办	0592-2182177　0592-2181406(传真)
营销中心	0592-2184458　0592-2181365
网　　址	http://www.xmupress.com
邮　　箱	xmupress@126.com
印　　刷	厦门市万美兴印刷设计有限公司

开本	720mm×1000mm　1/16
印张	14
插页	2
字数	260 千字
版次	2016 年 7 月第 1 版
印次	2016 年 7 月第 1 次印刷
定价	50.00 元

本书如有印装质量问题请直接寄承印厂调换

厦门大学出版社
微信二维码

厦门大学出版社
微博二维码

总　　序

　　欧债危机敲响了当代租税国危机之警钟,危及市场经济基本秩序与国家宪政基础。实则早在近百年前于1918年熊彼德所发表之《租税国家危机》一文,即明确指出国家债务失去控制,已宣告租税国家危机来临;而其主要原因,在于社会因素致国家支出暴增,与因经济因素使国家收入停滞不前。德国公法学者Isensee教授,则归结此种历程为初由"财政危机"转为"经济危机",终陷入"宪法危机"的困境,如何将此宪法之脱缰野马,控制在重塑市场经济公法秩序建制中,为当代最重要之法制课题。

　　厦门大学虽偏居东南一隅,但会计学与财税法学具有长远深厚之传统,不仅名师辈出,学子成就傲人;尤以廖益新教授领导下之国际税法,成绩最为斐然,冠于两岸三地。现厦门大学以其固有之基础,积极规划系列"税收公法学丛书",以因应时代需求;由备受期待之青年学者李刚博士主其事,以其积极任事,具远见与耐心。该丛书虽有各种困难仍待克服,但如持之有故,积年累月,终将有相当成果之一日,吾人等自应尽力配合,共襄盛举。兹在丛书出刊之初,简述其背景及时代意义,望读者切莫以一般丛书视之。

葛克昌

2013 年 5 月 8 日

主编手记:税收公法学丛书的由来

　　台湾大学法律学院葛克昌教授在两岸税法学界的地位与影响,恐怕无人不晓。本人就算是再费笔墨,也难以尽述葛师在税法研究上的高深造诣、两岸交流上的倾力奉献和提携后进上的不遗余力。因此,本套丛书由葛师擎旗帷幄,应是恰如其分。本人蒙葛师赏识,允为主编之一,不胜惶恐,将本套丛书来龙去脉作一简介,亦属分内之事。

　　2011 年 7 月初、厦门大学第三学期(短学期)之际,应厦门大学国际税法与比较税制研究中心(CITACT—XMU)主任廖益新教授之邀,葛师造访厦门大学法学院,在我校漳州校区为本科生开堂讲学“税捐行政法”,本人有幸全程陪同并聆听葛师教诲。厦门大学出版社副社长施高翔博士闻名师而动,与甘世恒编辑专程赴漳州校区拜访葛师,殷切表达厦大出版社拟规划出版台湾法学名家丛书、恳请葛师赐稿襄助之意,双方乐而达成初步出版意向,并委由本人居中联络后续事宜。现在想来,本套税收公法学丛书之名,最初即由我们四人在厦大漳州校区宾馆的大堂沙发上商议而定。然而,由于本人怠惰,此事竟拖延一年有余。

　　2012 年 9 月底至 11 月底,承葛师及其助理台大法律学院法学研究所财税法组的吴怡凤、巫念衡和陈佳函诸同学尽心周到安排,本人应邀赴台湾大学法律学院先参加“第 17 届两岸税法研讨会:税捐证据法制”,继而于大学部和研究所开课讲授大陆税法。借此次访台之机,不仅终于将此前意向落实,与葛师商定首期出版计划,包括葛师的《租税国的危机》《税捐行政法——纳税人基本权视野下之税捐稽征法》和本人撰写的《现代税法学要论》等四五本,而且着手启动将葛师著书由繁体版改为简体版的技术性编辑工作。

　　葛师所著繁体版诸专书,本人早在十余年前(2002 年)因撰写博士学位论文之需就已拜读,2005 年结识葛师以来,一直蒙葛师慷慨赠书,得以持续学习葛师推陈出新的专著要义。这一次兼具编辑与求学者的双重视角,重读各书,对字里行间所展现的葛师思想精髓的体认又与之前初读各书时有所不同。本人将重读纸版书时所勾画之处,与此前初读之时所作的笔记相对照,发现竟然只有一半内容是重叠的,不禁感慨经典著作常读常新;这也是在编辑工作之外的一种额外收获。只是必须说明的是:本套丛书首期出版各台湾学者论著,虽经本人逐一全书通读,并为符合大陆地区读者阅读习惯,在尽可能保持原文原貌原意的基础之上,仅对个别字词文句作必要的技术处理,即便还有厦大出版社的甘世恒编辑的最后把关检视,仍难免有疏失遗漏之处,请读者体谅;若还肯不吝赐知,为将来的修订助力,则无疑是编者的大幸。

最后,感谢厦大出版社施高翔博士慧眼独具,为两岸法学交流再添新篇;感谢邓臻编辑为本套论丛所付出的努力。相信他们的眼光和努力会经由读者的肯认获得回报。

李　刚

2012 年 11 月 25 日,台大长兴街寓所

(李刚的电子信箱:ligang76@163.com)

目 录

第一章

租税国危机及其宪法课题*

第一节　引　言

初由"经济危机",转为"社会危机",终陷入"宪法危机"的困境。[1] 这样一条常在已开发国家与开发中国家之不归路,在人们脑海中已尘封了 40 多年的梦魇,从 1990 年开始其轮廓又逐渐浮现。由连续两年赋税收入 20％以上年增率,[2]转成 1990 年负增长,再加上已定案之台湾地区建设六年计划,其总经费高达 8.2 兆元之沉重负担,于是调高规费、增税、发行公债、借外债等构想源源推出。[3] 此不啻为台湾地区稳健保守财政政策时代所为之"死亡宣告",从而亦敲响了"租税国家危机"之警钟。在这历史转逝点上,当然引发了学术界广大的争议与关注,唯大多从经济学理论与实务上加以分析,忽略社会及法律层面之探究。一个现代宪政国家和地区,如何面对如此巨大的观念与社会之变迁,实有必要多从宪法角度,寻求全民共识,预为规范,让宪法一方面成为财政政策脱缰野

---

　* 本文原在《台大法学论丛》1991 年第 20 卷第 2 期上发表。

　① 借用德国名公法学者 Isensee 教授用语,参见氏著,Der Sozialstaat in wirtschaftkrise, in Festschrift für Johannes Broermann, 1982, S. 365.

　② 1988 年度台湾地区赋税收入新台币 5580 亿元,年增率 20.9％;1989 年度赋税收入新台币 6773 亿元,年增率 21.4％。参见台湾"财政部"统计处编印,台湾地区 1989 年赋税统计年报,提要分析表一。

　③ 根据六年计划:"未来六年公共建设的财源,大部分须依赖公债大量发行与赊借,预算赤字相应扩大。"台湾"行政院经建会",地区六年计划第一册,第 14 页。

马之最终羁束,另一方面作为对抗轻率财税政策及经济不理性行为的最后堡垒。[①] 本书基于此观点,先阐述租税国家危机概念之源起、租税国家之病理分析,再就台湾地区"宪法"上财税体系之蓝图,检讨财税改革途径及其法律基础。[②]

第二节　租税国危机

"租税国危机"(Die Krise des Steuerstaats)系奥地利经济学大师熊彼特,在第一次世界大战最后一年(1918 年)所发表的一篇广为当时及后人所引用的经济政策论文的标题。[③] 熊彼特所谓之租税国,系依据 Goldscheid 的观点,指一国之收入多取诸人民所缴纳之租税;而非如 19 世纪一些国家,其收入以来自国有地,国有财产及国营事业所得为大宗,例如其时普鲁士之预算,泰半取之于具价格垄断及较低人事费用之国营铁路收入。今天仍有不以市场经济为基础所组成之工业国家(虽然逐渐没落)可值吾人作为租税国家之替代选择。问题在于今日

---

① 宪法对国家财政体系之功能,请参见葛克昌:《人民有依法律纳税之义务(下)》,载《台大法学论丛》1989 年第 19 卷第 2 期;以及葛克昌:《人民有依法律纳税之义务——以大法官解释为中心》,载《税法基本问题——财政宪法篇》,台湾元照出版有限公司 2005 年版。

② 关于财税改革之法律基础,另请参见葛克昌:《平等与适法原则——财税改革之法律基础初论》,载《财税研究》1990 年第 22 卷第 5 期。

③ Schumpeter, Die Krise des Steuerstaats, 1918, Neudruck in: Goldscheid-Schumpeters' Die Finanzkrise des Steuerstaats, 1976, S. 329～379.

之租税国家,究竟发生何种危机?[①] 其财政系统,应否为根本且深化之改革? 当代宪政体制下之租税国家,在法理论上具有何意义?[②]

一、租税国危机之宣告

根据熊彼特之租税国家危机理论,租税国家由于支出大量扩充,无法由常规之租税收入来支应,终将导致国家之过度举债。国家债务失去控制的事实,即宣告了租税国危机之来临。

熊彼特解释支出暴增之原因,乃基于社会因素;而国家收入停滞不前,则由于经济因素。支出暴增之社会因素,熊彼特认为系"民众越来越高涨之支出意愿……在此意愿之背后则为越来越扩展之权力,终致在思想上彻底改变全民私有财产制度与生活方式"。[③] 熊彼特对收入停滞经济因素的说明,则认为租税收入有其历史条件限制,一国之国民经济所能提供的税收,均有其极限。不容竭渔而肥,否则税源必当枯竭。由于租税国不能损及其自身存在基础,[④]租税国危机理

---

① 熊彼特之大作,原为反驳 Goldscheid 在 1917 年发表之《国家社会主义或国家资本主义》(*Staatssozialismus oder Staatskapitalismus*)一文,该文认为对史无前例之战争债务,传统之租税收入,不啻杯水车薪,非具有非常之决心,另行开拓营利收入之财源不可。国家应有计划地闯入私经济领域,自行掌握生产工具。因面临破产之"债务缠身之租税国"想要重新再起,唯有浴火改造成为"拥有资本能力之经济国"始有一线生机。熊彼特则力排此议,认为租税国家乃与现代国家同时诞生,一起发展。现代国家即存在于经济主体之个人利益运作能力之私经济上,其本质,在于经济活动"须赖新的动力在新的轨道上运行,其间国民之生活观及文化内涵,乃至于心理习惯等等社会结构均须彻底变动"。租税国即寄生其上,国家财政支出愈高,愈需仰赖个人追逐自我利益之驱力,更不能反其道而行,以战争为借口,干预私人之财产与生活方式。鉴于预期中战后负担,熊彼特选用昔日通行而具政治震撼力之口号作为文章标题——租税国危机,文中首先忧心地探讨该现象,最终结论则否定之。熊彼特认为国家财政收入限于间接取之于税课,不仅力足负担,且仅对企业之盈余加以课征,不致造成对企业活力之巨大伤害,对其技术及生产力之提升,有引导及扩散之效果。对财政需求问题,不难解决,唯有一前提条件,即国民不能有日益高涨之支出意愿与权力要求,此非租税国财政所能负担。此一西方版之盐铁论,虽然聚讼盈庭,至今未已。但熊彼特之主张则成为西欧现实政治之主流,引导着 20 世纪之国家运作,历史证明租税国具有无比活力与潜能,德国二次战后之复兴,不能不说均拜此之赐。而熊彼特提出租税国之前提条件与限制,从今天来看,也不能不说具有历史远见。

② 从法理论观点,特别是平等国家观察租税国,有 Leisner, Der Steuerstaat-Weg der Gleichheit zur Macht, StuW 4/1986 S. 305;从宪法观点观察租税国,请参见 Isensee, Steuerstaat als Staatsform, in Festschrift für H. P. Ipsen, 1977, S. 417.

③ Goldscheid-Schumpeters' a. a. O. , S. 351.

④ Goldscheid-Schumpeters' a. a. O. , S. 341~352.

论,在现实世界须辅以租税国政治危机理论。增税不仅有其经济上限度,亦有其政治上限度,过度税课将使多数之选民,丧失对政府之信赖。以福利国家著称,人民税负达国民所得50%之瑞典,可作为租税国经济危机之代表;而美国则可视为租税国政治危机之典型。[①] 国家债务失去控制之危机,熊彼特虽提出于一次世界大战后,其问题严重化则在近10年,兹以1974年到1985年10年间工业化国家发展,以国家债务占净国民生产毛额为例,联邦德国由19%提高到41%(金额为4倍),意大利由45%提高到98%(金额为10倍),瑞典由37%提高到78%(金额为6倍),日本由13%提高至57%(金额为10倍),美国由50%提高为58%(金额为3倍)。[②] 几乎每一个国家,均陷入国家债务失去控制之困境。这种租税国家危机原因何在,值得吾人进一步探讨。

二、租税国危机之缘由

租税国危机在于支出面国家职权之超载;以及收入面,一方面税收受经济及政治条件限制停滞不前,另一方面财税政策上引入许多传统财政收入以外之目标(如经济及社会目的之租税优惠),加深了税收之短缺。

(一)国家职权之过度扩展

从前述提及的国家债务失去控制的国家,均可发现在近10年间国家职权之扩张,[③]尤以许多新增之任务,造成沉重之财政压力,例如:

1. 充分就业与景气政策

凯恩斯经济理论之中心思想,即为若无国家干预,市场经济本身不足以确保充分就业与经济发展。为调节市场需求,凯恩斯认为国家必须采行平衡性需求,以达到私人之充分需求,创造更多就业机会。[④] 此种理论,为多数国家所采行。故不论其理论之利弊得失,[⑤]此种不断扩张之政策,实际上难以刹车,国家支出

---

① Seidl, Krise oder Reform des Steuerstaats? StuW 3/1987 S. 185.

② Seidl, a. a. O. , S. 188.

③ 国家任务之扩增与财政需求之膨胀,请参阅葛克昌:《税法与民生福利国家》,载《经社法制论丛》1989年第4期,以及本书第六章。

④ Keynes, The General Theory of Employment, Interest, Money, 1936, Chap. 24. 中译本:李兰甫译:《就业、利息与货币的一般理论》,第24章。

⑤ 此种理论在宪法上意义,请参阅 Ehmke 之教授升等论文《经济与宪法》(*Wirtschaft und Verfassung*, 1961),其评论参阅 Mestmäcker, *Wirtschaft und Verfassung*, DöV, 1964, S. 609.

不扩充,而陷入难以自拔之境地,国家需要新的财源,国家预算赤字也就年年扩增。

2.福利国家之理想或"白吃午餐"之幻想

基于福利国家要求,国家有义务对巨大之特定生活需求,直接给予社会福利给付,或间接予以租税优惠。较为显著者,诸如:家庭政策之要求(予以子女津贴、子女宽免额、夫妻所得分割报税制度、对贫者社会保险费优惠以及家庭辅助救助等),住屋政策之要求(予以自住屋贷款之租税抵免、国宅兴建、房租津贴、建屋奖励等),奖励储蓄(保险费之所得税减免、储蓄利息免税等),社会安全政策(社会保险之低保费、所得税之减免)。[①]

3.国家之文化奖助

由于文化国家理念兴起,各国对文化、艺术教育、体育、古迹文化物及学术研究,往往予以奖助或自行兴办,如歌剧、戏剧、音乐会、运动会、电影,无不赖国家大力支助;一切义务教育,凡从民众补习班到公立大学亦多有免学费者,而学术研究之奖助,各国无不大力支持,所费不赀且有日益扩大之势。[②]

4.最低所得水准之国家保障

一些国家有针对特别业别予以最低所得保障者,其中尤以工业国家对农业所得最为人注目,透过保证价格,以维持农业之生产;或以补贴方式弥补生产与消费间价格差异。对农业补贴之支出,对一些国家亦构成沉重之财政负担[③]。

5.公共建设之提供

为提升生活水准,有必要兴建公共建设,以利私有财得以更有效利用:道路、供水清洁设施、垃圾处理、电信系统、游泳池、地下铁、电厂、飞机场、下水道。虽然部分设施,以规费方式解决财源,但仍以亏空居多,有赖政府财政补贴。

6.外部效果之调节

由于工业发展与私人生活水准提升,制造了大量外部效果,此种环境问题,成为政府需要积极解决之任务。虽然纯理论上,可以贯彻污染者付费原则,但是有的污染源难以确定,有的是政府机关难以调查,或是严格之环境要求,非私人企业财力所能负荷,或因此无法在国际市场上竞争。无论原因为何,环境保护最

---

① 参阅葛克昌:《税法与民生福利国家》,载《经社法制论丛》1989 年第 4 期;以及本书第六章。

② Vgl. Steiner/Grimm, Kulturauftrag im staatlichen Gemeinwesen, VVDStRL, 42 (1984), S. 7, 46; Hufen, Gegenwartsfragen des Kulturforderalismus, BayVBl. 1985. S. 37.

③ Seidl, a. a. O. , S. 190.

终仍为政府责任,①除了直接环境保护公共投资外,私人对环境保护所采行措施,往往亦期望国家予以直接财政补助或间接租税优惠。

7.国际贸易之促进

为增进出口,国家往往被要求扮演分担出口风险对外开发援助难民救助的角色。

8.国防

由于武器技术一日千里,国防预算不断扩张,工业国家中或扮演世界警察角色,或为经营强权政治,均不能不保持强大之国防预算。

9.基于租税国危机

租税国危机表现在公债失去控制的现象上。越多公债发行,公债利息支出愈形增加,租税国危机沉疴更深。举例以明之,如1985年德国联邦预算中有11.3%之公债利息,瑞典为23%,意大利20.1%,日本18.9%,美国15%。② 这些公债利息支出,对健全之财政均为沉重之负担。

(二)国家税收之停滞不前

民主国家选民对国家之要求,反映在国家支出形态上,国家支出长期急速成长,远超出国家收入,则租税国即陷入危机中。事实上,大多数工业国家之支出自20世纪60年代中叶起,不仅急速增加远超过国家收入,且远超过国家经济成长速度。

1.税收危机之经济因素

超过国家经济成长速度。吾人以税收之增加率除以国民所得之增加率,所得之商数,为税课收入之弹性系数。其值大于1,表示税负较国民所得增加为快;小于1,则表示税收仍有增长空间。在所得税等采行累进税率之税目,如其商值大于1,则纳税义务人税负急遽增加。工业国家过去10多年来常面临此种困境,此时提高税率企图增加税收可能事倍功半,反而伤害税源,减低了纳税及投资的意愿,经济成长之停滞不前乃租税国危机收入之经济因素。

2.税收危机之政治因素

一国之租税优惠制度,其形式及实质内涵,往往反映出当时政治力之分布。由压力团体及政客之影响,税基常受侵蚀。资本主义国家,其政治影响力最大

---

① 参阅柯泽东:《论法律在环境与资源保护之地位》,收入氏著《环境法论》,第13页以下;叶俊荣:《宪法位阶的环境权》,载《台大法学论丛》第19卷第1期;葛克昌:《德国自然保育法之形成与发展》,载柯泽东主持:《自然保育法制之研究》,第10、17页。
② Seidl, a. a. O. , S. 191.

者,莫过于资本家,于是资本利得往往以奖励投资或经济成长之名予以减免,由于累进税率效果,其减免效果往往惊人。或透过各种途径,以减少租税规避防杜条款之制定或有效施行。其他不论高举男女平等大旗,以采行夫妻所得分割制度,或基于福利国家理念,以减免人寿保险费(背后由保险业者推动)、房屋贷款费(由建筑业者推动),此种以所得扣除、税额扣抵、减免额方式,以降低应纳税负之税式支出压力,乃租税国危机收入面之政治因素。

3.税收危机之公债因素

由于公债利息之负担,只要公债发行越多,国家收支间之赤字益形扩大,此种租税国本身之运行法则,终将导致租税国危机,此从支出面观察。就收入面而言,亦有类似租税国危机自身轨迹可寻:因公债发行过滥,削弱国民经济发展能力,以经济成长为基础之税收成长,自不免受到波及。不断增长之财政赤字,其财政对策之正途,唯有在丰沛之投资盈余下,始克弥补之,不容反其道而行,将储蓄转为消费。为投资而发行公债,[1]一般而言,短期内均无法得到盈余,在可预见之将来,却要背负起沉重公债利息负担,此种以投资为目的之行为在经济上却只能以消费视之,自然削弱了经济之成长能力。公债之发行,其利弊得失,固不能一概而论,唯公债利息支出,不利于国内资本之形成,影响及外销之竞争能力,从而税基受损,国家税收亦因之而停滞不前。[2]

三、财政政策立法程序之失衡

(一)国家任务扩展之结构性因素

前述租税国危机,不论国家任务之过度扩展及国家税收之停滞不前,虽是已开发国家之普遍现象,但就台湾地区发展而论,鉴于已耽搁之社会福利需求,在最近几年有无法遏阻之势,其他如农业补贴、公共建设之提供、环境保护之加强,甚至国防支出均无法避免增加之势(虽然相对比率可能有所增减)。尤其甚者,在代议多元化民主政治之正常与不正常发展下,由于在程序上失去均衡,致决策立法之过程受损,在权力政治之作用之下,而走向国家任务膨胀之趋势已日益严重。其中最显著者,莫过于国家财税决策,国家收入及支出之决策在政治正常或偏差发展中表现最为强烈,此为民主政治之普遍现象,而在社会变迁快速,民主化过程短暂的台湾地区更为显著。国家任务之扩展有不得不然之结构性原因:

---

① Vgl. Lang/Koch, Staatsverschuldung-Staatsbankrott? 1980, S. 173f.

② Arnim, Grundprobleme der Staatsverschuldung, BayVBl, 1981, 17, S. 517.

1.官僚体系内在之膨胀趋势

由于行政官吏,其声名及升迁机会,往往与其所能掌握之下属人数及财政工具大小有关,因此无不尽可能争取人与事编制与职权之扩充。其对预算之要求,也就趋向于尽可能增加。由于社会变迁迅速,新生事物层出不穷,此种扩充往往也容易找到正当理由。

2.本位主义之影响

行政职权下支出之多寡往往反映出该职位之价值,各部门无不尽量扩充其财政处分权。每一事务部门,正如同社会学者 Luhmann 所言,各不同之次元体系(Subsystemen),均不断寻求其自身之生存发展与其功能之扩张,不断追寻更高标准,完全不顾及整个社会所付出之代价与成本。① 此种孤立及不断专门化与精致化之扩展,完全只顾自我角色及自我目的之实现。同样,在各政党党团、人民团体间也都有类似现象。

3.利益团体与政党压力

不实施政党政治则已,在政党政治中,各政党为追求其生存发展与执政之机会,莫不借由不断之探寻,那些需由国家予以满足之新需求,以唤醒民众,凝聚向心力期获支持。利益团体则往往以其成员为名,不断对国家提出新的需索。② 二者构成民众对国家的需求,持续扩增之主要动力。民主制度之正常性源于公众对决策程序之普遍承认。对各种法规,国民未必一一均能接受,但由于坚信立法程序之开放性,对不利于其的法规终信其有修改与挽回之余地。民众之呼吁与要求,乃民主政治必然趋向;甚至满足其要求,事实上绝无可能,亦然。反之,正由于要满足之目标,几无可能达成,犹如海市蜃楼,更要不断地追寻要求。此种民众要求国家给予之心理,其增长之快速,远超过国家给付之增加所带来的满足感,Klages 将此种现象,称为"福利国家社会心理学的宿命"(sozialpsychologisches mißgeschick des Sozialstaats)。③

对此种现象,吾人可从私人与国有之生产及分配的基本差异中看出。私有财产之生产与分配,其所为之决策与其财务后果责任,乃合二为一。具体而言,在私有领域中,其所要求之任何给付,不论实物、劳务或金钱,均需付出十足对待

---

① Luhmann 在 1981 年出版之 *Politische Theorie im Wohlfahrtsstaat.* 中论证綦详,具启发性。

② 本书所谓利益团体,专指以影响政治决策,来达成成员特定利益为目的之组织(未必为正式之社团法人或团体),即英文中所谓 pressure groups,德文中 Interessenverbande 概念,请参考 v. Arnim, *Gemeinwohl und Gruppeninteressen*,1977, S. 133f. 李鸿禧:《现代议会制度之生理与病理的比较宪法研究(下)》,载《台大法学论丛》第16卷第2期。

③ Klages, *Überlasteter Staat—verdrossener Bürger*, 1981, S. 49f.

给付。反之,取之于国家的给付,受益人不必负担对价(除了申请手续,及具备所需之要件),其代价则由同胞借税及其他公课负担。固然,接受国家给付之受益者,从另一角度来看,自身亦属纳税人之一,但其所受所纳之间,并无直接关系,故实际上对要求政府支出之意愿,并无有效之刹车与控制作用。

在传统古典自由主义国家,政府之任务限于维持治安与市场机能,正不妨激励人民积极为权利而奋斗,尽可能向国家请求,而不致产生剥削他人之危险。[①]盖其时之国家给付,依普遍无例外原则,全民均可依同样方式受益。与此相异者为现代福利国家,国家任务扩展,其所提供之给付,往往仅满足部分民众之利益,而其代价则由其他人民负担。受益者与负担者分离,其结果终不免虚掷浪费,致成本与受益无法相当,且负担者非受益人。各个团体均致力于向国家争取,每一部分不无想从整体中有所榨取。个别团体之理性领导以争取其特权利益,却导致集体之不理性。[②]

一方受益而同时造成他方受损与负担之典型措施,莫过于国家之重分配政策,不论从纳税方面采取租税优惠之差别待遇或经由社会福利给付,其采行与扩展显然均出于对受益人予以特殊利益。重分配政策之实施,当然有其困难之处,其所包含社会运动之本质,正为古典自由国家所要消除之特权。故重分配政策之前提要件为一个独立自主且强而有力的国家,具强烈决心以推动社会重分配,唯往往受现实之限制。实际上现今各国均无法独立自主,例如须受制于利益团体之操:为有利于个别特定团体,国家所为干预之代价,为其他各团体无不积极请求对公共决策之影响力,致国家之干预程度不得不提高。利益团体日益壮大,影响力日增,政党从而推波助澜,国家因此受到更多重分配立法之压力。

4.议会从荷包看守者到支出推动者的变迁

昔日议会之功能,乃在防杜国家支出之过滥,然而依今日之背景,议会已丧失支出控制者及刹车手的传统角色;反之,由于顾及选民与压力团体,成为主动,

---

①　R. v. Jhering 之名著《为权利(法律)而奋斗》(Der Kampf um das Recht)正为此背景下之代表作品。

②　V. Arnim 教授,曾以家庭预算为例,说明此种现象。说一父母与子女约定,每人依其需要之迫切程度,向父母提出所需零用金,其结果家庭支出总额必然十分惊人,因每一子女仅考虑到自己所需求者,完全不顾成本代价,是否物有所值,就经济观点而言,其行为系盲目。受此教训之父母,如换一方式,每一子女给予定额零用金,自行支配使用或储蓄,如此子女自当权衡其支出是否值得,从而家计支出即有规律,并合乎经济效益,预算自当有所节余(V. Arnim, *Staatslehre der Bundesrepublik Deutschland*, 1984, S. 487)。

及乐于补助之国家支出推动者。① 由于受到政党与利益团体之压力,且民意代表三年一任任期,难以期其具有长期眼光。尤其地方议会,为短期内急于讨好选民,不断推动新福利措施与公共建设,盖支出之受益者具体可见,纳税人之负担则间接而不明显。②

(二)支出扩展抗拒力之削弱

国家支出不断扩增,其最大抗拒力,应来自国民因租税及其他公课之负担加重所形成之不满。此种不满,是否足以致财政于均衡,或至少达到扩增支出,须限于其必要性实际为国民所明了,实有怀疑之处。盖前述因素,使各政党对支出之增加,容有偏置重点之不同,其争取国家职权之扩增方向则无差异。因此,纳税人对支出增加之不满,难以于实际选举中表现出政治压力。尤其在国家支出扩增,面临国民之不满时,往往利用不同手段,以减轻其抗拒力,其中最主要的方式,为发行公债及隐藏式增税。以下分述之。

1.公债之发行

国家支出往往借由公债之发行,以减轻国民之抗拒力。由于政府与议会,均希望扩增支出,但又不愿让国民感觉其增税加重负担。于是以不增税而改由发行公债方式筹措财源。而实际结果,公债发行使国民经济更加重私有部门之负担。但由于国家支出之财源,透过公债来筹集,隐藏了人民必要之负担,致公债之发行,往往对公共支出过度扩增之抗拒力,加以消除或减弱,而有助长支出之功能③。传统之财政学说,无不力主收支平衡,非必要不得举债。自凯恩斯提出赤字预算概念,将公债视为明智有效之工具,世人亦渐将公债发行视为景气之对策而不排斥,导致公债发行限制模糊不清的危机。然此种公债发行之准则,易产生高度之不确定性,由于具概括条款之性质,致裁量空间过大。即以公债为景气之对策而论,在景气上升时,政府应维持预算之均衡或偿还公债,只有景气下降时应发行公债,但前者因政治上之抗拒与阻碍较多,反之后者(赤字财政)缺乏政治上制衡,因此财政政策作为景气工具往往为"不对称"使用,亦即财政赤字一发

---

① Scheuner, Verantwortung und Kontrolle in der demokratischen Verfassungsordnung, F. S. Gebhard Müller, 1970, S. 399.

② 立法者之支出意愿,请参见葛克昌:《人民有依法律纳税之义务(上)》,载《台大法学论丛》第19卷第1期。

③ Arnim, Grundproblem der Staatsverschuldeng, BayVBl, 1981, S. 519.

不可收,黑字财政势成梦想。[①]

凯恩斯思想限于短期运用,至于长期之危险有意隐而不论,"In the long run we are all dead."为凯恩斯常常引为其概念长期效果之答复。吾人如能接受此一观点,须将凯恩斯概念视为确保高度充分就业之有效工具。然而在民主政治下,为免于民主之自我毁灭,免为选举之胜利,政治家将凯恩斯理论作不常之运用,须在宪法上对公债之发行,作合理之限制。唯台湾地区"宪法"对公债并无直接规定,[②]就宪法整体精神观察,仍不免有所限制,容于下文中再行讨论。

将公债限制入宪,晚近发展如美国 1979 年三十州议会通过议案,要求召开制宪会议,在美国宪法中,加入平衡预算之修正条文;所谓平衡预算,即意味只能以税收作为其支出财源,不得以发行公债或发行通货支应。只是美国宪法修改,甚为不易,[③]须于国会两院各 2/3 议员认为必要时,或 2/3 以上州议会提出请求时,国会应召集修宪议会(美国宪法第 5 条),至 1982 年仍缺三州。[④] 虽然如此,亦可见财政宪法逐渐形成当代宪法及社会科学研究之潮流趋向。[⑤]

对于公债之限制,可由以下三个不同方向予以考虑:

(1)国家举债,仅限于筹措公共投资财源,但此种限制日益引起争议。

(2)在整体经济失去均衡时,根据凯恩斯赤字财政理论,亦即以发行公债方式来解决。当经济情况恶化时,政府采行扩张政策,借公债筹措经费,不必增税,甚至可以因此视必要采行相对减税措施。对 Friedmann[⑥] 及其学派而言,对该问题完全置而不顾,因其对凯恩斯之概念,特别是国家之赤字财政概念,均属错误。但即使吾人基于凯恩斯之基础,至少仍须面对形式上难题:如何加重多数决

---

① 此为 Buchanan/Wagner, Democracy in Deficit, 1977 年一书主要观点,中文介绍,参考张则尧:《赤字财政与民主政治》,收入氏著:《财政学原理》,作者自刊 1988 年增订版,第901 页以下。

② "五五宪草"第 120 条第 2 项有募集公债应"立法院"议决等程序规定,其遭删除之原因,参见葛克昌:《人民有依法律纳税之义务(下)》,载《台大法学论丛》第 19 卷第 2 期。

③ 参见荆知仁:《美国宪法修宪条款之分析》,载中国政治学会:《政治学报》1976 年第3 期。

④ Folkers,Begrenzung von Steuern und Staatsausgaben in USA, 1983, 18ff, 36ff.

⑤ 1989 年著名经济学者 Brennan 及 Buchanan 出版 *The Power to Tax* 一书,其副题即为以财政宪法为分析基础,该书有殷乃平中译本,收入世界租税著作翻译丛书之第 16 种。

⑥ Friedman Milton(1912—2006),当代驰名自由放任主义经济学家,1976 年诺贝尔经济学奖得主,与夫人 Rose 合著《资本主义与自由》一书(中文有赵秋岩译本),以社会福利制度,放弃个人自由、经济效率为巨大代价,应予废弃,而改行负所得税制度。1976 年出版 *Free to Choose*(《选择之自由》,有黄国钟等多种中文译本)更有进一步分析。中译本另有,吴惠林译,经济新潮出版社。

定,确定何时何种状况为整体经济不平衡之时,或防杜公债过滥之制度安排。

(3)在非常时期,如战时,前述发行公债所需加重多数决,是否应以例外视之。

2. 隐藏性增税

关于国民对增税抗拒力之减低的另一工具,即所谓"隐藏性增税";因所得形式上增加,由于累进效果,造成增税结果,亦即在立法者对税法未作任何变更下,较所增加之所得以超比例方式增加租税负担。许多薪资所得者往往发现,免税额、宽减额年年提高,但缴的所得税却遽增;因为名目所得虽然增加,但实际购买力未增,甚至反而减少,此时纳税义务人对名义上所增加之所得,适用累进税率予以课税。于是在立法者虽未对特定族群予以优惠或加重;实际上,产生有增加负担,有的税负移转,此种效果,可谓纯然武断。隐藏式增税此种机制,政治家有责任消除。

早期税同今日预算一样,定期重新经国会批准。台湾地区"所得税法"第 5 条虽规定:"综合所得税免税额、宽减额,累进税率及其课税级距,营利事业所得税起征额及税率,均于每年度开始前,经立法程序公布之。"唯事实上每年台湾"立法院"均只注意到免税额、宽减额之提高,对税率及课税级距极少变动,故每年所得税税收均逐年超比例增加,尤以通货膨胀严重之年度为最。[①] 虽台湾"财政部"及"立法院"均注意到通货膨胀对税负增加之影响,而有对免税宽减额指数化之拟议,随物价指数自动调整,然隐藏式增税之隐藏性在于税率及级距不变,因名目所得增加,所适用之边际税率提高之故(如由 13% 提高至 21%),[②] 免税额、宽减额指数化,虽能减少"立法院"每年提高宽减免税额额度之争议,但不能消除隐藏式增税现象。

对隐藏式增税,德国公法学者,有以为应以违宪视之;认定其无效者,其中以 Papier 之主张最为有力。[③] 其认为隐藏式增税,纯系专断之产物,关于租税负担水准与公课之提高之必要性,对于纳税义务人作不同类型之税负分配,[④] 均不经立法者之权衡,此种因通货膨胀之机制作用,欠缺程序法上应经立法机关议决之

---

① 所得税税收之激增,请参见葛克昌:《税法与民生福利国家》,载《经社法制论丛》第 4 期;以及本书第六章。

② "财政部税制会"颜庆章执行秘书,1990 年 12 月 20 日在"国民大会宪研会"演讲时,特别提及先进国家指数化均包括税率、级距,诚属难能可贵;《财税研究》第 23 卷第 2 期,第 20 页及注 13。

③ Papier, Besteuerung und Eigentum, DBVL, 1980, S. 394ff.

④ 例如对通货膨胀反应较慢之所得(如固定所得者),税率累进较速之所得阶层所受不利之影响最大。

最起码要求而属违宪,此种理由不仅在德国学者中引起争议,[①]甚至讥之为学院式教条主义者,[②]但就台湾地区"所得税法"第5条来看,如前所述,不论级距、税率、宽减免税额逐年均须"立法院"审议,实际结果不论,程序法上此种违宪理由应不成立。唯因通货膨胀致在最低生活水准以下人民,不能隐藏性增税,被迫课征所得税,则有害于生存权,则不免发生违宪之问题。

在美国则热烈讨论有关废除累进税制而改采比例税式之所得税制,如能成功则隐藏式增税问题得以解决一大半,所得名目增加不至于边际税率增高,所得税负担之水准与负担之分配,仍与立法者原意相离不远。瑞士联邦宪法则明文规定对所谓"因冷酷累进所造成之结果"——亦即隐藏式增税——"在个人所得税发生时,应定期予调整"(第41条第5项)。除瑞士外其他西欧国家均有类似法定调整制度。[③]

除了发行公债及隐藏性增税之外,支出扩展往往使用诸如:成立各种基金以免除预算之审查;[④]对薪资所得者就源扣缴;透过间接税让纳税义务人在不知不觉中缴,厂商则由转嫁方式不受到纳税压力。[⑤] 因此,昔日高唱入云之"租税法律主义"及"预算法律主义"因预算及税法,随时因年度不同调整,加上决策立法程序之失衡,国会本身很少控制具有支出意愿之统治者,本身反而日益敦促日益增多之支出,纳税人之基本权并未在政治结构中取得一个长期或近乎永久性的地位,于是纳税人之宪法保障,不得不走向历史舞台。

第三节　租税体系宪法上蓝图

台湾地区"宪法"对国家取得收入之权力,所为之核心规定,即为私有财产制

---

①　Vgl. VVDStRL 39;其中 Papier, Meyer, Kloepfer, Breuner, Arnim 之讨论与报告,见 S. 372, S. 373, S. 385, S. 312f.

②　Arnim, Staatslehre der Bundesrepublik Deutschland, 1984, S. 493.

③　Arnim, Steuerrecht bei Geldentwertung, BB, 1973, S. 629f.

④　如1990年度总预算案中,特种基金岁入为1260亿元,岁出为730亿元。

⑤　此种租税国家于行使权力时,尽可能不引人注目,请参见葛克昌:《人民有依法律纳税之义务(上)》,载《台大法学论丛》1990年第19卷第1期。

度之承认与保护。① "宪法"第 15 条规定,人民之财产权应予保障。② 具有利用可能性与消费可能性之财产权,基本上归私人所有。财产权者,指私人一切具有市场交易价值之权利,特别指所得及财产之权利。③

一、就营利而非营利能力课税

宪法保障财产权,原则上财产权自身,国家不加以统治干预,只对私有财产之收益与交换价值,参与分配,此种分享之前提在于让财产权长期持续保留私人手中,作为税源,④对个人因劳动所赚取之所得,得以免于国家之指染,以为个人生存保障之经济基础。故台湾"宪法"第 15 条在财产权之上,冠以生存权、工作权之保障,盖有深意存焉。⑤ 此种基本权,将公共财政需求,限于个人所得财产之现在状态,而防止对更基础之营业行为及劳动力予以侵犯。"宪法"中对工作权与财产权在"基本权利"章中并列,但在"基本国策"章中,予以相当限制,如"平均地权,节制资本"("宪法"第 142 条)、"私有土地应照价纳税,政府得照价收买"。"土地价值,非因施以劳力资本而增加者,应由国家征收土地增值税归人民共享之。"("宪法"第 143 条),尤其,"国家对私人财富及私营事业,认为有妨害国计民生之平衡发展者,应以法律限制之"("宪法"第 145 条)是以宪法对财产权保障之余,颇有"财产权社会化"、"所有权负有义务"之倾向。⑥ 反之,工作权虽与财产权表面上一样得因增进公共利益之必要,以法律限制之(参见"宪法"第 23 条),但在"基本国策"章中不但在国民经济一节中未如财产权加以诸多消极限制或负有义务,反在社会安全一节中,予以积极促进,如"人民具有工作能力者,国家应予适当之工作机会"("宪法"第 152 条),"国家应制定保护劳工及农民之法

---

① 请参见葛克昌:《人民有依法律纳税之义务(下)》,载《台大法学论丛》1990 年第 19 卷第 2 期。

② 宪法上财产权之保障,请参见法治斌:《宪法保障人民财产权与其他权利之标准》,氏著:《宪法专论(一)》,1985 年版,第 264 页;陈新民:《宪法财产权保障之体系与公益征收之概念》,氏著:《宪法基本权利之基本理论(上)》,1990 年版,第 285 页以下;叶百修:《从财产权保障观点论公用征收制度》,台大法研所博士论文,1988 年。

③ 关于财产之法律上定义,仅见于"遗产赠与税法"第 4 条:"本法称财产,指动产、不动产及其他一切有财产价值之权利。"此种法律上定义只作宪法上财产概念之辅助材料,盖在方法论上,宪法系法律之最终审查标准,宪法上概念只有借由宪法解释途径,由宪法整体秩序中寻求。

④ Birk, Besteuerung und Eigentumsgarantie, StuW, 1980, S. 361.

⑤ 林纪东:《台湾地区"宪法"逐条释义(一)》,1985 年版,第 251 页。

⑥ 财产权之社会义务性,请参见陈新民,前引书,第 309 页以下。

律","妇女儿童从事劳动者,应按其年龄及身体状态,予以特别保护"("宪法"第153 条)。故工作自由,不负有社会义务,而与财产自由不同。

"宪法"第 23 条之规定虽言"以上各条列举之自由权利"在"增进公共利益所必要者",[①]得以法律限制之,但各条列举之自由权利,如参照"宪法"之基本国策章及其他条文整体精神观察,国家对为公益保有限制之权,仍有区别,例如言论自由("宪法"第 11 条),尤其生存权("宪法"第 15 条),原则上不得因公益而加以限制。工作之自由,人民之是否就业(工作或不工作),或职业之选择自由,原则上亦不得因公益而加以限制,至于职业或营业规则,得因公益限制之。财产权,在某种范围内,"宪法"甚至赋立法者以立法义务,加财产权人予社会义务,如前述之"宪法"第 142 条、第 145 条。[②]

由于"宪法"对各种基本权,限制之程度不同,税课只能依个人现有之给付能力,非依其潜在应有之能力、可能取得之能力,在台湾地区"宪法",人民不负生产、劳动义务,只负金钱给付义务——纳税义务。[③] 纳税义务人仅将其受宪法保障之财产权中收益之一部分,归公,以为其财产权自由保障之对价,除此之外,不负对公共财政分担之义务。此可由台湾地区"宪法"并无德国魏玛宪法——台湾地区"宪法"之蓝本——第 163 条规定,可比较得之。该条规定:"所有德国人民,均负有以其精神及肉体力量,为适于公共福利劳动之道德上义务,唯不得有碍于人身自由。"

因此,所谓"量能课税原则"之能力,应予限制解释,非指营利能力,而指已获利之给付能力。[④] 租税国家对具有营利能力之人民,对其劳动及生产不予干预,而仅对已获利部分分享其中一部分,作为国家支出之财源。因此,税法不问个人之所得是否竭尽其能或未尽全力,不管其劳动力与资本之投入是否合乎经济效率,亦不问消费(所得之使用)是否浪费或日常生活所必需。

由于租税国家只对已得营利者,而不对营利能力加以课税,其财政能力亦仅

---

① "宪法"第 23 条,除"增进公共利益"外虽另有"防止妨碍他人自由、避免紧急危难、维持社会秩序"等所必要者,均得以法律限制人民基本权之规定,但此三者均为最起码秩序要求,亦为共同生活逻辑上之必然,而为各国宪法所明定或默认者;唯有对基本权可否为"增进公共利益所必要者",加以限制,则为一国宪法上基本价值之取舍,而为古典自由国家或社会福利国家之重要判别标准。葛克昌:《税法与民生福利国家》,载《经社法制论丛》1989 年第 4 期;以及本书第六章。

② 陈新民,前引书,第 309 页以下。

③ 参见葛克昌:《人民有依法律纳税之义务(上)》,载《台大法学论丛》第 19 卷第 1 期。

④ Kirchhof, Der verfassungsrechtliche Auftrag zur Besteuerung nach der finanziellen Leistungsfähigkeit, StuW, 1985, S. 319ff.

依赖私有财产,而不仰赖财产组成能力(潜在能力,应有能力),并保障自由权,尤其职业(营业)活动自由,不受租税负担之干扰。

税法亦不问其财产所得之差异,是否基于机会之不平等,不问所得产生之过程,而只就所得财产结果相同者课予相同之税,不同者予以不同待遇。因此,所得税非基于给付能力(Leistungsfähigkeit),而是依其支付能力(担税能力,Zahlungsfähigkeit)加以衡量。[1] 此点对国家课税权只能基于取得收入为目的,或者亦得对私人之所得与财产予以重分配为目的。税法只针对所得或财产之现存状态,而不及其应有状态,基本上是不适于对财产权加以重分配。[2]

二、财产权之三阶段可税性

每一种税,依德国 Kirchhof 教授之观点,[3]均系对财产权人所课之税,更精确言之,系对具支付能力(而非营利潜能)之财产权人。因此,宪法上财产权保障,对课税权内容之限制,扮演了主要之角色,由于课税权之前提为私有财产权,如税法不当地(不必要地)限制财产权人之自由,则侵及宪法上财产权保障之核心本质。税者,非国家对财产权之分享,而系对财产权人经济利用行为之分享。财产权保障,多视为传统之自由权,少被当作所有物之确保看待。故财产权之定义,非指不受国家课侵犯之经济财,而指财产权人之行为活动空间。财产权自由之基础为整体财产,个人租税负担过度,指的是对个人整体财产之侵害而言。从

---

[1] Kirchhof, Verfassungsrecht und öffentliches Einnahmesystem, in Hansmeyer (Hrsg.) Staatsfinanzierung in Wandel, 1983, S. 40.

[2] 由于台湾地区"宪法"以保障个人自由财产权为前提,势必承认并保障现实社会不平等之现状,而不得利用公权力加以调整重分配。但人民所纳之税,得借由社会福利给付,向人民施予财物,课税时可借社会目的之租税优惠、累进税及遗产税在一取一予间完成重分配之国家目标。详见葛克昌:《税法与民生福利国家》,载《经社法制论丛》1989 年第 4 期;以及本书第六章。

[3] 课税权与财产权保障关系,在德国宪法学及税法学上争论已近五十年,特别依其联邦宪法法院之见解,基本法第 14 条财产权保障,对金钱给付义务(如租税),只有在类似没收效果时始生违宪问题,长年引起学者日益高涨之反对呼声。由于课税权与财产权保障关系,非宪法上个别单独问题,而系税法与宪法关系之核心问题,此种基本问题不能解决,税法应受实体宪法之拘束,亦徒具空言。基于此种认识,德国宪法学年会特于 1980 年 10 月 3 日在 Innsbruck,以"税课与财产权保障"为题,由著名宪法学者 Kirchhof 与 Arnim 二位,分别就财政收入目的之租税及以管制诱导目的(经济及社会目的)之租税分工作主题报告,与会宪法学者历经了长达四小时之激烈辩论。会后各著名宪法学者复就同样主题,发表不同之主要见解,散见各法学杂志,蔚为一时风潮,重要者有 Papier, DVBl. , 1980, S. 787ff; Friauf, DöV, 1980, S. 480ff, Vogel, BayVBl. , 1980, S. 523ö Wendt, NJW 1980, S. 2111ff.

而对税课侵犯财产权,从宪法上可从两个层面加以审查:对特定租税客体之负担是否该当,以及对整体财产之税负是否合理正当。由第一层面观察,可将税课阶段,依财产权表现形态,所受宪法保障之程度不同,区分为三种类型加以考察:财产权之取得、财产权持有、财产权之使用。

私有财产权,不仅消极地不能"妨害国计民生之平衡发展"("宪法"第 145 条第 1 项),积极地并负有义务,其行使应同时"增进公共利益"("宪法"第 23 条)。此种财产权之社会化义务,第一步即为"负纳税义务"("宪法"第 19 条)。亦正由于负有纳税义务,原则上财产权人得不再负其他增进公益之义务(除必要时法律另有规定外),人民经济基本权因此不受国家干预。此外人民财产自由权,亦因纳税义务,打开一个缺口,国家从此缺口,对财产权有权加以干预课税,同时借干预方式强度之不同,国家得以闯入并重组社会之财货秩序。[1] 按宪法所保障之财产权,只有在动态时,国家有权介入课税;静态财产权状态,财产权之单纯持有,只能例外地课以轻度之税。

(一)对财产取得课税

财产权取得之时即所得发生之时,应予课征所得税(综合所得税及营利事业所得税),土地增值税["土地价值非因施以劳力资本而增加者"("宪法"第 143 条第 3 项),即财产交易所得[2]]所得者,非即将取得之财产权,而为已取得之财产权,即取得之收入额减除成本及必要费用之余额(参考"所得税法"第 14 条第 9 类,第 24 条)。宪法对财产权之保障,乃先于租税请求权,在税源阶段即予保障,故财产权不因缴税才受保障,亦不因欠税而不受保障。

财产权之取得,乃因经济自由有所增益,同时因纳税而减少之,因此对所得课税之大小有巨大之活动空间,从而产生对所得课税之上限问题。台湾地区虽未如德国宪法第 14 条第 2 项"财产权之行使,应'同时'有利于公益"之规定,然一般宪法学者多肯认之。[3] 此"同时"(Zugleich)一词,即为对所得课税之上限,财产权之私用之利益至少应和所"增进之公共利益"之税收相等。换言之,在对

---

① 参见葛克昌:《税法与民生福利国家》,载《经社法制论丛》1989 年第 4 期;以及本书第六章。

② 财产交易所得,指纳税义务人并非为经常买进、卖出之营利活动而持有之各种财产,因买卖或交换而发生之增益(参考"所得税法"第 9 条)。

③ 如洪应灶:《台湾地区"宪法"新论》,第 63 页以下,并举"民法"第 787 条等条之地役权,即本此旨而加规定;管欧:《宪法新论》,第 118 页;林纪东:《台湾地区"宪法"逐条释义》第 1 册,1985 年修订版,第 251~252 页。

所得课税时,财产权之社会义务不应高于财产权人之个人利益。^① 各种所得,不论是劳动所得,还是资本所得,亦不问是营利所得、利息所得、财产交易所得或农林牧所得、薪资所得、执行业务所得,均受平等原则之适用,租税因系无对价之给付,唯有全民平等普遍课税,始能维持其公平与正当性。^② 宪法保障私人所得归个人使用,国家虽有课税权以减少其所得,但依现时国家经济条件,用以确保个人与家庭之生存(最低生活水准)之所得,则禁止借税课减少之。"宪法"第15条,生存权、工作权、财产权三位一体合并规定,实寓有财产权系个人合乎人类尊严生存及自我发展的经济条件之理念。为保障基本权,所得税法对危及生存之特殊需求,诸如因疾病,遭受突发之财产特别损失,在扣除额中均需顾及。又所得同时为将来赚取所得,为职业自由实施所必需者,故其税课之强度,不能同负有社会义务之所得之使用等量齐观。因此,税法上对维持薪资之继续存在所需之非常负担、成本费用、职业再教育之支出应予扣除,而现行所得税法仅订有固定上限之薪资所得特别扣除,此种改革应为宪法研究之主要课题。

在财产权私用之"同时",其所得应负纳税义务。基于此种宪法上要求,就所得课税,应依具体之所得总额之个人利用性课征。因此所得税之课征,以对人累进税方式安排。累进税方式,可以单独表现在计税标准上,亦得同时在税率上表现。^③ 台湾地区"宪法"并未明文规定累进制度,但从实施节制资本及财产权附有社会义务等精神观之,应采肯定见解。至于累进方式,"宪法"依其解释,应持开放态度。又鉴于财产权之私用性与公益性应维持至少同等价值,所得税总体税负之上限应不超过所得之半数。

所得之计税标准系依相对平等原则(量能课税原则),此一原则并未授权国家,有权课征以所得重分配为目的之税。^④ 重分配之前提为国家拥有分配权,得以取诸特定人之财产,用以分配予他人。财产权之社会义务,仅在"增进公共利益",而非得以税收创设他人之财产权。宪法上相对平等原则对个人追逐私益之

---

① Kirchhof, Besteuerung und Eigentum, VVDStRL 39, 1981, S. 242.;又德国联邦宪法法院认为该规定,含有"应合乎社会正义地使用财产权","对财产权秩序中,个人利益绝对优先于公益观点之拒绝"(BVerfGE 21, S. 73/83)。

② Kruse, über der Gleichmäßigkeit der Besteuerung, StuW 1990, S. 329.

③ 关于累进税之合宪性,请参考 BVerfGE 8, 51(58f); Birk, Das Leistungsfähigkeitsprinzip als Maßstab der Steuernormen, 1983, S. 72ff.; Tipke, Steuergerechtigkeit in Theorie und Praxis, 1981.一书中则不同意该判决所主张累进税合宪系基于社会国家原则所导出之重分配政策,而是基于相对平等原则之量能课税原则。Vgl, Haller, Probleme der progressiven Besteuerung 1970, S. 6ff.参见葛克昌:《平等适法原则》,载《财税研究》1990 年第 22 卷 5 期。

④ Kirchhof, Besteuerung und Eigentum, VVDStRL, 39, 1981, S. 243.

积极性,视为有益于公共利益;反之,重分配政策则有抑制个人积极性之效果。相对平等承认纳税能力之差异,重分配却只能存在不平等之差别待遇之中。在相对平等原则(量能课税原则)之下,依所得之私用性,就私有所得之个人多余部分纳税;重分配则因同胞之所得需求,而取得课税之合理依据。故所得税之征收,乃系于其他基本权主体匮乏之上。相对平等原则支应国家之一般政务支出,包括对内治安对外国防、教育、卫生、交通与环保;重分配则用以满足个人需求,以解决个人贫困问题为国家任务。故对私人财产之赋予之国家救助,非属重分配为目的之所得税法课题;而系国家社会福利支出之课题。[①] 然而,重分配不只与所得有关,也可能与营利机会有关。

(二)对财产权之使用课税

对课征之程度、平等之衡量标准而言,宪法对财产权之使用课征之间接税,与对所得课征之直接税,原则上衡量方式均有所差异。不论对关税、货物税、营业税、娱乐税等消费税或印花税、证券交易税、契税等移转税,其课税要件非因人而异,乃因经济财而有所不同,其法律上之纳税义务人非实际上租税负担者。

就所得之使用而课税,非针对消费者,乃针对消费行为。所得使用之纳税义务人,往往将税课作为生产成本之一部分,附加于价格之上。因此租税负担是否相当,乃依类型化之消费或交易行为予以衡量,而非依个人之财产权使用结果。因此,宪法对财产权使用而予课税,赋予立法者很大之裁量余地,盖其预定之纳税义务人,将来得以价格转嫁方式,以减轻其租税负担。自然,生活必需品则不在此限。对此种物品之消费,应予免税。个人生存权,不只应由社会福利法来保障,同时也要在税法中贯彻。对间接税,日用品与消费用品及奢侈品,均应予以区别待遇。由于对财产权使用之税捐,其税捐债务人原则上系企业者,所谓其税将转嫁与一般消费者,只是依市场类型所作之推测,而不必然为受法治原理拘束之现实。因此,税课之程度,对此种税捐技术上特性,需加以斟酌。[②]

(三)对财产权持有课税

在宪法上成问题者,系对财产权持有课税。对静态,而非个人在市场所使用

---

①　Arnim, Besteuerung und Eigentum, VVDStRL, 39, 1981, S. 339ff.

②　Kirchhof, Besteuerung und Eigentum, VVDStRL 39, 1981, S. 244.

之财产权课税,不论遗产赠与税①、地价税、田赋、房屋税,或拟议中空地税,均系对财产权之持有课以租税负担。此种财产权之持有,可能没有收益,甚至有损失,其合宪性依据在台湾"宪法"第 143 条第 1 项后段:"私有土地应照价纳税。"及"宪法"第 145 条第 1 项:"国家对私人财富及私营事业,认为有妨害国计民生之平衡发展者,应以法律限制之。"以及一般承认之财产权之附有社会义务——增进公共利益("宪法"第 23 条)。因财产权之持有,可能造成公害,影响环境,增加公共设施(如停车场、道路)。但宪法所保障之财产权,主要系保障财产权行使之自由,人民不但在私法上有权安排其财产权,在税法上亦有权借此安排,以减少纳税负担。② 国家亦无权对私有财产,指定其按有利税课方式使用。因此宪法规定地价税应予课征,或其他财产税得以课征,由制宪史及宪法上财政经济基本国策来看,其根据只能归之于"应有收益税"。对国民将其所拥有财产权作生产性利用,从而对其收益加以课税,国家具有期待性。应有收益税即对此种财产权人之纳税义务予以实现。应有收益税乃为避免财产权人因个人或整体经济之困顿,失其所期望之收益,致国家财政受其牵涉。故应有收益税,乃对个人应有之收益之规避,由宪法整体精神及法律体系所衍生出之解决方案。因此,应有收益税应划归所得税范畴。③

对财产权之持有课税,亦可导致租税之分配效果。宪法上所保障之财产权,不论其是否系竭尽其能或牺牲闲暇所换取,亦不问是否由其财货交换所得或个人冒险犯难取得,故对财产权课以重分配之税,并无合理充分之理由。宪法上财产权保障,并不对不同取得原因之财产权有所区分,特别有意忽略闲暇与消费之价值。台湾"宪法"上重分配问题,不论"工作机会之提供"("宪法"第 152 条)、

---

① 遗产税从比较法学观点来看,大致可区分两种类型:一为英美法系所采用之遗产税,认为死亡时将生前所累积之财产权之部分,在死亡发生时归还社会,系对财产权本身课税;反之,大陆法系国家,系对继承人所继承之财产课税,性质上系对财产权之取得课税,故名继承税。台湾地区"遗产及赠与税法"第 1 条、第 13 条、第 19 条规定,遗产税系对死者之遗产课征,而以遗嘱执行人(或继承人、受遗赠人、依法选定遗产管理人)为纳税义务人,故属第一种类型。其立法政策之考量,则与英美略为出入,主要系避免隐藏事实之遗产分割,而规避逃漏遗产税。然此不免与台湾地区继承法体制有所出入,与宪法上量能课税、避免财富集中之原则难以调和,与财产权保障之间,亦发生宪法上问题。黄茂荣:《税捐之构成要件》,载《经社法制论丛》第 6 期;陈敏:《租税债务关系之成立》,载《政大法学评论》第 39 期。至于赠与税,具有遗产税补足税之性质,其课税方式各国大抵与遗产税体系相对应,现行台湾地区赠与税之纳税义务人亦为赠与人而非受赠人,其宪法上问题与遗产税相类似。

② 参见葛克昌:《租税国——宪法之国体》,载《经社法制论丛》第 3 期;以及本书第五章。

③ Kirchhof, Besteuerung und Eigentum, VVDStRL 39, 1981, S. 244.

"童工女工之特别保护"("宪法"第153条第2项)、"老弱残废,无力生活,及受非常灾害者"之"适当扶助与救济"("宪法"第155条)或"保护母性"、"实施妇女儿童福利政策"("宪法"第156条),均不问责任之归属,是否具有"应有收益能力",而只基于个人事由,诸如何人失去健康,失业,失去生存基础或遭受特别灾害,而得以参与分配程序。[①]

财产权之持有,系先于累进所得税而负担。而台湾地区之累进式遗产税,乃就死亡时之遗产课征,性质上近乎对所得税之补充税,而后于所得税而负担。[②]但基于重分配税课,将财产权持有视为重分配之衡量基础,则在台湾"宪法"上殊成问题,盖税所需分配者,为纳税义务人之纳税负担,而非国民之间财产权。[③]而只有不承认私有财产制度,而将资源收归国有之国家,始有权为此财产权之分配。因此,诸如地价税、房屋税等就财产权持有课税,只能从"应有收益"观念例外课征较轻微之税,不能从"分配式税捐"达到财产重分配之效果。

三、总体税负在宪法上限制

对个别税目在宪法上蓝图,仅可看出税捐之部分负担,而未能包含个人由各种税目所实际上之整体负担,是否符合平等负担或过度负担。就宪法保障之基本权而言,系个人在其所负担之个别税目之间,其相互关系与作用。宪法所要求者,在于个人所负担之各种税目,尽可能表现出调和互补作用,而形成租税分配之正义。各种税目之比重——特别是直接税与间接税之配置——原则上应反应财产权取得(所得)之自由,及私有财产权之使用消费自由。在直接税方面,理论上固能斟酌个人之负担状态,但仍需加上大量不明显之间接税负担,宪法上基本权保障,如何得以兼顾二者,显然是艰难而无法逃避之任务。[④]

[①]　国家分配与重分配,参见葛克昌:《税法与民生福利国家》,载《经社法制论丛》第4期;以及本书第六章。

[②]　Leisner, Verfassungsrecht Grenzen der Erbschaftsbesteuerung, 1970, S. 33f.

[③]　Kirchhof, Verfassungsrecht und öffentliches Einnahmesystem, in: Hansmeyer (Hrsg.) Staatsfinanzierung in Wandel, 1983, S. 46.

[④]　Vogel, Verfassungsgrenzen für steuern und Staatsausgaben? F. S. Maunz, 1981, S. 425.

第四节　公债在宪法上限制

一、公债发行之宪法依据

　　"宪法"对台湾地区公债发行,保持沉默。[1] 唯对"省债"及"县债",分别规定在"宪法"第 109 条第 1 项第 8 款"由省立法并执行之,或交由县执行之"事项,及"宪法"第 110 条第 1 项第 7 款"由县立法并执行之"事项。因此,"省债"及"县债"分别属省、县立法权及行政权。

　　由以上规定观之,台湾地区"宪法"对各级政府并不排斥"举债",不能因缺乏对"国债"之明文,而认为有意省略,毋宁谓就公债部分"宪法""显有阙漏"。是以"财政收支划分法"第 34 条规定:"各级政府非依法律之规定,或议会之议决,不得发行公债或为一年以上国内外赊借。各级地方政府对于外资之赊借,应先经台湾地区政府之核准。"前段之各级政府,当然包括台湾地区政府,唯财政收支划分法,虽有学者将其视为"财政宪法"或"财政构成法",实居准据法地位,[2]唯台湾地区"宪法"既未如奥地利宪法明文将该类法律视为宪法之一部分,故财政收支划分法在宪法上仍属法律规范而非宪法规范,其修正亦同。一般法律之制定修正随时只需经立法机关多数决之立法程序,恐难视为其他法律违宪审查时之准据。[3] 是以发行公债及赊借,此一推动国家政策之重大财政工具,"宪法"虽未排斥,但亦未取得"宪法"层次之保障与限制。基本权主体——公债之最终负担者,即未来之纳税义务人之基本权保障,以及行政与立法、司法权分际,中央与地方权限划分,均因公债之发行,而在"宪法"上处于不安定地位,纷争随时可能爆发,租税国危机终将步向宪法危机,此亦为主要因素之一。

　　虽然如此,宪法自有其统一之秩序及其基本理念,民主宪政国家之宪法,即为立法者裁量自由及界限之最终标准,立法机关对公债问题所为之立法决策,应

---

　　① 但在"五五宪草"中有所规范,其遭删除经过及删除理由,请参见葛克昌:《人民有依法律纳税之义务(下)》,载《台大法学论丛》1990 年第 19 卷第 2 期。

　　② 参见大法官会议释字 212 号解释,吴庚大法官之不同意见书,《"司法院"大法官会议解释汇编续编(三)》,第 147 页;张娴安:《环境使用费之法律性质》,载《经社法制论丛》第 4 期。

　　③ 葛克昌:《人民有依法律纳税之义务(下)》,载《台大法学论丛》1990 年第 19 卷第 2 期。

受立法机关本身在宪法上地位之限制,并受宪法基本理念之限制。[①] 从而法院,尤其"大法官会议"应就此作违宪审查依据。故吾人应从宪法整体中,探寻公债发行之宪法依据及其界限,让"宪法"在台湾重大决策上发挥其应有功能与生命力。

公债之举借与租税之课征,虽然为国家收入手段,但后者课税权之行使,为公权力之使用,对人民而言系无对价之强制性负担,所适用之税法系公法;反之公债之承购,系私法上交易行为,与公权力之行使无关。[②] 故"宪法"第 19 条人民有依法律纳税之义务,与公债之承购无关,人民亦不负依法律承购公债之义务。虽政府亦可能发行强制性公债,但其强制性依据,非依"宪法"第 19 条,而须个别另取得依据。一般性公债,其发行之宪法上依据,非在宪法上租税立法权,而在于其他国家任务之立法权。

二、公债发行在宪法上限制

(一)在财政经济正常时期

由于宪法对国民经济之基本国策,为谋国计民生之均足("宪法"第 142 条)及平衡发展("宪法"第 145 条、第 147 条),并对具工作能力者予以适当之工作机会("宪法"第 152 条),故国家具有调节经济景气,促进经济稳定成长之义务,其使用公债之财政工具亦视系在经济正常或非常时期有所区别。

1.景气性与结构性赤字[③]

借公债发行之赤字财政,可能因景气变动而产生,也可能与景气无关,吾人称之为结构性赤字。二者之区分在于景气性赤字相较之下为短期,结构性赤字则为长期。在 20 世纪 20 年代以前,所谓财政赤字均指结构性赤字,经由凯恩斯之观念革命后,三四十年代则为景气性赤字支配时代,50 年代以后由于经济发展政策之转向,结构性赤字又抬头,[④]今天则二者均受重视。

2.隔代分配问题

Ehrlicher 在分析公债之正当性各种依据时,认为结构性赤字,其合理依据

---

① 参见葛克昌:《人民有依法律纳税之义务(下)》,载《台大法学论丛》1990 年第 19 卷第 2 期。

② 参见葛克昌:《人民有依法律纳税之义务(下)》,载《台大法学论丛》1990 年第 19 卷第 2 期。

③ Ehrlicher, Grenzen der Staatsverschuldung, FS Haller, 1979, S. 38.

④ Ehrlicher, a. a. O. S. 29ff.

只能以隔代分配效果,特别是差别负担上。① 换言之,公共投资之财源得以发行公债之手段募集,系由于投资结果,未来将有所收益。此种借债以为长期投资,可破传统预算之量入为出观念,而牵涉到两个不同问题:①隔代负担分配是否可能? ②隔代负担分配,是否应赋予积极评价?②

(1)隔代分配是否可能,在于今日所发行之公债并支出花贵,其还本及利益是否得以在未来偿还? 在此隔代间存有两种落差:一为支出者与偿还者差距,公债发行后其本息应偿还于购买公债之债权人(或其转得人),但偿还者非发行者时之国家,而落由未来纳税人负担。故公债之偿还,非由发行者由将来之钱移作现在用,而是现在与将来两个不同经济主体间之负担移转。另一落差为现实经济上,以发行公债为公共投资,以其效益来偿还,在现实经济上是不切实际者。到期之公债,往往只能由其他财源予以偿还。

因此在隔代分配问题上,吾人只能以增税来支应国家支出,对私人消费有较强之抑制作用(可消费之所得减少);反之,以公债方式支应国家支出,则对私人投资发生较强之抑制作用(由于政府债信较强,如公债发行之金额过多,则削弱私人企业可运用之资金)。由于后者作用往往弱于前者,国家发行公债减少增税,得以提高当时消费能力,有助于当时经济成长;反之,未来偿还本息时,则对未来之经济成长有减弱作用,公债发行将现在之负担依此方式移转于未来,则具有可能性。

(2)进一步的问题是,此种隔代负担分配是否必要。以 v. Stein 为主之赞同者多主张量入为出时代已过,扩张财政政策有利于经济成长;同时吾人有必要为子孙作投资,以利后代,③此种投资如只限于以税收支应,则代代袭袭相因,进步有限。如利用公债工具,自有利于长期之公共投资与公共规划。尤其是环境保护投资、社会保险之负担,自须由各年度平均分担。

此种赞同理由并非全属必然,至少其成立有一前提要件,以发行公债方式为后代为有利之投资,应得许可。换言之,以发行公债方式非用以投资,而用之于公共消费(如公务员薪资等),则与隔代负担分配理念不合。而此种限制,亦只能规定于宪法,才能确保并维持隔代间之长期安定。换言之,结构性赤字须在宪法上加以限制,公债之发行只有在供投资性使用始能发行。④

---

① Ehrlicher, a. a. O. S. 38.

② Arnim, Grundprobleme des Staatsverschuldung, BayVB1, 1981, 17, S. 517.

③ v. Stein, Lehrbuch der Finanzwissenschaft, 4 Aufl., Bd. 2, 1978, S. 347.

④ 参见葛克昌:《人民有依法律纳税之义务(下)》,载《台大法学论丛》1990 年第 19 卷第 2 期。

3.限时权力之民主原理限制

对结构性赤字,根据宪法学理予以反对,以 Püttner 所提限时权力理论最为著名。按民主政治体制下政府之权力系附有期限,不论政府或国会权力均只能行使到下届选期为止。现时政府对公债之发行,课未来政府以返还本息之义务,此侵犯到未来政府之收入权及未来国家之立法裁量权,而破坏宪法之体制,故属违宪之侵犯职权行为。[①] 因此公债只有在对未来有利之公共投资范围,始能例外许之,以其对未来政府之职权无所侵犯,否则现时政府,明知无法继续执政,仍大笔举债,以增加未来政府之困境,岂能不以宪法限制之?

Püttner 之理论,亦有人以为每一政府多曾承受前政府之决策,例如前国会以多数通过之法律,现时政府亦需遵守,何以前政府所立之计划及投资,即侵犯现政府职权? Püttner 之答复为,立法之情形完全不能相提并论,前政府所制定之法律,现政府如认不妥,自可由现国会以多数决定方式修正甚至废止之,对前政府所制订之计划亦然。唯前政府所发行之公债,现政府只有偿还届期之本息一途,而受严格之拘束,自属侵犯其职权。因此,公债发行须负有"附带条款"(Junktimkausel)之限制,应同时公布国家之投资计划,而举债总额不得超过投资总额,其公债之发行应对未来之租税负担有利,或至少未来之税源因而加强。[②]

4.整体经济平衡发展之限制

至调节景气发行之公债,是否得以前述宪法之基本国策章对经济目标,在整体经济之平衡发展与国计民生之均足;以及社会安全章国家负有促进充分就业之义务得到合理化依据。按宪法上追求经济平衡发展,原指区域性均衡("宪法"第 147 条)及贫富间之均衡发展("宪法"第 145 条),但今日之解释,自应扩大为时间差及景气变动间之平衡发展。唯为调节景气所为之公债发行,不当超越其界限,并以短期为限,不能扩张至结构性赤字。

至于为促进充分就业,及社会保险及社会救济所需之公债发行,鉴于宪法对生存权保障优先理念,及社会安全系对未来有利(有利于重分配),得以取得正当合理依据。

5.其他宪法上限制

鉴于公债发行过滥,对宪法基础危害甚大,美国和德国学者多从宪法上限制着眼,提出不少建议,这些建议与台湾地区之法制或不尽相符,或与台湾地区政

[①] Püttner, a. a. O. , S. 10～12, 23.

[②] 参见葛克昌:《人民有依法律纳税之义务(下)》,载《台大法学论丛》1990 年第 19 卷第 2 期。

治文化有不尽一致者,但仍有许多可供吾人反省参考者。例如:

(1)地方政府发行公债,应予限制,除外债应得特许外,一般公债之发行亦应受政府监督,只有在地方将来偿还本息之财源或偿还能力范围内始得准许之,以免因公债发行而致财政破产。[1]

(2)国家发行公债之投资,应仿照独立之中央银行制度,设立独立之国库银行,以确保投资之安全与防杜其过滥。[2]

(3)公债之发行不但需经过各级议会决议,且需在宪法中明定,其决议为重大事项,不能以简单多数通过,需经加重多数(如 2/3、3/4)之条件。

(4)公债发行之上限,应在宪法中规定其上限,例如每年不得超过国民生产总额之 1/4 或 1/5。[3]

(二)在财政经济非常时期

遇有紧急危难或财政经济上有重大变故,台湾地区领导人得经"行政院"会议之决议,发布紧急命令("宪法"第 43 条,增修条文第 7 条参照)。此时自亦得以发行公债之手段以应付之。其发行在宪法上限制,亦应以例外处理之。例如:[4]

(1)公债发行时应同时公布投资总额等附带条款,应例外允许其得不必具备。

(2)公债发行限于投资性或其上限等,紧急处分时,得不在此限。

(3)公债发行之要件及其程序条件,此时应不受限制。

(4)得发行强制性公债。唯其发行,自然亦需在避免紧急危难或克服财政经济重大变故之必要范围下受限制。

第五节　展望与建议

租税国之危机现象,正在我们社会中逐步浮现。排除影响立法决策程序失

---

① Püttner, a. a. O. , S. 20ff.

② Föhl, Möglichkeiten einer Künftigen Fiskalpolitik, Weltwirtschaftliches Archiv 79 (1957 II), S. 50ff.

③ Vogel, a. a. O. , S. 425.

④ Kirchhof, Verfassungsrecht und öffentliches Einnahmesystem, in: Hansmeyer (Hrsg.) Staatsfinanzierung in Wandel, 1983, S. 58.

去均衡之各种因素,显然是吾人所迫切需要采取之步骤。其中又以宪法对公债发行上的限制与隐藏性增税的防杜,为宪法之重要课题。此涉及国民对国家财政权扩展抗拒力之麻醉问题,二者均与国家收入息息相关。根本之道,在于国家收入来源与其相应之支出,均需加以抑制。问题不在于国家任务过度扩展,而在于利益团体及政党之影响力,致对特定之选民或其团体所为者过多,而相对于其他国民则作为太少,负担过重。

鉴于财政宪法在现代国家之地位日益重要,政府财政,若不能取得宪法上保障,政府课税权及公债发行,不能在宪法上予以限制,不仅租税国家危机不能避免;无论基本人权、权力分立制度以及中央与地方权限划分,均不可能落实与安定。是以台湾应致力于以下努力:

(1)增列"宪法"财政专章,以彰民权。

(2)"财政收支划分法",宜予通盘检讨,将其中归由"宪法"规定为妥适者,改列"宪法"。诸如何种税目、何种财源应归省、市,何者应划归县,"宪法"宜有明文,使地方有其自主财政,让长期规划成为可能,使地方自治生命有持续可靠之供养。

(3)规费、受益费及特别捐,在"宪法"上应予适当限制,在量能课税与受益者负担原则间取得均衡点。

(4)因应即将面临之租税国危机,对隐藏性课税权及公债,"宪法"上应予规范。

唯徒法不能自行,面对日增之隐藏性租税及其他公课的沉重负担,特别是公债发行过滥之危机,台湾不能不寄望于法院,尤其是"大法官会议"。在已公布之"大法官会议解释文"中,对税法之解释较其他法域致力更深,用心更为良苦,尤其从"宪法"第19条上逐渐增益其说理,加强纳税人之保护,发展出一套"租税法律主义"之标准,对税法之适法性原则贡献良多,然多偏重于适法性之形式面,如法律保留、法律优位、溯及及类推禁止,以及诉讼权之保护等。对适法性之实质面,如是否符合"宪法"之基本价值观及基本权保障(尤其财产权、工作生存权)之贯彻,均未能发挥积极功能。租税系无对待之强制给付,平等原则之要求特别强烈,且为租税公平负担及社会正义之基础,每为"大法官会议"解释所忽略。至于中央与地方权限划分,课税权与公债之限制,则为未来"大法官会议"之重大"宪法"任务——用以迎接租税国危机之挑战。

第二章

国家与社会二元论及其宪法意义[*]

第一节　问题概说

　　近年来,海峡两岸甚至海外华人对"重建民间社会"引起了广泛而热烈的讨论,^①甚至有学者将此视为事关中国基本命运的焦点问题。^② 事实上,国家与社会关系,不只是特定价值观与基本理念问题,也是具体宪法上所作之根本价值取舍与决定。^③ 在不同时代,不同之宪法秩序中,基于不同之世界观,不同之历史、文化、政治背景,而有不同之国家与社会关系,因此,只有在具体而特定政治体制与宪法类型中,^④对此一问题寻求答案,才有其意义。否则,重建民间社会,只不过是文人口中之万灵丹,思想上避风港。

---

　　* 本文原在《台大法学论丛》1994 年第 24 卷第 1 期上发表。

　　① 如 1989 年《中国论坛》第 336 期以《民间社会与台湾发展》为专号(作者为蔡其达、孙善豪、史思虹与徐进钰),1990 年《当代杂志》第 47 期以《市民社会》为专辑(作者为石元康、李永炽、何方等),大陆学者观点,1991 年桂冠图书收集有周雪光主编《当代中国的国家与社会关系》(作者有王绍光、丁学良、陈奎德、苏绍智、麦康勉、萧小明、谢文、史正富、赵穗生、孙晓光、王丰、殷鼎、高小等)。

　　② 余英时:《待从头,收拾旧山河》,载《二十一世纪》第 2 期;陈奎德《重建公民社会》,载周雪光主编:《当代中国的国家与社会关系》,桂冠图书股份有限公司 1992 年版,第 53 页。

　　③ H. H. Rupp, Die Unterscheidung von Staat und Gesellschaft, in: Isensee/Kirchhof (Hrsg.) *Handbuch des Staatsrechts*, Band I 1987, §28, Rn. 2.

　　④ 台湾地区"宪法"之基本价值取舍与决定,请参照葛克昌:《税法与民生福利国家》,载《经社法制论丛》1989 年第 4 期;以及本书第六章。

一、二元论过时说

国家与社会二元论，为大陆法系国家法体系所依持之意理基础，从 19 世纪迄今至少有 200 年历史。^① 在二元论下，国家被理解为具有目的理性，有权制定规范，拥有法定组织之人为统治团体。其功能亦限于政治决策，而不及于社会整体；社会则为自发形成之秩序，先于国家而存在，受私法自治原理支配个人或团体向其自我目标自由发展之领域，有免受国家支配之自由供其角色挥洒，二者各自有其天地，互不干预。问题在于，同为现代国家，英美法政治体系终将国家视为社会的一部分，^②无须依靠二元论。大陆法学者，亦有认为国家社会二元论乃产生于君主专制时期，为避免君主极权之制度设计，在民主宪政国家，由于主权在民，政府之正当性取决于定期选举，国家社会二元论之存在基础已消失。^③ 德国学者甚至认为，国家社会二元论在魏玛宪法中虽有依据，但在基本法中国家与社会应视为整体。^④ 或主张二元论系夜警国家时期之观念，在现代福利国家，国家功能扩展，与社会区分界限已模糊，不如加以放弃此种陈旧理论。^⑤ 并有基于多元国家理论，认为在不同利益团体、政党多元竞争之国家，应挣脱出国家与社会二元论之桎梏。^⑥

二、二元论仍有必要说

但同时有不少有力学者，主张国家与社会原则上加以区分之二元论，在今日仍有其必要性，但是他们也认为二元论虽应维持，其具体内容与理解方式宜随时代而有所变迁。申言之，国家与社会关系，不能单纯地视为"两种不同事务领域

---

① 　E. W. Böckenförde, Die verfassungstheoretische Unterscheidung von Staat und Gesellschaft als Bedingung der individuellen Freiheit, 1973, S. 9ff.

② 　Maier, Staats-und Verfassungsrecht, 1985, S. 35.

③ 　Hesse, Grundzüge des Verfassungsrecht der Bundesrepublik Deutschland, 14 Aufl., 1984, Tz. 11.

④ 　Badura, in: Festgabe für Maunz, S. 13; Heinemann, Staat und Bürger, Recht und Politik, S. 46.

⑤ 　Abendroth, in: Sultan und Abendroth, Bürokratischer Verwaltungsstaat und soziale Demokratie, 1955, S. 90.

⑥ 　Maier, a. a. O. S. 35

之区分",而应看成一种"在人际间两种不同模式中,所必需的辩证性归类"①,或更进一步视为组织或制度性的分类,②国家与社会二者之间自可能交叉重迭,不再理解为互相割裂与孤立领域,③国家与社会应以构成国家的结构性两种要素观点考察。④ 自然不至于发生在法治国家宪法下,民主议会政体反适用君主制规律法则问题。⑤ 二元论之基本意义,在于社会自身无法自行规整调节,而需赖国家作为有组织之工具,用以保障具体或一般之个人自由。国家之公权力虽非不能干预人民生活,但须先对国家与社会区分,作为个人自由之基本条件。⑥

三、国家学与宪法学之关键问题

上述观点,与传统国家学与宪法学观点有些距离,传统观点将"国家"视为原则上应与社会严加区分之统治组织;19 世纪的宪法,依 C. Schmitt 之见解,事实上,是"民法国家的宪法"(bürgerlichrechtsstaatliche Verfassung),⑦其主要内涵在于界定政府组织及政治决策之范围。宪法所规范者,属国家范畴,不及于社会整体。自由,依法治国家权力区分理论,⑧乃是免于国家干预之私领域,所谓基本权亦不外乎为对抗国家之消极防御权。基本权之承认,即在国家与社会之间作了相对明确区分。此种区分理论在今日宪政国家,其现实背景已有巨大变迁,例如在今日各国宪法上,主张国家自身具有独自目的价值,大多已经不再得到承认;现代国家因职权扩展,在社会领域中多方予以干预;而政党政治与利益团体发展,对国家意思形成影响力日深,故传统国家与社会有不同之内涵、相异利益、相互之界限理论,已不足以解释今日宪法与国家。但现代多元国家,完全扬弃国家社会二元论,将使得国家行为之界限模糊,基本权形成具文;进而使国家职权与社会角色混淆,让福利国家泛滥而不知节制。是以国家与社会区分理论,虽传统与当代之含义不同、作用有异,无疑均为对宪法与国家理解之钥匙。法学如同

① Forsthoff, Der Staat der Industriegesellschaft 1971, S. 21.

② Forsthoff, a. a. O. S. 21.

③ Böckenförde, Die verfassungstheoretische Unterscheidung von Staat und Gesellschaft als Bedingung der individuellen Freiheit, 1973, S. 29, Anm. 68.

④ Forsthoff, a. a. O. S. 21.

⑤ Forsthoff, a. a. O. S. 23.

⑥ Hesse, Bemerkungen zur heutigen Problematik und Tragweite der Untercheidung von Staat und Gesellschaft, DöV, 1975, Heft 13/14, S. 437.

⑦ C. Schmitt 对此种 19 世纪自由主义之批判,请参照吴庚:《政治的新浪漫主义——卡尔·史密特政治哲学之研究》,五南图书出版公司 1981 年版,第 65 页以下。

⑧ C. Schmitt, Verfassungslehre, Neudruck, 1957, S. 126f.

其他学科,总有一些基本而永恒的关键性问题,值得作持续性探讨,尤其对此问题,如何赋予其崭新的时代观点,不同的观察角色,最为引人入胜。本文先由国家社会二元论历史纵深加以考察,以究明其原初及衍生意义;次由多元国家横切角度,探究国家与社会二元论有无存在必要;再就功能角度,究明当代国家与社会之差异;最后则就台湾地区"宪法"考察,国家与社会二元论所具有之时代意义。

第二节　国家社会二元论之历史考察

一、国家社会二元论演进

国家与社会二元论,在国家学理论发展上有举足轻重之地位。国家学理论,或强调二者之对比性,例如自由主义者强烈要求,社会力应在国家管束中解放出来。或强调其从属性,此以马克思主义为代表,将国家置于社会之上,成为其上层建筑,[①]此一观点当代亦有转从多元国家纯就社会学角度观察,以争取社会力之主导力量立论。

国家与社会之区分,始于专制时期,此时国家权力集中于君主个人及其官僚体系,与其对立者即为社会。二者区分,一为重商主义之国家经济思想,与自由主义之私有经济模式相对立,后者以挣脱国家管制为中心。是以国家与社会二元论中社会,以私有制度,特别是经济关系(契约、所有权)为核心。社会被视为人类共同生活所自发形成之秩序,以追求自我利益为动力;与其相对立之国家则为人为有意创造,具目的理性与统一之秩序[②],透过国家权力与国家控制所形成之国家公民关系。

二、黑格尔

国家与社会区分,在黑格尔以前即存在,却由黑格尔将其理论普及化。但是黑格尔不把社会与国家视为对立之命题,而将二者看作具有相互依存关系的存在。黑格尔将社会视为个人欲望需求与特殊(个别)利益之体系。在(市民)社会

---

① Zippelius, Allgemeine Staatslehre, 9 Aufl., 1985, S. 271.
② Binder, Philosophie des Rechts, 1925, S. 596ff.

中,个人均以其自身为目的,但为满足其自身目的,不能不同他人发生关系,个人需求要得到满足,除自身劳动外,还需透过交易,透过他人提供的劳动与其需求之满足,也就是以需要作为媒介,以满足个人目的,这就是需要体系。每一个人皆因生存的需要而彼此互相依存着。以各人需要与法律制度保障作为工具,个别特殊利益与整体共同利益得以形成外在秩序,个人人身及财产安全亦得以确保。① 需要体系,在黑格尔观点只是社会之本质,仍不足以把握国家真正的本质,②真正的国家,不是媒介,而是客观精神之展现,是伦理理念之实现。③ 国家乃群体的结合,个人在此群体内共同经营伦理生活。个人在国家中,不再为了自己,而系有所自为着公众利益来设想,来行动。于是个人在国家中,不再局限于一己的特殊性,而更扩大为普遍性。国家的目的,即在此普遍共通利益自身(das allgemeine Interesse als solches),但是依黑格尔之辩证法,个人之个别(特殊)利益包含在共通公共利益之中得到保存与满足。④ 在黑格尔体系中,在国家与个人间仍有自治团体存在之余地,亦即"在市民社会中,团体性之个别利益",依此而成立组织以遂行自治,例如地方自治团体、同业公会。⑤ 尤有进者,这些自治的管理权包括审判权及警察权,而成为个人与国家功能中行政、司法、立法之中介。⑥ 个人须先透过一系列的同业公会与自治团体,以为媒介,最后才成就在国家中具有尊严公民权之个人。市民社会也必须经由此方式,在国家之中存在。⑦

三、Lorenz von Stein

1842 年德国基尔大学法学教授 Lorenz von Stein(1815—1890)的《法国社会主义与共产主义史》⑧出版,这部书具有划时代之意义,标志着德国社会主义结束了幼稚的童年期,开启了欧洲基督教社会主义理论基础。作为黑格尔学派一员的 Stein,对于自由法治国家晚期的困境与流弊,提出了除马克思的革命一

---

① Hegel, Rechtsphilosophie, §§182ff. bes. §188. 参见李德良:《黑格尔法哲学中的国家思想》,载《史学研究》。
② Hegel, a.a.O. §258 Zusatz.
③ Hegel, a.a.O. §257ff.
④ Hegel, a.a.O. §260f, 270.
⑤ Hegel, a.a.O. §288.
⑥ Hegel, a.a.O. §287.
⑦ Hegel, a.a.O. §301.
⑧ v. Stein, Der Sozialismus und Kommunismus des heutigen Frankreich, 1842;1850 年版更名为《1789 年至今法国社会运动史》。

途外,和平改革仍有可能且有必要,其影响力在今日社会福利国家愈见重要性。Stein 的国家与社会区分理论,尤其是国家与社会受不同原理支配学说,特别值得吾人深究。①

Stein 认为社会者,决定财货之分配,规范劳动组织,推动需求体系,维系两性间家庭与法律长期稳定关系之生活共同整体。② 社会秩序有别于国家,非出于人为,乃奠基于自然之生活要素。反之,国家者,乃共通意思之组织体,非自然所形成,赖共同体之自决。由于在生活中,源于意志作用之自我决定,与出自自然形成之秩序,本长期处于斗争状态,故在人类共同生活中,国家与社会、社会同国家,亦处于互相持续斗争关系之中。③

Stein 更进而指出国家社会基于不同之原理原则。社会是属特殊利益之范畴,社会是由"个人与他人间关系"基础上发展而来的;而特殊(个别)利益形成,是由每个人同其他人关系上构成生活行动的重心。社会适用之原理,为个人顺从他人意志,亦即以个人为工具,达成他人之生活目标,个人与个人间形成依赖关系。反之,国家系将所有个人意志整体提升为人格之统一体,个人超越其个别生活、个别利益、参与国家意志之形成,国家意思形成的原理所要求者,为"一切人之参与"以及将个人提升为平等之自由状态。④ 因此,从国家原理与社会原理角度考察,二者间有冲突矛盾之处。⑤

由于此种对立,不得不要求:在国家意志形成时,任何人视为自由平等。其衡量准则,不再基于个别利益之利己主义;而须辅以对此种利益之正当调节。这是国家主要功能。

四、马克思

黑格尔之后,一样从社会与国家相互关系出发,却与 Stein 不同,认为改革已不可能,只有革命一途,从而建立起整个历史唯物主义理论的,是马克思。吾人依据马列主义法律观探讨国家、法律、社会与个人关系时,必须先对马克思本身思想(古典马克思主义),以及马克思之后马克思主义者国家与法理论之变迁

---

① R. Schnur (Hg.) Staat und Gesellschaft, Studien über Lorenz von Stein, 1978, S. 65ff, 282ff.

② v. Stein, Geschichte der sozialen Bewegung in Frankreich, I, 1850, S 40.

③ v. Stein, a. a. O. II. S. 1.

④ v. Stein, a. a. O. II. S. 2.

⑤ v. Stein, a. a. O. II. S. 3.

加以区别。①

1.古典马克思主义

马克思基本上继受黑格尔国家社会二元论区分,但认为此种二元区分必须由历史演变的架构中加以理解,二元论实际上是资本主义的产物,随着生产力发展,国家终将为社会所统一;另一方面,马克思的国家社会二元论,是同其资本主义批判、资产阶级(市民)社会批判、资产阶级法治国批判不可分的。马克思所下的处方,及针对当时资本主义社会病症,与今日少数尚存之共产国家截然不同,所以今日共产国家之国家与法理论已有所变迁。根据马克思观点,资本主义体制依其基础——上层建筑理论(Basis—überbau—Lehre)所决定,国家、法律、政治、宗教、学术,形成了"上层建筑"中一部分,而基于社会生产关系之经济基础,影响上层建筑之变化。生产技术的变迁,不仅导致社会结构变迁,同时也使上层建筑有所变动。国家是资产阶级,用以压榨无产阶级的强制性工具,随着阶级对立与阶级社会消失,国家亦随之消亡。②

从历史演进观点,马克思认为,市民社会的产生,是阶级利益的结果,国家与社会二元对立是人类社会的一个特定发展阶段。这个阶段也就是"由个人利益发展到阶级利益"③,社会生产力发展到一定阶段以后,社会利益开始分化,特殊的个人利益与普遍的公共利益相对立,此种对立,进一步促成市民社会与资产阶级法治国产生。市民社会与资产阶级法治国,都是以资产阶级与阶级利益存在为前提之历史现象。在前资本主义的中世纪社会中,国家与社会是不加区分的,由于政治权力无所不在,只有国家,并无独立于国家之外之市民社会。资产阶级法治国,就是要借由权力区分、基本权保障、私法自治制度以限制国家权力,市民社会也就是摆脱国家政治干预下的产物。在阶级消失的共产主义社会,也不再有市民社会存在的余地。④

其次,国家社会二元论亦可从理论分析角度加以考察。依马克思观点,随着社会利益体系分立为私人利益与公共利益两大体系,整个社会即分裂为市民社会领域与国家领域。市民社会领域,是私人活动领域;国家领域是公共活动领域。市民社会是特殊私人利益关系体系;国家是普遍公共利益关系体系。在社会中每一个个人都担当着双重角色,他既是市民社会中一员,同时也是国家内一

① Rupp, a. a. O. §28, Rn. 10.
② Rupp, a. a. O. §28, Rn. 11.
③ 马克思恩格斯:《德意志意识形态》,载《马克思恩格斯全集》第3卷,人民出版社1956年第1版,第395页。
④ 俞可平:《马克思的市民社会理论及其历史地位》,载《中国社会科学》1993年第4期。

员;他既是市民,也拥有公民身份,根据其身份之不同扮演角色之不同,分别活动于市民社会与国家之中,马克思认为:"在政治国家真正发达的地方,人不仅在思想中,在意识中,而且在现实中,在生活中,都过着双重生活——天国的生活与尘世的生活。前一种是政治共同体中的生活,在这个共同体中,人把自己看作社会存在物;后一种市民社会中生活,在这个社会中,人作为私人进行活动,把别人看作工具,把自己也降为工具,成为外力随意摆布的工具。"①

国家与社会二元分裂,在现实历史上诞生,马克思断言完全是资本主义市场经济的产物。由于市场经济要求,私人物资的生产、交换、消费活动,应彻底摆脱政府干预,而成为免于政治影响之外的纯经济活动领域。这种经济自由或私法自治要求,是不见容于封建国家的。正由于此种资本主义发展,市场经济要求,资产阶级革命不得不展开。马克思对此有精辟的分析:"政治革命打倒了这种专制权力,把国家事务提升为人民事务,把政治国家确定为普遍事务,即真实的国家;这种革命必然要摧毁一切等级、公会、行帮和特权,因为这些都是使人民脱离自己政治共同体的各种各样的表现。于是,政治革命也就消灭了市民社会的政治性质。"②消灭了市民社会的政治性质,也就成为纯粹的经济领域。马克思认为完成市民社会与政治国家二元分裂的政治革命是法国大革命。"只有法国革命才完成了从政治等级到社会等级的转变过程,或者说,使市民社会的等级差别完成了社会差别,即没有政治意义的私人生活的差别。这样就完成了政治生活同市民分离的过程。"③

国家与社会二元论,一方面完成市场经济要求,造就了免于国家干预之资产阶级市场领域;另一方面也成就资产阶级法治国家制度。马克思就此从以下三方面加以分析:④

(1)国家社会二元论促使社会由等级发展到代表制,而产生代议民主制度。中世纪在国家社会一元化之下,社会之不平等即为国家之不平等,国家之不平等亦形成社会不平等。在国家与社会二元论下,市民社会中经济不平等却不妨碍法治国家形式上平等,代议民主制正是此种表现之象征。马克思在黑格尔法哲学批判一文中认为:"历史的发展,使政治的等级变成社会的等级,所以正如基督

---

① 马克思:《论犹太人问题》,载《马克思恩格斯全集》(第1卷),人民出版社1960年第1版,第428页。

② 马克思:《论犹太人问题》,载《马克思恩格斯全集》(第1卷),人民出版社1960年第1版,第441页。

③ 马克思:《黑格尔哲学批判》,载《马克思恩格斯全集》(第1卷),人民出版社1960年第1版,第344页。

④ 俞可平,前揭文,第62页。

徒在天国一律平等,而在人世间不平等一样,人民的单个成员在他们的政治世界的天国是平等的,而在人世的存在中,在他们社会生活中却不平等。"①而"选举是市民社会对政治国家不是间接的而是直接的、不是单纯想象的而是现实存在的关系。因此显而易见:选举构成了真正市民社会的最重要的政治利益"。②

(2)由于国家社会二元论,资产阶级法治国三权分立制度始能确立。马克思认为:"正如官僚是国家在市民社会中的全权代表一样,各级(议会)是市民社会在国家中全权代表。"③根据马克思观点,司法权与行政权在性质上是同类的,都是执行法律权力,所以通常所说三权分立,马克思认为其实是两权分立。立法权与执行权分立是国家社会二元化必然要求。亦只有国家与社会分离,立法与执行权才能真正分立。国家与社会分离,市民社会需要一中介参与国家,此一中介即为议会,也就是立法权;反之,法治国家也需要一中介参与市民社会,此一中介即为行政权,其代表人即为行政权之官僚机关。

(3)国家与社会二元论,导致人权与公民权制度之确立。马克思认为,"所谓人权不同于公民权,和公民不同的这个人究竟是谁呢?不是别人,正是市民社会的成员"④;反之"公民权的内容就是参加这个共同体,而且是参加政治共同体,参加国家"。⑤人首先是市民社会中的成员,也就是具体和现实的人;其次才是政治社会的成员,是抽象的人。马克思认为:"作为市民社会成员的人是本来的人,这是和公民不同的人,因为他是有感觉的、有个性的、直接存在的人,而政治社会的人是抽象的人,人为的人、寓言的人、法律上的人。"⑥

随着现代国家的诞生,国家与社会一元关系,马克思确认业已一去不复返;国家与社会二元化已是客观的现实,黑格尔以此二元论作为其法哲学的出发点,马克思认为这是黑格尔认为深刻之处。但黑格尔将代表国家之普遍利益与代表社会特殊利益相对立起来,马克思则认为系表面的、肤浅的,而且也不同意黑格

---

① 马克思:《黑格尔哲学批判》,载《马克思恩格斯全集》(第1卷),人民出版社1960年第1版,第344页。

② 马克思:《黑格尔哲学批判》,载《马克思恩格斯全集》(第1卷),人民出版社1960年第1版,第396页。

③ 马克思:《黑格尔哲学批判》,载《马克思恩格斯全集》(第1卷),人民出版社1960年第1版,第327页。

④ 马克思:《论犹太人问题》,载《马克思恩格斯全集》(第1卷),人民出版社1960年第1版,第437页。

⑤ 马克思:《论犹太人问题》,载《马克思恩格斯全集》(第1卷),人民出版社1960年第1版,第436页。

⑥ 马克思:《论犹太人问题》,载《马克思恩格斯全集》(第1卷),人民出版社1960年第1版,第443页。

尔将国家置于社会之上,实际上是社会高于国家。马克思认为国家与社会之成员都是相同之个人,作为国家成员身份的公民是抽象的、人为的、虚幻的;"而身为市民身份的个人,才是本来的人,真正的人"①。再者,无论古代、封建时代,以及现代,社会都是国家的必然基础。恩格斯也认为"绝不是国家制约和决定市民社会,而是市民社会制约和决定国家"。② 马克思还认为,私人利益与公共利益的对立,将随着阶级的消灭而消失,当社会生产力发展到一定阶段,阶级对立及阶级社会消失,国家亦随之消亡。

2. 马克思之后马克思理论

马克思基于资本主义批判,所建立起国家社会关系,随着十月革命苏维埃政权建立,面临考验。马克思预言国家将随着阶级社会消失而消亡,但无产阶级专政既未导致国家消亡,亦未使统治、法律、强制成为过去,所以 1930 年以来,斯大林即为国家继续存在,寻求其理论依据。认为国家之存在仍是暂时性,有其环境背景,如果能够解除资本主义国家包围,如果能恢复社会主义生存环境,苏维埃国家才可能消亡。③ 此种外在条件说,实际上与马克思上层建筑理论相违背。事实上,马克思之法理论,在今日之共产国家中,还在寻求新的解释方式,以说明社会主义法与国家体制存在之理由。无论如何,社会主义法律观早已从纯粹之上层建筑理论中有所变迁。特别是 1930 年苏维埃司法部长 Coyschinski 在对法律作了以下著名定义"法律者,用以防卫、维护、促进有利于统治阶级的社会关系与社会秩序之规范体系"后,法律在社会主义国家即成为历史发展进程中操作与促进工具而非纯粹受下层经济条件所左右。④

基于此种法律观,国家与社会关系在社会主义国家也有重新的定位,国家在实行社会主义之后,不但不随之消亡,而且国家同其法律体制,在历史发展规律下,成为改造社会的重要工具。其间马列主义之政党,以严密组织扮演着先锋的重要角色。⑤

在社会主义国家,国家、社会与个人间关系,依马克思理论,国家是建立在市

---

① 马克思:《论犹太人问题》,载《马克思恩格斯全集》(第 1 卷),人民出版社 1960 年第 1 版,第 440 页。

② 恩格斯:《关于共产主义者同盟的历史》,载《马克思恩格斯全集》(第 21 卷),人民出版社 1965 年第 1 版,第 247 页。

③ Claus D. Kernig (Hrsg.), Maxismus im Systemvergleich, Bd. 4, 1973, S. 221.

④ Joachim Perels, Der Staatlich verordnete Sozialismus, Thesen zur Verfassungstheorie der Sowjetunion, in: Hubert Rottleuthner (Hg.), Probleme der marxistischen Rechtstheorie, 1975, S. 338ff.

⑤ Rupp, a. a. O. § 28, Rn. 12.

民社会基础之上层建筑,国家与社会在实质上是统一的,资产阶级国家之国家社会二元论是不存在于社会主义国家的。在后者不同于阶级国家内利益之对立冲突;社会主义国家内,国家与社会利益间取得客观的统一与和谐。从而,既无社会与个人之对立,亦无社会与国家之对立。此种国家社会一体性目标,在历史过程中只要历史规律仍未充分发展成熟,人与人之间利益仍未协调一致,人与社会仍存在无知与疏离之中,个人自我真实利益与真正幸福仍未认清之时,则有赖于马列主义者先锋政党来领导,以实现共同目标。① 劳动阶级依马列理论,组成马列政党,拥有确实可靠之指南针,掌握社会发展之客观法则,有计划有步骤地推动社会进步。马列主义政党于是成为劳动阶级及劳动民族、国家、社会与个人结合成为一体之先锋队,成为客观历史、规律之捍卫者。

由于个人与国家和谐一致性,在社会主义国人之基本权,非如资产阶级国家为个人之消极防御或免于国家干预之自治权,亦非个人自主自我决定之主观自由权;而是与整体共同协力、共同参与、共同分享之权利,但同时也是义务,在社会主义社会发展过程中共同协力,发展实现真正社会主义者人格。② 社会主义者之市民权,系社会主义者社会发展与人格发展之产物与工具,用以协助由资本主义顺利走向共产主义之过渡历程,有益于社会主义国家向资本主义国家斗争。人权是国家主权之表征,社会主义者之市民权规范了自由受历史所具体化之程度,此种具体化是受经济条件与政治需要所决定的。③

在社会主义国家未到达其理想之"真正共产主义社会",以及其阶级敌人仍未消灭,或资本主义自我瓦解以前,这些历程越久,社会主义者国家与社会理论越有变动可能。④

社会主义国家之国家与社会关系,有以下两点发展值得注意:

第一点涉及个人对国家社会关系,特别是对个人权利与基本权理解问题。在马列文献中,个人基本权利须经过马列主义政党之领导,以参与及分享社会主义事业,而人权问题多归于资产阶级之谬误。这些观点随着社会主义非斯大林化、国际人权普遍化及共产国家人权运动而改变,甚至发展出近于接受市民之法律地位及主观权利之"平反复权"(Rehabilitierung),当然也与工商社会之发展

---

① Helmut Melzer in: Maxistisch-leninistische Staats-und Rechstheorie (Bibl), S. 292.

② Rupp, a. a. O. § 28, Rn. 13.

③ Hermann Klenner in: Maxistisch-leninistische Staats-und Rechtstheorie (Bibl), S. 417.

④ Rupp, a. a. O. § 28, Rn. 14.

需要有关。[①] 在讨论到基本权之主观内涵时,不得不涉及免于国家干预之领域、人民之个人自由,以及个人自由之司法保障制度。最足以代表此种趋向为苏联1977 年宪法第 57 条:"对人民人格之尊重、自由及权利之保障为所有国家机关、社会组织及成员之义务。(第一项)苏维埃联邦共和国人民,对其名誉与尊严、生命与健康、个人自由与财产有请求法院保护之权。(第二项)"第 58 条更赋予人民对抗公权力侵害之权利保障途径,包括国家赔偿责任。[②]

这些均明白显示对国家与个人之理解,已有重大变迁。尤其对照古典马克思国家理论所强调,对国家、社会、个人利益之协调一致并确保个人参与社会主义社会发展,在讨论中均有意省略。此种去除意识形态之理论发展,似乎显示在社会主义体系下改革,亦不得不对个人利益、自由、权利之强化与保障,加以斟酌考量。

此种个人自由与权利之"平反复权"趋势,在社会主义国家与法理论显示出第二种饶富兴味的发展,即为国家与社会关系之变迁,重视及保障个人自由及权利,尤其对免于国家公权力侵犯,并承认国家赔偿责任,不得不面对国家权力之有限性及社会个人生活之独立性。古典马克思主义认为只存于资产阶级国家之国家社会二元论,似乎也在社会主义国家中复活,而与西方自由主义国家理论,有靠拢倾向。[③] 此点从比较国家学角度,在自由民主制度下,国家与社会关系应理解与澄清,颇富启发性意义。

第三节　多元国家论与国家社会二元论

主张国家社会二元论已过时者,有基于现代宪政国家系多元国家,在不同利益团体、政党多元竞争下,无须区分国家与社会。特别是政党政治发展,国家对社会特定族群利益,提供多方面给付或特权,[④]诸如以向纳税人所收取的直接财务补助政党,或间接以租税优惠方式予政党以免税待遇,或依比例代表制予以政党代表议员席位,至于利用政党影响力以影响立法与行政更无论矣。[⑤] 在政党

---

① Rupp, a. a. O. §28, Rn. 14.

② Klaus-Jürgen Kuss, Die sowjetische Diskussion um den gerichtlichen Verwaltungsrechtsschutz, VerwArch 77(1986), S. 145ff.

③ Rupp, a. a. O. §28, Rn. 16.

④ Arnim, a. a. O. S. 173.

⑤ Rupp, a. a. O. S. 44.

政治下,实际上已打破了国家社会平衡关系,[1]尤其像德国,政党在宪法上赋予以忠诚义务,不得违反自由民主基本秩序国家,政党究竟应划归国家或社会领域,殊有疑义。为理解国家社会之当代意义,不能不对多元国家理论加以分析,以究明在多元国家下,国家社会二元论有无存在之必要。

一、多元国家理论

劳工法与社会福利法系 20 世纪所兴之法律领域,其兴起标志着对自由法治国的不满与反省。[2] 自由法治国理念在于借限制国家权力,以确实保障国民自由。对国家权力限制手段,主要借由基本权保障、权力区分及法治原理来达成,此种理论与自由主义之"社会"概念有关,自由主义者倡行国家社会二元论,举凡私生活、教会宗教、艺术、经济与舆论等均划归社会领域,而为不受国家干预之领域,保护社会领域存在之最重要工具,即为宪法上基本权,借基本权以确保不受国家干预(消极防御权),仅在例外并严格条件下公权力始得有限度限制。[3] 自由法治国理论最大的缺陷即在其所极力保障之"个人"所为之理解上:自由法治国所考虑典型的"人",系拥有资产受过教育之市民,换言之即为资产阶级,而非薪水阶级及劳工阶级。[4] 其所谓之社会指的是资产阶级社会,议会指的是资产阶级代表。其选举权是有限度的,限有财产者。19 世纪末因劳工问题造成社会不安,于是有劳工法衍生(公权力伸展至社会领域)及选举权普及于无产阶级。

劳工取得选举权及工会组织合法化,促成自由法治国走向社会法治国家发展。同时新的政治主角登场:选举的民主化,带来政党的产生,同时借由结社自由、罢工权之保障,利益团体诞生。政党权力之扩增,乃选举普及化之结果。从政党发展史显示,具有现代意义与组织之政党,首先系由"劳工阶级"所形成,以政党为工具,争取政治上地位。利益团体亦由工人组织而成,工会是第一个现代意义的利益团体。政党与利益团体发展,使政治发生重大影响,从此个人主义原

---

① Böckenförde, a. a. O. S. 44.

② Arnim, Gemeinwohl und Gruppeninteressen, S. 92ff.

③ 自由法治国家与社会关系基本原则有二:一为契约优先于法律原则,即在社会领域内虽不能不有国家法律以为规范,但此种法律只能为任意法,内以解释契约规定不明或补充契约之漏洞,如当事人契约另有约定,自当优先于任意法而适用;二为国家行为补充性、最小性、中立性原则:在社会领域中属于个人自主范畴,国家只有个人所力有未逮时,作为补充,凡个人得以自我实现、自我成就时,国家权力均不得介入。

④ Arnim, a. a. O. S. 66.

子式民主制演变为多元民主制。[①]

现代民主国家，系由多数政党与复数利益团体，构成国家与人民间政治程序。此种发展，使传统政治组织在结构上产生根本变革。议会与政府，只有在政党与利益团体作用背景下，才能理解。政党与利益团体成为更有权力之上层建筑，对政府组织分派政治指令。另一方面政党与利益团体进入议会，议场成为多元竞技场。传统权力分立制度与公共领域，面临结构上重大变迁。[②] 此种发展，有其内在之必要性。无政党协助，现代大众民主，无法选出人民代表发挥作用。政党集合志同道合者，提出政纲、候选人，以汇集政治见解，成为可供选择途径，供人民选择。利益团体功能则在：(1)结合成员，为其利益发出声音，以发挥"关节作用"；(2)利益团体为政府预备法律草案，替议会立法推动决议，协助政党对政府议会游说，具有回馈功能；(3)利益团体代表对个别问题，常拥有高度专业知识，对政府法律、法案、其他措施亦借由代表向其成员提供，利益团体在政府与成员间，扮演资讯交流之功能；(4)由于利益团体将各种利益，拣选汇集，可供政治家预作准备，扮演协调之功能；(5)利益团体互助竞争，同时限制了政党权力，具有保障自由之功能。基于权力法则：权利倾向于不断扩张，直到其触及有效界限为止，今日国家政治权力属于政党与利益团体，如何防止其权力滥用，引导其往公共最佳利益方向，为当代宪法课题。[③]

多元主义强调利益冲突之必要性，及政党经营、利益团体影响之合法性，中介团体为自由之最重要保障。多元主义拒绝有先验之公共利益存在，只承认有多元力量之妥协(经验的公共利益)。多元主义主张多数政党相互竞争，权力交替具有可能性，短期多数处于长期之不稳定地位，可防止权力滥用。利益可经由组织(利益团体)而发出声音，政治意见由公开程序中相互表达冲刷，个人则依其偏好自由参加，政治上决策之妥协，即意味着斟酌过所有团体之利益。[④]

民主制度对与所有追求政治社会影响力之族群与团体，赋予其自由组成与互相竞争追逐其势力与影响力之机会，不只政党，还有各种企业团体、工会、宗教团体，甚至各意识形态团体，互相对经济社会生活，甚至国家权力施加压力，借由利益与舆论之公开竞争，以妥协作为生活方式，由妥协中寻求共识，各种利益须加以整合组织，在某种程度下亦须加以管制协调。

多元国家之民主制度乃有别于原子式个人主义民主制度，后者在国家之下

---

① Leibholz, Strukturproblem der modernen Demokratie, 1974，S. 78ff.

② Habermas, Strukturwandel der Öffentlichkeit, 4 Aufl., 1969.

③ Arnim, a. a. O. S. 105.

④ Vgl. Fränkel, Deutschland und die westlichen Demokratien, 7 Aufl., 1979.

只有单独之个人,前者承认在国家与个人间存有不同之团体、不同之利益。是以传统之国家与社会区分理论,以保障公权力不侵犯个人之私生活,而在多元国家理论中,对此区分则应赋予更进一步意义。

二、多元国家中国家社会仍有区分之必要

在多元国家中,国家与社会区分必要性可从以下不同角度观察:[①]

1. 从利益冲突角度观察

多元国家既有不同之利益团体,其相互间自由竞争,难免相互冲突,此时须有竞争之规则,冲突之调处,乃至于裁决之机构存在,凡此种种有赖独立于争者外之第三者予以执行。是以在自由竞争者之社会外,须另有国家存在,以制定行为规范,作为仲裁者,予以公平调处。

2. 从市场经济角度观察

从自由主义立场,完全自由放任之市场经济,理论上虽有可能,现实上却不存在。社会非由独立之个人所组成,而存有不同集团之利害冲突,其间之调节不能自行运行,同时个人或团体之最大利益未必即为社会之利益,是以公共福祉、社会正义理念兴起以后,为实现公共利益与社会正义,须有独立于社会之外的国家存在。

3. 从政治决策过程观察

从政治决策过程上考察,认为社会之外,需另有国家组织存在,其理论主要基础由黑格尔所发现,如前所述黑格尔认为社会为一欲望需求体系,各种需求自有所冲突,须依照支配该共同体之正义观,予以调节,国家即由此需要而产生。而在多元社会中,不同之需求,其调节尤需社会以外国家存在。

第四节 国家与社会在功能角色上之差异

一、行为规范之差异

从前述黑格尔及 Lorenz von Stein 理论看,均有类似观点,对今日多元国家

---

① Zippelius, Allgemeine Staatslehre, 9 Aufl. , S. 217.

之分析,亦有助益。此一观点,即为社会存在之"需求体系",须另有对其冲突加以调节之工具,此一工具即为国家。

利益与需求之调节,应与共同生活体中多数所接受之正义观相符合。依此作为衡量准则,对不正当的利益施以压力,导回正当尺度之内。对于诸如过去长期以来,对环保之要求,这类隐而未见的需求,在多元国家仍未予系统或立法化,应予明白承认,并在利益调节之规则中,予以适当斟酌考量。国家之主要功能,即为制定法律,对个别利益拥有裁决权,以确保社会之安宁和谐。换言之,国家之任务在对各种利益作正确之调节。故政府行政官员、民意代表及法官,在代表国家之角色从事公权力行为时,负有不得偏袒个别利益之义务。此种理念表现在,议员不受选民训令之拘束,公务员及法官传统上负有无偏无私之义务。[①]

反之,在社会领域,私人之行为不受严格平等原则拘束以为适当之利益衡量。如商人不同于公务员,为不受国家领域支配之社会领域,只要在法律未予明文限制范围,得自行追求自己或他人利益,法律甚至从而保障之。由于国家与社会理念不同,行为准则有所差异,但仍有部分须予保留,典型之私人行为,并非全然不受拘束,仍须受法律规定不得违反公共利益之限制。

二、社会权力之角色

国家行为与社会行为相对立之理念,事实上过分简化。在多元社会中,仍存有具有高度自治之社会组织、制度,新闻业及其他具有整体社会重要功能、重大发言权及权力地位得以影响政治决策之社会团体。多元国家之下有无数之次元系统,诸如大工业组织、工会、大企业及其他社会组织,乃介于国家与社会中间,应负有较高之社会义务,例如大众传播组织,涉及利益之衡平与矫正之功能。在社会上具有较高尊荣,亦负有较一般国民为高之责任,否则利用其广大之影响力,对其报道对象以激进之手法耸动人心,造成扩大刺激社会不安。问题之困难点在于,较高之社会义务其效力如何? 此种较高社会义务,基于社会政策要求,过程透明化,应有衡平性竞争可能。但此种较高之社会义务,究竟只是大众传播之道德使命,或应视其个别法律规定而定其效果,或至少该义务,为具有间接拘束力之法律原则?[②]

---

① Zippelius, a. a. O. S. 241ff.

② Zippelius, a. a. O. S. 244.

此一问题,有两种解决方式。[①] 一为借立法对特殊社会权力,予以较严格之监督,赋予其特殊之法定义务,例如公平交易法对独占事业之管制,或在广播电视法中加以规范。至于其他一般社会行为则享有广泛的私法自治与行为自由并且"疑则推定自由"原则在社会领域应予广泛适用。另一解决方式,则对特殊之社会权力,以概括法律规定,并无一般无限之行为自由,而具有增进公共利益之一般法律义务。问题在于各种社会权力,性质上有不同之差异性,社会义务之程度亦有高低,此种概括规定在立法技术上仍有困难。唯此趋势为必然之走向,只是须渐近予以类型化而逐步达成。

三、国家制度上角色之差异

国家任务在于对各种不同之利益,作适当调节,唯此任务非单纯法律手段所能充分保障,而须采行制度性预防措施,使得国家与个别利益保持距离,不与特殊利益相挂钩,保持独立自主、不图利他人、合乎事理要求之原则。

此种角色分离原则,并非对所有国家机关同等程度适用。例如政党中立原则,对法官、行政官及议员之拘束力即有差异。对利益团体保持距离亦然。议员在某种程度下代表政党,或利益团体争取权益。[②] 唯立法工作,系一般抽象规定,原则上不涉及个别利益,复有司法违宪审查制度予以救济,故大体而言,国家角色在追求公共利益与社会角色追求个别利益仍有所差异。

第五节 国家与社会二元论在宪法上之意义

国家与社会关系是具体宪法上所作之根本价值取舍与决定,也只有从具体宪法上加以探讨才有其意义,以下仅就台湾地区"宪法"检讨有无国家社会二元论适用之余地。

一、国家与社会系相互交集而非截然二分

在台湾地区"宪法"上,国家与社会是否处于截然二分的情况,实不易回答,

---

① Krüger, Öffentliche Elemente der Unternehmensverfassung, in: Kaiser (Hrsg.) Planung VI, 1972, S. 19ff.

② Zippelius, a. a. O. S. 245.

从比较宪法学的观点来观察,德国之法学文献中,除了 Isensee[1] 之外多避而不谈。由于国家与社会存在不少交集与重叠之处,诸如"社会之国家化"[2]及"国家之社会化"现象,涉及宪法上究竟系禁止或在任何范围内容许的问题,宪法上对此一问题并无明确的规定,但此点亦不足证明宪法上不认为二者应加以区分,盖社会与国家在某种程度上应予区分或结合,乃宪法与法律具体规定之问题,单从宪法体制上理解国家与社会应否区分,仍有所不足,尚需寻求宪法上是否及在何种范围内认为国家与社会不能混同,其界限何在?

国家与社会关系,二者彼此间有分离,亦有相互渗透、结合之处,吾人不能单从人或地的因素加以考察,只能从功能的角度上加以辨明,二者何质的差异,来加以区分。依此,吾人可由两种结构类型出发,[3]第一种类型为国家与个人及社会,基于统治权行使所生之法律关系,诸如法规命令、行政处分或其他法律形态。第二种类型为私人间水平之民事法律关系,国家在此扮演着规范制定者或裁判者的角色。此两种类型不能完全以公法与私法区分来等同,亦不能以行政与立法之区分来替代。因为行政法上国家与人民之间的上、下关系中,国家角色不仅是行政者,同时也是行政之立法者;此外,在人民与人民之关系中,国家不仅是民事立法者,而且扮演着日益增加之对于社会之监督行政,例如对企业联合行为、结合行为之管制,银行、保险、药物食品等行业的监督管理均属显著例证。因此,在人民与人民之间亦有直接之公法关系,尤其在建筑法、环境法与能源法中最为明显。同时由于现代给付国家往往以租税作为经济政策与社会政策之工具,并借由社会福利给付达成重分配之目的,[4]而使传统之社会领域(以经济关系为主)不可能完全避开国家之介入与干预。所以,问题在于,台湾地区"宪法"上对于个人基本权的保障,是否应以国家社会二元化为基础?

二、基本权保障应以国家社会区分为前提

台湾地区"宪法"对于基本权之规定,除对个别基本权之保障外,另有第 22 条规定:"凡人民之其他自由及权利,不妨害社会秩序公共利益者,均受宪法之保障。"一般均承认其为概括自由权保障,此种概括自由基本权,需以国家社会之区分为前提,亦即在社会领域中人民得以主张此种基本权以对抗公权力之侵犯。

---

[1] Roll, Verhaltensregeln für Abgeordnete, ZRP, 1984, S. 9ff.

[2] Isensee, Subsidiaritätsprinzip und Verfassung, 1968, S. 154.

[3] 参阅本文第四节 二。

[4] Rupp, a. a. O. § 28, Rn. 46.

此种宪法上之基本权,传统上认为系属消极防御权。此一观点,在今日社会实有所不足,而需有特别之体系保障始足以达成。例如言论、讲学、著作及出版自由("宪法"第 11 条);集会结社自由("宪法"第 14 条);财产权保障("宪法"第 15 条)不仅涉及个人之自我发展,同时基于决定、风险、责任不受国家控制,得自为行为、反应、协调合作,表现出整体动态之体制。换言之,个人自由不仅涉及孤立之个人,同时不可避免地与社会整体自由相关,在功能体系上实扮演了核心角色。反之,在社会功能上,概括自由在动态上相互依赖上观察,较孤立个人之消极防御权之总和,要大得多。因此,吾人非在传统自由权中加入社会此一因子不可。

从另一方面来看,传统自由权被认为是个人之天赋人权,与个人不可分,为其主观之公权利,从出生即取得,直到死亡才消灭。但国家与社会之平衡关系一旦变迁动摇,个人自由权亦常随之而去,而此种自由权亦不过是过渡时期之保障。例如国家有计划地实施公医制度,则医生之职业自由保障即为不可靠,其他自由业亦然。因此,职业自由或工作权保障,最终应由客观制度来加以保障始能充分,而不能仅限于主观之防御权。此种制度性保障,最终应由国家社会维持均衡稳定关系为前提。[1] 国家社会二元论,使国家行为有所限制,司法审查才有实益。特别是现代福利国家,如果国家给付总额不予约束,个人基本权终将因高度租税负担而空洞化,此亦涉及国家职权与任务问题。

三、补充原则与功能相符性

依据国家职权理论发展,须以国家社会二元论为其必要条件,亦即基于自由主义理念之国家社会二元论,其主要观点,在于在社会领域之内,基于私法自治所为之运作模式及其功能,在基本价值观实践上,较由国家公权力为之者有较高之水准。基于此种观点,在社会领域内,国家虽非完全不能介入,但国家职权与社会职权产生疑义时,应划归社会。

此一观点为 Isensee 加以发展成"国家补充原则"(Subsidiäritätprinzip),作为国家与社会关系中宪法上规制与体制原则,[2]此一宪法原则乃由法治国原则与基本权保障中派生。鉴于政党与利益团体之运作,国家职权不断扩张,有渐趋泛滥之势,Isensee 主张,国家为保持、促进及防卫社会整体自由之组织,其行为须受补充原则之限制,不能仅以"公共目的"为由,便予以介入;而需考虑到目的

---

① 详见葛克昌:《税法与民生福利国家》,载《经社法制论丛》第 4 期;以及本书第六章。

② Wendt, Eigentum und Gesetzgebung, 1985, S. 103.

与手段间比例原则之适用,由于公权力之使用常以强制方法为之,基于最少损害原则,只有在社会不能自己达成时国家才能介入。

讨论补充原则时,不能遗忘该原则本在保障自由的社会功能,吾人须由社会发展过程中之功能该当性与实效性,予以斟酌考量。此点对国家而言有双重意义:首先,国家负有防止社会体系权力之滥用与垄断之义务(如独占、寡占之管制),对现有之社会势力国家应保持中立(如歧视禁止、权力滥用禁止、行政中立),并确保经济、文化、政治、艺术团体功能之发挥。

其次,国家应自我节制,对复杂之社会组织体系,国家介入时应予自制,以免破坏原有体系的稳定性,例如国家对市场价格之管制措施即应慎重。国家必须介入时,应考虑功能该当性原则与符合性原则。国家之自制,为个人与社会自由之必要条件,如有所逾越,个人与社会自由均将受剥夺。[1]

台湾地区"宪法"第 23 条规定,为增进公益利益,"国家"得在有法律依据时,得限制人民之自由与权利,但以"所必要者"为限。此点正足以表明国家社会二元论之精神。德国教授 Vogel,最近再度引申此一原则,[2]认为公权力介入社会单以"公共利益之增进"不足以作为其行为正当化之基础,尚须考量比例原则,即使介入是必要的,但介入时所采取的手段亦须采用对人民侵害最小的手段。例如在现代社会福利国家中,对人民所为的各种管制即应以侵害最小的租税为之,所以现代福利国家应以租税国形态表现方不致损害法治国基础。

四、国家决策过程

国家与社会二元化理念,在国家与社会之意思形成及决策过程有其必要性,吾人在共同体进行重大决策时,其决策之过程大致可区分为两种类型:一为价值或事实导向之决策类型;[3]二为利益导向之决策类型。自然此两种类型只是一种理念上的存在,实际上作决策时往往以其中一类型为主,另一类型为补充。

价值或事实导向之决策模式,即作为决策者首先调查探究价值或事实真相,而不顾及利益之衡量,此种程序之典型之一为法官审理案件之程序。法官在判决之前,所追求者不外乎真实与正义。法官依照法律独立审判,但不拘泥于法律所用之文字(判例亦然),而探求其真意—事实及价值。而另一典型为政治家,政治家所思考者,乃是全民族或国家之整体利益,而将价值与事实认识化身为政治

---

① Rupp, a. a. O., § 28, Rn. 52.

② Isensee, Subsidiäritätprinzip und Verfassung, 1968, S. 278f.

③ Bäckenfärde, a. a. O. S. 44.

行动,予以实践。而公务员作为人民之公仆,借由事实调查与法律价值之体现而处理公务。换言之,此种决策模式,乃典型的国家决策模式。

反之,利益决策模式则不考虑价值取舍的问题,着重在自我利益的追逐,尽可能达到利益(如最大利润、决策者自身利益、政治利益)之平衡,此种模式之典型为自由竞争之市场经济及工价与雇主之间的劳动抗争。多元国家理论中多数政党与无数利益团体之竞争亦适用此模式。此种思维模式,重在结果而不重视内涵过程之正确,亦不考虑动机,盖其相信一只不可见的手,冥冥之中自会追求社会最大利益。此为经济学之思考模式,[1]亦为社会之典型决策模式。

此两种决策模式之不同,当然基于不同之对人之典型图像之假设。[2]

第六节　结　论

传统大陆法之国家与社会区分理论,其合理正当性,日益受到挑战,特别是在社会学理论上。国家与社会在今日已无法截然划分,而有不少联结重叠之处,其区分从平面观察上显已过时。尤其在今日宪法学理上,国家具有实体与独立的价值,已少有人承认;别于国民以外之国家利益,亦受质疑。宪法所维护之利益,乃人类生活共同体之整体利益。人性尊严、自由与正义之基本价值,一体适用于国家与社会。是以现代福利国家(给付国家)在社会领域内多方加以介入干预;反之社会借由选举与利益团体之压力,对国家意思之形成予以影响。此种发展趋势,使得传统主张:(1)国家自身具有独立生命与目的;(2)将社会从国家中孤立划出;或反之(3)将国家从社会中割裂出来,不受社会影响之国家社会二元论,均失其存在之基础。从此观点看,二元论过时说有其依据。

唯今日国家与社会之区分,除去上述理由外,仍有区分之价值。此一区分非在二者利益之不同,亦非在二者得以明确区分,而在对多元利益保障之组织与程序上,亦即国家之意思形成与决策程序有别于社会。国家社会区分,今日并非在事理上划分为不同领域,而是处于同一领域内,社会程序与国家程序交互作用,相互补充。传统市场经济自我运作模式,不能不依赖国家法秩序予以引导管制,包括行政、立法与司法机关。

国家与社会区分,在宪法理论上今日仍有存在之必要,从意思形成体系与决

---

① Vogel, Rechtfertigung der Steuer, Der Staat 25(1986), S. 481.

② 人性图像,请参考林子杰:《人之图像与宪法解释》,台湾翰芦图书出版有限公司 2007年版。

策程序而言,有以下三点重要意义:(1)国家与社会之区分,构成国家行为之界限,否则宪法上基本权之规定即成具文。(2)基于国家职权理论发展,必须以国家社会区分为其前提条件;而社会操作机制及功能,就基本价值之实现观点而言,较国家为之者具较高之品质,故当国家职权与社会职权无法明确分辨时,依"疑则归社会"原则解决。而国家职权则受"补充原则"之拘束。(3)在国家决策程序中,基于对人(或人性)所作假设之观点立场不同于社会。

第三章

所得重分配

——国家任务与团结互助社群[*]

第一节　问题概说

社会法治国家除了要维护法律秩序,并借由立法提供金钱、实物或服务给付外,同时要求纳税人给付税捐。虽然有时国家亦要求人民服兵役劳务,但最主要者仍在要求人民负担国家任务所需之财务。

公共事务何时国家须挺身而出负责处理?何时得移转为社会任务?国家如具有照顾需求之任务时,接下来问题是为提供金钱、实物或服务给付,是否须立法,就如何给付及给付多少如何衡量,及财务负担如何归属予以规制。^① 其中给付及负担方式,在何范围内国家得加以分配?给付基准与负担基准有何关联之处,^②以及给付及负担由何种团体为之,或由国家亲自为之?

除了租税负担,当代由于使用者付费观念兴起,新兴的法律问题于焉诞生,诸如兴建提供使用高速公路、大学或其他学校,国家或地方自治团体在提供给付时可否赋予受利者规费负担义务?^③ 甚至可否依父母之收入,按类型予以不同

---

　　* 鉴于税法为民生福利国家重要建制,特别于台湾大学法律学院成立财税法学研究中心,本文作为该中心研究之起点,敬祈各方指教。本文初步构想,于 2010 年 10 月 16 日在西安两岸财税法研讨会发表,承蒙甘功仁教授、陈清秀教授及黄士洲教授指教,特此致谢。本文由台湾大学法律学研究所财税法组陈怡璇、林雅娸、林柏霖、陈昱岚研究生协助文字整理、数据搜集,并此致谢。

　　① H. Kube, Staataufgaben und Solidargemeinschaften, DStJG 29(2006), S. 11.

　　② 参见本书第四章。

　　③ 葛克昌:《规费、地方税与自治立法》,载《税法基本问题——财政宪法篇》,台湾元照出版有限公司 2005 年增订版,第 249 页以下。

之规费负担？例如公立幼儿园教育。进而国家得否对人民依使用之大小，而予以不同之划分，负担较高之电费、汽油费？甚或依量能负担原则，对特殊社会社群，负担不同之社会保险？[1] 社会法治国之重分配功能，主要借由任务之划分与财务责任之分配，而此种划分与分配，须以社会社群之划分为前提。

国家任务划分与财务责任之问题，得分为四步骤回答。第一步依事理性质在国家与社会之间作任务划分，[2]对人之结合划分，则依宪法之自由原则为之。第二步依对自由影响重大之国家任务履行财务面，租税国家与给付国家之财务负担，受限于国家给付总额（以租税为主）为前提，及法治国家民主原则之限制。第三步则为国家如何划分财务负担与给付社群，及其正当性何在。第四步则为国家将任务与财务划归特别社群，宪法上界限何在。

总之，宪法应明定，一般国家任务之财务由租税及其他社群负担，并由社会国家及其他社群去扶助须予照顾之个人。国家给付之财务，依事件性质，得由特殊财务体系支付之，但须与租税手段之负担取得协调一致。

第二节 社会法治国之重分配功能

一、社会法治国理念

历史是一条不归路。自由法治国之法制为市场经济铺设了运行之轨道，解放了个人经济自由的桎梏与人格发展的障碍；同时也造就了社会实质不平等，且因自由泛滥造成灾害性效果。[3] 社会法治国理念乃孕育而生，是以国家不仅消极为法律秩序之维护者（治安、御侮、维持市场机能），同时也是社会调节与社会

---

[1] 孙乃翊：《跨体系之平等——以台湾地区社会保险被保险人之分配及其权利内涵之差异为例》，第七届宪法解释之理论与实务，台湾"中央研究院"法律所筹备处，2009 年 12 月，第 155 页以下；胡敏洁：《履行给付行政任务的私人之法律地位》，第十二届海峡两岸行政法学学术研讨会，2010 年 9 月 18 日，台北，第 97 页以下。

[2] 详见本书第二章。

[3] 参照德国联邦宪法法院判决集，BVerfGE 5，85(206)，该号判决强调，德国宪法上社会国原则，乃为避免自由之泛滥造成灾害性后果（um schädliche Auswirkungen schrankenloser Freiheit zu verhindern）。A. Raupach, Steuern im Sozialstaat, DStJG 29 (2006)，S. 2.

秩序(正义)之形成者(积极达成保护、教养、预防、重分配功能)。① 是以台湾"司法院""释字第 485 号解释理由书"第一段明示:"'宪法'系以促进民生福祉为一项基本原则,此观'宪法'前言、第一条、基本政策章及'宪法'增修条文第十条之规定自明。本此原则国家应提供各种给付,以保障人民得维持合乎人性尊严之基本生活需求,扶助并照顾经济上弱势之人民,推行社会安全等民生福利措施。"但德国联邦宪法法院判决中,仅强调立法者之社会形成任务,②对如何以法律去实现保障个人之社会任务却未明言,因德国基本法第 20 条第 1 项,定性德国不仅是"社会国家",同时也是"民主国家"③,按民主原理立法者应享有"立法裁量权"④。亦即德国基本法对特定经济宪法未作明定,立法者有较大裁量空间,基本法(Art. 20Ⅰ, 28Ⅰ1GG)只明定何者为国家目标——社会国,但如何达成目标之方法,系开放性。⑤ 社会国家之宪法要求主要系对社会不平等之调整,且确保人性之尊严,即社会最低生活标准。⑥ 但社会法治国为自由法治国之改革而非革命,⑦仍奠基于"自由法治国传统"⑧,是以违反法治国之基本权之核心,例如借由没收式税课⑨以消除社会不平等,致违反财产权保障或职业自由权保障,为社会法治国宪法所不许。

二、租税国成为社会国与法治国桥梁

租税国家不仅指国家财政收入主要取诸私经济所征纳之租税,而非出于国

---

① 不同于以美国为首之大多数西方民主国家,德国有社会国家特别之宪法传统,早在 19 世纪 80 年代,俾斯麦改革,德国就出现世界第一部劳工之社会安全法。参见 Zippelius/ Würtenberger, Deutsches Staatsrecht, 32 Aufl. , 2008, §1 Rn. 26ff.

② BVerfGE 5, 85(206).

③ A. Raupach, a. a. O.(同注 6), S. 2.

④ BVerfGE 22, 204.

⑤ BVerfGE 35, 355f.

⑥ BVerfGE 50, 57(108).

⑦ 进一步讨论,参见本书第四章。

⑧ BVerfGE 5, 85(197).

⑨ BVerfGE 87, 169.

有财产、国营企业者；①其在社会法治国之宪法意义，正如 1954 年德国公法大师
Forsthoff 在《社会法治国之概念与本质》②一文所断言："所谓现代法治国家成为
社会国家，主要系以租税国家之形态表现其功能。"法治国，特别是实质意义之法
治国，本质上须同时成为租税国家。③ 因为国家财政收入由租税取得，国家自身
不必保有国有财产或经营公营事业，财产及企业得以归属私有，人民取得私有财
产后之纳税义务，即为取得营业自由与职业自由之对价。没有纳税义务，就不可
能有经济自由；没有租税国家，也不可能有以经济自由为中心之实质法治国④。
特别是现代法治国，同时要成为社会国家（社会法治国），不免有其扞格紧张之
处：因社会国家以调整现实社会不平等为己任，勇于打破社会现状；而法治国家
以保障个人自由财产为前提，势必承认并保障现实不平等社会现状。法治国保
障经济上自由权，本以排除国家干预为目的；坚持法治国保障，亦不免使社会国
积极干预理想为之落空。然而透过租税为中介，人民经济自由除依法纳税外得
免于国家干预；此外个人经济自由禁止国家干预之堡垒，亦因纳税义务得斟酌社
会国目标而打开一缺口，国家借由累进税率、社会政策目的租税优惠、遗产赠与
税制及量能负担原则贯彻等调整，借此缺口国家得以闯入并重组社会之财货秩
序。故社会国家理想，要同时维持法治国传统，只有以租税国形态，表现其
功能。⑤

---

① 对国家体制考察，如基于其财政方式，现代自由国家将生产工具原则归私人所有而
予以宪法保障（私有财产制）。国家财政收入系透过私经济收益，亦即租税取得，谓之租税国
家。参照 J. Isensee, Steuerstaat als Staatsform, in FS H. P. Ipsen, 1977, S. 409ff. ; P.
Kirchhof, Wirtschaftsfreiheit und Steuerstaat, in Bodo B. Gemper（Hrsg.），
Wirtschaftsfreiheit und Steuerstaat, 2001, S. 31ff. ;参见本书第五章。蓝元骏：《熊彼特租税
国思想与现代宪政国家》，台大法研所 2005 年硕士论文，第 19 页以下。

② E. Forsthoff, Begriff und Wesen des Sozialen Rechtsstaats, VVDStRL 12(1954)，
S. 32;翁岳生译：《社会法治国家之概念与本质》，载《宪政思潮》1974 年第 2 期。

③ K. H. Friauf, Unser Steuerstaat als Rechtsstaat, StbJb, 1977/78, S. 39ff.

④ K. H. Friauf, Verfassungsrechtliche Anförderung an die Gesetzgebung über die
Steuern von Einkommen und von Ertrag, DStJG Bd. 12(1989), S. 3ff.

⑤ 进一步讨论，参见陈清秀：《社会国家原则在税法上运用》，第十二届海峡两岸行政法
学学术研讨会，2010 年 9 月 18 日，台北，第 13 页以下；以及本书第四章。

三、社会法治国之重分配功能

(一)租税限定了国家给付总额

社会福利给付以金钱(现金)给付为原则,而人民之纳税义务亦以金钱给付为限,盖现代财政国家虽得以纳税义务及社会给付,以干预人民之经济生活,但此种为公共利益所为之干预,应受比例原则限制,其中以"金钱给付"手段,不论取与予,对人民经济自由干预程度减到最少。给付法与税法虽同为金钱给付,但非受适用于一切金钱给付义务相同指标所引导。社会法乃建立在个人财产状况之上,涉及财产权之产生阶段,而非宪法所保障之财产权特有。社会法之指导理念为宪法平等权保障,受平等原则拘束,社会国家之任务,至少能提供接近生存所必需之生活条件。① 社会法受平等原则支配,只能产生对其最低生活条件之类似与接近效果,并不涉及是否过度禁止之防御权,社会给付亦无最高限度问题,因国家所可处分之分配总额,在社会给付之前一阶段,亦即国家"取之于民"(纳税)阶段即受到基本权之限制。宪法上私有财产权及财产权使用自由权保障,即限制了给付国家之行为能量之总额。国家先要"取之于民",然后才能"用之于民",此种先后顺序,宪法上对课税之限制,即限制了国家给付。此种对课税权之限制,当然亦包括对国家举债之限制,盖其须赖下一代国民纳税之偿还。②

(二)重分配政策与国家处分权

社会法治国虽得利用租税手段达成重分配政策目标(盖所有权附有社会义务),但此义务仅限于国家居间,由租税取得者及社会福利法给予所需要者。因法治国家不像计划经济国家,国家并无直接处分权(分配权),无权在所有权取得与所有权使用间行使其指定权。

重分配政策,只有在私有财产与所得不均之落差中,尽量使其拉近距离。对私有财产,国家并无处分权,使其公有化。如一方面对纳税义务人生存所必需之所得,予以课税(直接税或间接税,后者因不醒目更易发生);另一方面,纳税义务人营养及住宅所需,由国家社会给付供应,此对受给付人而言并未改善其财务状

---

① M. Wallerath, Zur Dogamtik eines Recht auf Sicherung des Existenzminums, JZ. 2008, S. 157.

② P. Kirchhof, Steuergerechtigkeit und sozialstaatliche Geldleistungen, JZ. 1982, S. 309.

况,而在申请手续与举证程序中,反而对申请人自我救助能力有所危害。在此种情形,财政国家行使了权力,实际上并无救助行为。[1]

反之,社会福利给付所予者,如过量超过生活最低条件,与税课之免税额,此时所应为者,非对超过部分予以课税,原则上应减少社会给付。例如国民住宅政策,使国宅(或其配售之公家住宅)拥有者,由转售或转租取得暴利,此时不宜以租税手段(增值税)矫正其偏差,须从根源上以法律矫正其偏差,如转租之租金偏高,或贷款之利益偏低,即以纳税人负担补贴私人利润。反之,如从租税上长期分享其偏差,而非对其不正当行为加以矫正,反从其不正当行为国家分享其利益,不知不觉中流失了法治国家质量。[2]

(三)重分配功能及其限制

传统之社会福利理念,在于保护社会之弱者,以维持其为人所必需之最低生活条件。当代之社会福利国家,则包含社会之每一成员对国家之社会福利之参与权。就此功能而言,其前提条件为社会福利之平等分配;其结果则为,借累进税率与社会给付,持续地为重分配(Umverteilung)。急遽之重分配往往导致拉平化(Nivellierung)与同一化(Egalität)。[3]

对重分配之请求,若无节制,则非所必要,或非明智之情事必大量出现。凡为重分配者,须先由其他人民取得(税课)收入,很可能因此逐步扼杀个人之工作意愿与创造力。因此,社会之给付能力或经济条件,限制了福利国家质与量之发展。社会给付之重分配,为顾及此一限制,宜考虑给付后,社会仍能维持继续之经济成长,出于理性的详细规划而为之。按持续之经济成长,不仅创造就业机会,提高所得及税收,其本身即是一种社会福利。对社会给付之期待若趋于极端而无所节制,必产生对社会现状之不满,导致对极权主义失去抵抗力。在理论上,能为全面救助之国家,只有全面极权国家[4]:盖极权国家不仅政府有重分配之权力,而且对社会资源,甚至就业及薪资,有分配与支配之权力。将福利国家与现实之经济能力完全分离,此乃对宪法上民生福利原则作限缩解释,而非扩张解释,[5]盖加重其他纳税人负担,虽有可能益于个人或少数人,但有害公共利益。

---

[1]　M. Jachmann, Leistungsfähigkeitsprinzip und Umverteilung, StuW 1998, S. 293.

[2]　P. Kirchhof, a. a. O.(注 22),S. 309;参见本书第四章。

[3]　Draschka, Steuergesetzgebende Staatsgewalt und Grundrechtsschatz des Eigentums, 1982, S. 159.

[4]　P. Kirchhof, a. a. O.(注 22),S. 306.

[5]　Herzog, in:Maunz/Dürig/Herzog/Scholz, Grundgesetz, Art. 20, Rn. 17;参见本书第六章。

故基于民生福利之社会正义与自我负责之生活安排基本需求,两原则应在宪法解释中兼容并顾。①

社会法治国家之重分配功能,及财务责任与财务负担,依本文观点,试为示意图如下:

1.社会法治国家之重分配功能

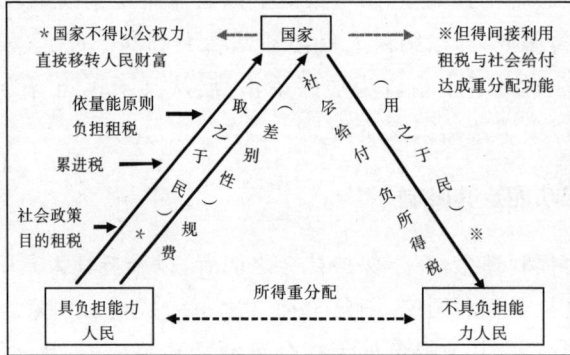

2.社会国家之任务与财务划分

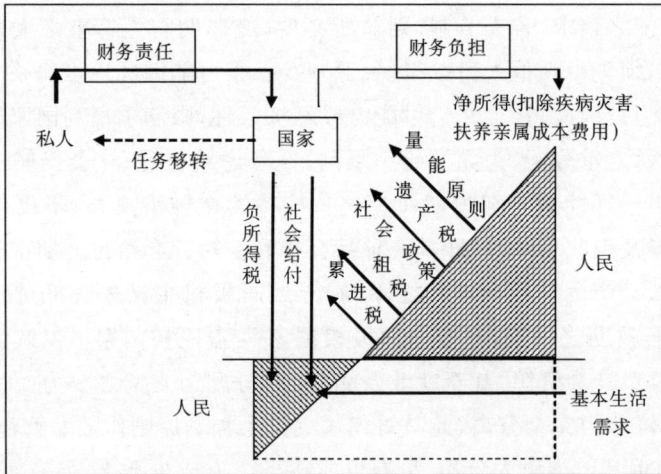

---

① M. Jachmann, Sozialstaatliches Steuergesetzgebung im Spannungsverhältnis zwischen Gleichheit und Freiheit,StuW 1996,S. 97ff.

第三节 自由保障之任务划分

一、维护自由发展免于国家干预之自由

公共任务在社群间划分,是由宪法上自由原则所支配。公共任务之履行与财务,首先取决于社会之自由范围。吾人对社会加以观察,诸如经济、学术、家庭、宗教、社团等除其自我私益之外,同时亦在追求公共利益,[①]履行私任务时亦履行公共任务。[②] 而非营利组织,本身即以公益为主要目的。

公共任务为国家所承接,即为国家任务(Staatsaufgabe)。[③] 国家任务承接之理由与界限,其核心即在自由。因国家行为之前提即在创设、形成、照顾个人与社会之自由发展。宪法上中央与地方权限划分,即为国家任务之划分与财政收支划分。此种权限划分,不只是得为之权力而为应为之义务。唯依自由之基准而划归之国家任务履行系不可让渡、责无旁贷,在此范畴之内系特定义务性任务。[④] 其中包括内在与外在安全之维护、法律体系之建制与捍卫、符合人性尊严之最低生存基准之确保、重要基础建设之提供。[⑤] 其中或维护人民实质自由,或保障人民免于国家公权力之自由,二者须取得平衡。国家任务由国家自行在基本权履行上其质量或完成及时性不如交由私人、家庭、社团履行时,得不必自行履行,但须遵守比例原则[⑥]与补充性原则[⑦],唯虽免于任务之自行履行,但仍须承担社会国家之任务与财务责任。

---

① J. Isensee, in: J. Isensee/ P. Kirchhof (Hrsg.), HStR, Bd. Ⅲ, 2 Aufl., 1996, § 57, Rz. 41ff.

② J. Isensee, in: J. Isensee/ P. Kirchhof (Hrsg.), HStR, Bd. Ⅲ, 2 Aufl., 1996, § 57, Rz. 136.

③ K. Stern, Das Staatsrecht der Bundesrepublik Deutschland, Bd. Ⅰ, 2 Aufl., 1984, S. 78ff.; D. Grimm (Hrsg.), Staatsaufgaben, 1995.

④ H. Kube, a. a. O. (同注 1), S. 41.

⑤ J. Isensee, in: J. Isensee/ P. Kirchhof (Hrsg.), HStR, Bd. Ⅲ, 2 Aufl., 1996, § 57, Rz. 153.

⑥ 其中最主要著作为 P. Lerche, Übermaßund Verfassungsrecht, 1961.

⑦ 其中最主要文献为 J. Isensee, Subsidiaritätsprip und Verfassungsrecht, 2 Aufl., 2001. 进一步讨论见下文。

二、社会国家之自由

对自由之照顾与免于国家之自由距离间平衡,亦得由社会国家原则予以考虑。[①] 其首要者,即由私人及团体之团结互助性[②]予以反映与支持,社会国家不仅是提供社会给付或社会安全,同时也在保护维护社会团体之自治。[③] 宪法上人之图像,个人非孤立而系生活于社会中。[④] 社会之自由发展,使个人之人格发展成为可能与全面。[⑤] 国家借由法律,对公益社团、财团法人或其他非营利组织予以租税优惠与补助,使私人(团体)之取(资金)与予(给付)得以减轻与扶助。

源于宪法人性观,亦即具有自由发展能力,生而平等,拥有社会关怀之个人,在宪法保障其自由发展其人格下,自我负责地自行决定其生活方式、未来生活规划及依理性行事。国家系为此种个人而存在,系为协助个人对自由之实现而存在。国家应受补充性原则拘束,[⑥]在社会各种组织、团体中,越与人民邻近之公共事务由最邻近者为之。换言之,个人能自我救助者,无须借助家庭;家庭能为之者,无须民间团体介入;民间团体能完成者,政府不必为之;地方政府能为者,中央政府不必为之。[⑦] 但此种补充性原则系指救助手段之补充性,而非指任务或财务责任之补充性;是以家庭、民间团体为之者,社会法治国家仍不能免其责任,须以所得税免税额、扣除额、费用减除、租税优惠、负所得税、社会补助等制度

---

① H. F. Zacher, in: J. Isensee/ P. Kirchhof (Hrsg.), HStR, Bd. II, 3 Aufl., 2004, § 28, Rz. 113.

② 国家之团结互助性(Solidarität),特别是对弱者之团结互助,以达重分配与机会、起跑点之平等,可参考下列文献:U. Volkmann, Solidarität—Programm und Prinzip der Verfassung, 1998; T. Tragl, Solidarität und Sozialstaat, 2000.

③ BVerfGE 22, 180(LS1):依社会国家原则,国家负有形成照顾社会正当秩序之义务。但不表示立法者须实践此一目标,只是机关须对此为规划;其规划亦得借助于私立之福利机关。

④ P. Häberle, Das Menschenbild im Verfassung, 1988, S. 73;林子杰:《人之图像与宪法解释》,台湾翰芦图书出版有限公司 2007 年版。

⑤ M. Lehmer, Einkommensteuerrecht und Sozialhilferecht, 1993, S. 337ff.

⑥ 张桐锐:《补充性原则与社会政策》,载黄宗乐教授六秩祝贺论文集(公法学篇)(一),第 221 页以下;葛克昌:《国家与社会二元论及其宪法意义》,收入前揭书(注 2),第 38 页以下。

⑦ J. Isensee, Subsidiaritätprinzip und Verfassungsrecht, 2 Aufl., 2001, S. 208f.

代替国家自己执行。[①] 换言之,生存权保障与自由实现系社会法治国之国家任务,但达成此种任务之手段,依补充性原则得交由家庭、非营利组织为之。尤其是家庭之团结互助社群,因受宪法制度保障,所得税法上扶养亲属免税额,不仅维持其基本生活需求,如有特殊需求之支出亦应核实扣除(例如看护费、保姆费等),因扶养义务人系替代社会国家执行国家任务。[②]

借由社会法特别是社会给付法,国家照顾个人自由之实现,依补充性原则只在民间之团结互助社群无法或无法充分达成时。国家为给付时,仍应保留个人之基本自由,特别在社会保险,纵使强制保险仍应让被保险人保有个人选择自由权。

社会国家对人民自由保障之程度,不得仅顾及给付程度,仍须考虑社会国家行为之财务负担。因国家有所予时,不得不须先有所取。人民实质自由之维护,须受国家财务负担之限制,亦即在租税国家,租税收入之总额决定了社会给付之总额。社会给付需要永续经营,须依赖财务长期规划。[③]

第四节　租税与给付国家之团结互助社群

一、租税国家为社会国家之前提

作为一个社会(民生福利)国家,政府应从各方面无限提升人民精神、文化及物质之生活素质。人民依需求原则要求政府之社会给付,以实现个人自由,在社会国家系权利而非恩赐,故其主要前提即在有充分之财源,用以结合人力与实物;此种财源可由政府自行营利行为以筹谋之,如此不免牺牲私有财产制度与市场经济原则;亦可经由举债为之,但公债须由下一代纳税人偿还,不仅有害于代际正义,且与民主政治之"附期限权力原则"(Macht aus Zeit)有违,盖民主政治

---

① 陈薇芸:《社会福利与所得税法》,台湾翰芦图书出版有限公司 2009 年版,第 247 页以下;葛克昌:《社会福利给付与租税正义》,收入《国家学与国家法》,第 82 页以下;R. Seer, in: DStJG 26(2003), S. 11.

② 黄茂荣:《税捐法体系概论》,收入《税法总论》(第 1 册增订 2 版),第 128 页以下及第 131 页以下;陈清秀:《量能课税原则与所得税法上之实践》,收入《现代税法原理与国际税法》,2008 年版,第 49 页以下;葛克昌:《租税国家之婚姻家庭保障任务》,收入《所得税法与宪法》,台湾翰芦图书出版有限公司 2009 年版,第 362~377 页。

③ P. Kirchhof, a. a. O. (注 22), S. 305;参见本书第四章。

不论立法与行政均由人民借定期选举为有限授权,如为下一代选民代为决定,会侵犯未来国会应有之权限。[1] 是以社会国家不得不激励人民,发展人格与自由,自为营利行为,社会国家基于私有财产附有社会义务,国家有权对其盈余参与分配。尤其一个社会国家如同时须维持法治国家传统,并保障个人之自由财产,不得不以租税为中介,避免国家直接干预,亲自着手调整社会之不平等。[2]

二、法定团结互助社群

税法要求纳税义务人负无对待给付之金钱给付义务,同时给付国家为实现自由,对法定之团结互助社群作为国家给付之消费者及财政负担者。[3] 瑞士之Aargau 等邦宪法,则将团结互助作为税法原则写入宪法。[4]

租税国家与给付国家,借由法律指定团结互助社群,不仅须负累进税之义务与国家之社会给付;且国家之收入与支出原则分离,不仅纳税义务之社群与受社会给付社群不同,社会给付之目的亦不受纳税人之拘束,因法治国家之财政权依民主原则(国会多数决)决定。[5]

此种国家收入与支出分离概念,主要基于租税之无对待给付性,国家行为不受对偿性之拘束,此与租税之正当性理论依据有关,租税正当性基础放弃"利益说",而实行(依量能原则)"平等牺牲说"。[6] 因经济弱者,受领最多国家社会给付,但不负担或负担最少之税捐。

---

[1] Püttner, Staatsverschuldung als Rechtproblem, 1980, S. 315; C. Jahndorf, Grundlagen der Staatsfinanzierung durch Kredite und alternative Finanzierungsformen, 2003; W. Höfling, Staatsschuldenrecht, 1993;参见本书第一章。

[2] P. Kirchhof, Besteuerung im Verfassungsstaat, 2000, S. 18.

[3] H. Kube, a. a. O. (同注 1), S. 17.

[4] § 119 Abs. / der Verfassung des Kantons Aargau von, 1980.

[5] W. Heun, Staatshalt und Staatsleistung, 1989, S. 50.

[6] 在自由宪政国家,国家系为人民利益而存在,人民并无特别牺牲之义务,如因公益之必要,须为特别牺牲须有特别补偿。反之平等牺牲,牺牲前后市场竞争能力相同,依所得权附有社会义务而依法有负担义务。

三、租税国家与给付国家之衡量基准

(一)需求原则与量能原则

社会福利法与税法之重大差异,非在一为国家向私人为给付,二为私人向国家为给付;而在社会福利法依照个人或家庭之需求事由而为给付,税法则应依现存之经济事实。社会福利法依需求原则为衡量标准;税法则依量能课税原则而分配租税负担。税法非基于人人平等,使每个人均纳相同的税(人头税);亦非按有无工作能力,或教育程度,或受就业救助而增进之就业能力而分担相同之税。税法乃基于个人(或家庭)之所得、财产、消费之事实状态作为课税衡量标准,而不问其所得取得方式、亦不问是否日常所需或多余之物。税课乃基于营利之事实,非营利之能力,故所得税之"量能课税原则"或所谓"能力原则"非指给付能力(可能性),而系其支付能力,现实可支付能力。税法由于只针对所得或财产之现有状态而不及于其应有状态,基本上是不适于财产权加以分配。① 税法上平等课税原则乃基于不同之所得、财产、消费,只就其结果相同者课相同之税,而不问其产生之过程,但课税本身即有意并有计划地削弱高低所得、财产、消费上差异,特别在累进税率时。

反之,社会福利法所重视者,非在其事实上经济状态,而依其需求事由,诸如疾病、文盲、无谋生能力、失业、受灾者、低收入,乃针对不足最低生活水平所必要之需求,其需求之法定要件非在经济上匮乏,而在其匮乏之特殊事由。如此规定者在于激励其将来具备起码之经济能力,确保其得以支付社会保险金,恢复其自我救助能力;并具备负担税捐之能力,成为社会上有贡献之一分子。

(二)宪法上基本价值

社会福利法与税法不同衡量标准,特别表现在对相对人之基本权保护之不同。国家课税权所要求者,系对私有财产权之收益参与其分配之权,所涉及者乃财产权保障,防御国家不当侵害。社会福利法乃基于生存所必要需求,因特殊事由而减弱,对其特殊事由而予以救助给付,因其非基于现实之经济状态,故不涉及财产权保障,而涉及对相同事由是否给予相同给付,故主要涉及生存权、平等权保障。

---

① P. Kirchhof, a. a. O, S. 307.

在税法重平等,亦可能过当,而侵及财产权,例如高达 90％所得累进税率,故租税负担平等之衡量标准,应予客观化转向与租税客体相关之基本权,并与防杜过度之自由权相结合。① 宪法保障人民之财产权,此种财产权所有权人得自由使用收益其所有物,是以社会法治国对税法之主要要求,为确保无过度与不平等之租税负担。此种界限,间接地限制了给付国给付总额与行动潜力。

由于课税权之前提为私有财产权,如税法不当(过度)地限制财产权人自由,则侵及宪法上财产权保障。税者,非国家对私有财产权之分享,而系对财产权人经济利用行为所得盈余之参与分配。宪法财产权保障,多视为传统自由权,而非私有之所有物予以国家保障,故私有股票、证券、不动产,国家并不负保障维持其原有价值义务,国家只保障其得自由使用、收益、处分,不受公权力不必要之干预。故宪法上财产权定义,非指不受国家税课之经济财,而指财产权人之行为活动空间。② 财产权自由之基础为整体财产;个人租税负担过度,指的是对个人整体财产之侵害而言。从而对税课侵犯财产权,从宪法上可从两个层面加以审查:对特定租税客体之负担是否该当,以及对整体财产之税负是否合理正当。因此,量能原则亦为社会国原则之一种,③需求原则则为税课理念之最终完成。

(三)国家救助行为之补充性

借由税收而进行之国家救助,与私人自我救助能力相比较,前者应居补充性地位。补充原则之首要要求,即个人或家庭之安全确保具有较高质量之处,即国家之社会安全体系停止之所。私人之救助行为,原则在服务给付(劳务给付),不论病患照料、儿童养育、家庭救助较国家之服务给付更有效率、更富人性。凡行使国家救助之处,首先应实行者乃租税改革,以税法支持社会救助;有所不及,则以国家之现金救助行之;最后,才是国家之服务给付,以济私人救助之不足。④

故接受国家救助者,应先运用一切自己可能维持生活之手段与方法;若竭尽一切能力,尚不能维持最低生活时,始接受国家救助。此种社会法治国之补充原则,可演绎推论出,个人自由优先于国家之社会义务。⑤ 此种补充原则含有优先

---

① K. H. Friauf, Steuerrecht und Verfassungsrecht, DStZ, 1975, S. 361f.

② 参见本书第一章。

③ M. Lehner, Einkommensteuerrecht und Sozialhiferecht, 1993, S. 134ff.; M. Jachmann, StuW, 1998, S. 293(295); K. Tipke, Die Steuerrechtsordnung Ⅰ, 2 Aufl., 2000, S. 479ff.

④ Dürig, in Maunz/Dürig/Herzog/Scholz, GG Art. 3 Rn. 135.

⑤ H. F. Zacher, Was Können wir über das Sozialstaatsprinzip wissen? in FS für H. P. Ipsan, S. 235, 237.

效力之宪法上要求,即公权力应尽力促成实现个人基本权,国家补充原则涉及职业活动自由及私有财产使用自由之基本权,涉及个人对自己生活安排之自我负责性;凡个人得以自我实现、自我成就时,国家之社会任务均将退居幕后。私有之职业活动,只有在"显然重大之公共利益"下,始能作国有化之考虑。而为公共利益,借税课以干预个人财产权使用自由时,至少应保障私人之使用收益,不少于(至多同等于)为公共利益国家所为之分享。① 此种课税权在宪法上界限,在社会安全法律关系中,要求现金给付优先于实物给付。在缴纳强制性社会保险费时,减低了个人自由使用财产之权利,只有保留在未来现金给付中得以弥补其需求。现金给付对个人需求自由加以促成;实物给付则以公权力预先指定之种类与方式,以满足需求。

国家救助仅具补充性,因此在市场经济制度下,对个人自主决定原则,在社会法治国家中应予补充:"任何人不当因自我之错误决定,而陷入生存之困境中。"社会福利法即因此而产生。②

(四)比例原则之限制

国家财政需要,由国民来分担租税负担,须在宪法上为两种基本决断,一为究竟社会生产哪些部分须提供公共目的之使用;二为个别纳税义务人之整体税负应分担多少。③ 此点由宪法上财产权保障规定,可区分为两个角度来加以限制:租税负担,原则上国民应平等分担之;所分担者不能过高,以致违反过度禁止原则(比例原则)。

一般税课并无自身目的,只用以满足公共支出之财政需要。其合理相当性,乃取决于税负与财政支出之相比较。国家财政支出,如违反宪法所要求之经济性原则,而有所浪费虚掷,致其前提源头,人民所受租税课征,自亦违反比例原则,而对财产权保障,作了不必要之限制,亦与增进公共利益有所不洽。④

比例原则要求目的与手段间,具有合理相当性。预算法上费用填补原则,或基于支出经济性要求形成比例原则;与对某一课税对象所利用之租税手段,与达成特殊租税目的之间所应维持之合理相当关系,当予区别。盖基于社会法治国

---

① Friauf, Verfassungsrechtliche Anforderungen und die Gesetzgebung über die Steuern vom Einkommen und vom Ertrag, im Friauf(Hrsg.), Steuerrecht und Verfassungsrecht, 1989, S. 19ff.

② P. Kirchhof, a. a. O. (注 22), S. 309.

③ Arnim, Besteuerung und Eigentum, VVDstRL 39(1981), S. 311.

④ Arnim, Wirtschaftlichkeit als Rechtsprinzip, 1988, S. 72~74.

家要求,租税得用为达成社会正义之手段,唯基于比例原则,此种租税手段,必须无其他对纳税义务人损害更少方式,且纳税人之损害与所达成之社会正义,不得显不相当。但税之支付与社会福利给付间,并无直接之目的手段关系,租税国家为确保对每一国民待遇,均能无偏无私,故将收入与支出系统分离,原则上个别收入不受特定目的所拘束。纳税义务人亦无权要求,国家对其纳税额为特定财政而保留。此为租税之无对待给付之特性,亦为租税国家得以摆脱对价之拘束,自行选择其目标、自行确定其手段之,[①]但规费、受益费、特别公课为其例外。是以如台湾"身心障碍者权益保障法"第43条第2项,进用身心障碍者之差额补助费;及"职业训练法"第27条,职业训练费之差额缴纳,系对特定具有行为义务而不履行者,为平衡与已履行者负担而设,并不支应一般财政需求,而对支应特殊任务保留为专款专用,此种特别公课在社会给付中应用日广,特别值得吾人注意。[②]

(五)平等原则之比较衡量

财政国家之取之于民与用之于民相结合,吾人如进一步深入比较,可由财政国家平等性看出。在财政国家租税应受平等负担原则拘束,盖人民得因公共利益之必要而限制其财产权,此种为公共利益而作牺牲,以平等牺牲为前提,在法治国家个人无特别牺牲之义务,故公用征收应予补偿。为公益而平等牺牲,主要即指纳税义务,人民所以有纳其应纳之税之理由,在于其相信与其收入相同之邻人亦纳相同之税。此种负担平等原则,与有所得效果之社会福利给付比较,则有所不同。纳税人因税法而受有负担,另一方面社会给付受领人则因社会福利法而受益,此时与平等原则关切较大者,在于询问何以纳税义务人应为给付,而其同胞受领给付? 社会法治国负担正义之主题,在于何人应依课税标准而课税,何人不必纳税,何人反接受国家给付。[③] 社会法治国先由租税聚集财源,然后再加以分配,国家居间运作,避免纳税义务人与社会给付受领人间之具体法律关系。此种关系与有利于私人之公用征收相类似,不像私人间直接加以分配,直接须受基本权之审查。在税课与财政任务(社会给付)之间结果并无目的和手段关系,

---

① 葛克昌:《租税国——宪法之国体》,收入前揭书(注2),第137页以下。

② 特别公课有关法律问题,请参照葛克昌:《论公法上金钱给付义务之法律性质》,收入《行政程序与纳税人基本权》,台湾翰芦图书出版有限公司2005年增订版,第52页以下;张娴安:《环境使用费之法律性质》,载《经社法制论丛》第4期。何爱文:《特别公课之研究》,台湾大学法研所1994年硕士论文。

③ P. Kirchhof, a. a. O(注22), S. 309.

亦无比例原则之适用,但纳税人与社会给付受领人,却有法律上相对比之关系。换言之,法律之指导原则——平等原则则须审查,何以财政国家下某一类人其须有租税负担,其一类人(如老人)可以受领国家金钱给付,至于第三类人(例如无财产之家庭主妇)既无国家负担亦不受领社会给付。

第五节　团结互助社群之任务与财务责任

一、法定团结互助社群之正当性

基于以上讨论,法律划分团结互助社群并建制其行为与财务责任,须有特殊之正当性要求。以下试从不同之团结互助社群予以分析。

(一)社会保险之保障与结合

此种团结互助社群,首先适用于老人年金、疾病、意外、失业、劳工与雇主间,为风险发生提供保障之社会保险。此种社会保险之保费既非完全按租税之量能平等负担,亦非依商业保险按被保险人风险衡量,[①]而须引入风险调节与社会国家之资金补助。[②] 在劳工保险中,雇主负担保费之一部分,但雇主本身并非被保险人。[③] 唯雇主对劳工有保护照顾责任,根据德国联邦宪法法院判决,对团结互助社群财务之调节,应相应于主要结构要素,[④]"经由整体推估需求所需整体费用,应由组织多数予以分配"[⑤]。此种社会保险所需财务,由受保障之特定群体予以负担,具有正当性。不足之处,由社会国家经由量能负担之租税予以补足。[⑥]

社会保险费用负担,由特定群体负担,亦有基本权上依据。社会保险除有利于团结互助社群外,亦有助于公共利益。由于该群体自行承担费用支出,国家得以较少之补助,而以更多之预算,用于未受保险之他人,致有利于公共利益。劳

---

① C. Rolfs, Das Versicherungspinzip im Sozialversicherungsrecht, 2000, S. 264ff.

② BVerfGE 75,108(146); 87, 1(34); BVBl, 2005, S. 1339.

③ C. Rolfs, a. a. O. (同注 67), S. 238ff.

④ BVerfGE 75, 108(146); 87, 1(34);对此种基于"结构类型"作为社会保险费用分担之批判性赞同见解参见 H. Butzer, Fremdlasten in der Sozialversicherung, 2001, S. 151ff.

⑤ BVerfGE 75, 108(146).

⑥ BVerfGE 103, 197(216f.).

工法与社会法为自由法治国转折为社会法治国之重要标志,劳工保险一方面因劳工结社有长远历史渊源,且逐渐凝聚其归属认同感,[①]使劳工成为特殊社群,并自由发展其劳工社群意识。另一方面长期持续分担劳工保险财务,有助于其归属认同感与自由发展。[②] 至于劳工保险中,雇主应负担部分,其正当性在于雇主在劳动关系中负有照顾义务。[③]

(二)特别公课之群体责任与群体利益

台湾"司法院"承认公法上金钱给付义务,除传统的公课三分法(租税、规费、受益费)外,另有特别公课("释字第 426 号解释")。根据该号解释理由书,空气污染防治费系"本于污染者付费之原则,对具有造成空气污染共同特性之污染源,征收一定之费用,俾经由此种付费制度,达成行为制约之功能,减少空气中污染之程度;并以征收所得之金钱,在环保主管机关之下成立空气污染防治基金,专供改善空气质量、维护国民健康之用途"。而定性其为"特别公课":"此项防治费既系国家为一定政策目标之需要,对于有特定关系之国民所课征之公法上负担,并限定其课征所得之用途,在学理上称为特别公课,乃现代工业先进国家常用之工具。"进而对特别公课与税捐加以区别:"特别公课与税捐不同,税捐系以支应国家普通或特别施政支出为目的,以一般国民为对象,课税构成要件须由法律明确规定,凡合乎要件者,一律由税捐稽征机关征收,并以之归入公库,其支出则按通常预算程序办理;特别公课之性质虽与税捐有异,唯特别公课既系对义务人课予缴纳金钱之负担,故其征收目的、对象、用途应由法律予以规定,其由法律授权命令订定者,如授权符合具体明确之标准,亦为'宪法'之所许。"[④]宪法上不论基本义务或中央地方权限划分规定中的"税",不包括特别公课(Sonderabgaben)。[⑤] 特别公课所以"特别",就在于其课征非为宪法所预见,在宪法及财政收支划分中,就国家收入来源分类中,无所归属,其在财政宪法国家收支体系中,为一异类或不明体,与税、规费、受益费性质均不相同。此所以特别公课,特别需要台湾"司法院"予以作成"宪法"解释,就其"合宪性"及法律性质予

---

① H. Butzer, Fremdlasten in der Sozialversicherung, 2001, S. 361ff., 405ff.

② H. Kube, a. a. O.(同注 1),S. 22.

③ H. Butzer, a. a. O. (同注 73),S. 575ff.

④ 释字第 426 号批判,参见葛克昌:《行政程序与纳税人基本权》,台湾翰芦图书出版有限公司 2005 年增订版,第 71 页以下。

⑤ Tipke, Die Steuerrechtsordnung Ⅲ, 1993, S. 1071.

以定位,特别是赋予其"宪法"上界限。[1]

特别公课与税捐不同,在于特别公课并不支应国家之一般财政需求(非统筹统支),且不向一般纳税义务人课征。换言之,特别公课系支应特别国家任务,向特定之群体课征,不透过预算而流入特别基金之中。例如由"交通部"主管之各种服务费中,机场服务费收入系分别流入民航事业基金及观光发展基金,高速公路通行费则流入"国道"公路建设管理基金,商港建设费则流入航港建设基金("交通建设基金收支及保管运用办法"第 10 条第 1 款、第 2 款、第 4 款、第 5 款),后该基金结束时,所结算之余存权益方解缴国库。[2]

特别公课之管辖权,系由不同之特定国家任务,定其管辖权归属(如经济事务、环保事务),因此其规范之法律并非以税法为之,而是经济法、社会法或环保法。按租税国家理念,国家既不自行从事营利活动,国家任务推行所需经费,主要依赖人民依量能原则平等牺牲之租税充之。由于特别公课与租税平等负担原则不同,并且专款专用受国会监督程度较低,故给付国家之财源,仍以租税为主,仅在特殊事由及例外之情形下,始得课征特别公课。引入特别公课之特别依据,在于预算周延性原则、全民负担平等性(量能原则)以及统筹统支等基本理念,有所不足而须加以补充。特别公课之存在依据,其衡量标准完全系于其作用——创造财源、对财产加以负担以及行为管制诱导——与一般公课之依据完全不同。此种作用只有在一般租税无法达成时,特别公课始有成立之必要。换言之,特别公课较税捐更须有特殊之合理正当事由,始得课征。德国联邦宪法法院虽因特别公课没有宪法依据,不适用于税捐之管辖规定,但鉴于特别公课行之经年,实务上有所需要,国际上亦通行,视为财政公库之副类,故未全面宣告其违宪,但予以特别限制,只有符合特别严格之构成要件,始例外地不受财政宪法拘束。[3]

德国联邦宪法法院又将特别公课分为两类:以取得财源为目的之特别公课及管制诱导性特别公课,而异其合宪性之应具备要件。

具体言之,以取得财源供特定国家任务之特别公课,须具备以下较严格之要件:(1)课征义务人须为具同构性之群体;(2)此群体具有共同责任;(3)课征须对此特定群体有利,换言之,不得为他人利益而课征。反之,以管制诱导为目的之特别公课,虽得为他人利益而课征,但须以先前(为公益)义务违反为前提。例如

---

① 关于德国宪法法院有关特别捐之判决,请参考张娴安:《特别捐与特种基金制度(上)、(下)》,载《辅仁法学》第 12 期,第 1 页以下;第 13 期,第 43 页以下;尤其是第 13 期,第 43 页以下。

② 黄俊杰:《特别公课类型化及其课征正义之研究》,载《台北大学法学论丛》2002 年第 50 期。

③ BVerfGE 55,274,297,306～308.

(旧)残障福利法第 17 条第 3 项:"进用残障人数,未达前二项标准者,应缴纳差额补助费……按月向残障福利金专户缴纳,作为办理残障福利专业之用。"[1]差额补助费缴纳义务人先前负有进用残障者义务,其义务未履行而以补助费缴纳方式,平衡已尽与未尽义务者之市场竞争力。

因法定特别公课负担与共同利益,而因事务结合之团结互助社群,因此种社群之共同责任与利益,减轻了个人责任与社会国家之责任。例如德国之职业训练特别公课(1976),即为联邦宪法法院判决指出,对年轻人职业训练系为"德国经济与行政服务"[2]。

(三)职业团体之正当性

国家借由立法所形构之团结互助之给付及负担有法律实体地位,法律亦赋予其特殊功能,特别是职业团体之职业自我行政与自律管理,诸如律师公会、税务顾问公会、工业、商业、农业、手工业同业公会,负有保障会员利益义务,会员则有缴纳会费义务。借由提供对会员之服务及给付,及会费不同负担,亦达成所得重分配功能。此种团体之正当性,在于共同职业利益,负有与职业相关任务与财务责任。[3]

(四)其他团结互助社群

除前述团结互助社群外,公法与私法另有若干其他团结互助取与予社群。例如法定扶养义务所结合之团结互助社群,首先即为家庭,夫妻依民法成立法定财产制或约定财产制;所得税法则就夫妻及受扶养亲属合并申报(所得税法第 15 条),而成为营业团结互助共同体。在继承法,遗产未分割前成为共同体。此外,公益社团法人与财团法人及其他非营利组织,成为团结互助社群。

反之,未具团结互助关系,所为之公法上金钱给付与对待给付(公务服务),则为规费与受益费。规费与受益费,不以财政收入为目的(而依成本费用填补原

---

① 本法业经修正后改称为身心障碍者权益保障法,修正后本条精神由第 43 条所继受。其规定为,为促进身心障碍者就业,直辖市、县(市)劳工主管机关应设身心障碍者就业基金;其收支、保管及运用办法,由直辖市、县(市)劳工主管机关定之(第 1 项)。进用身心障碍者人数未达第 38 条第 1 项、第 2 项标准之机关(构),应定期向所在地直辖市、县(市)劳工主管机关之身心障碍者就业基金缴纳差额补助费;其金额,依差额人数乘以每月基本工资计算(第 2 项)。

② BVerfGE 55, 274(314).

③ P. Kirchhof, in: J. Isensee/P. Kirchhof(Hrsg.), HStR, Bd Ⅳ, 2 Aufl., 1999, § 88, § 26b Rz. 1.

则），则与团体互助社群负担相类似。

二、团结互助社群之非税负担

社会法治国家借由租税国家与给付国家手段以达成，已如前述。但租税国家与给付国家手段以外，达成社会国家任务与财务，亦可由团结互助社群之非税负担以达成。

（一）财政困难时代之使用者付费

1. 租税国家辅以规费国家

社会法治国家借由租税国家与给付国家手段，遭受财务困境；而规费与受益费日益扮演重要角色。例如居民之治安保全、高速公路保养、大学中小学学费、自然资源使用、水费、垃圾费、环境使用费。[①] 团结互助社群，替社会国家任务之履行与财务，就其社群相关事项负责，社群亦取得自治自理之权力。规费不同于租税，非无对价给付，而系使用者付费。此种规费在宪法之界限，为基本权保障。不论公路保养维护费，或学费之负担，其基本权界限在于是否违反比例原则与所创造之自由前提。此外，此种负担之合宪性，在于权限划分。由于规费非税，因此不受租税立法权限划分之限制，且由于规费并不以财政收入为目的，故其权限有无，在于诱导管制之事务是否为其权限所及。

由于租税总额有其上限，民主政治对大量增税有其困境，社会法治国家之社会给付日增，如完全依赖租税财务，自有困窘之虞。特别是对社会调节之持续给付，对租税国家之财源须注入崭新的创意与创新的思维，亦即越来越多国家给付基于财务理由，须加入使用者付费对价理念。[②] 原本租税国家，对于社会给付负担财务之经济强者，不同于接受给付之经济弱者，有其相当差距，但因日益增加之对价性给付而逐渐打破。考虑到使用者付费，不仅就个人而言，须考虑受给付者，同时须对受领给付有关联之团结互助团体，亦承担财务责任，始终响应租税国家之危机。

对待给付之公法上负担，宪法上许可之界限，在于有无逾越基本权保障之基准，亦即此种对待给付义务有无过高致阻碍个人取得公法服务给付，或国家所创

① BVerfGE 105，185.

② F. Kirchhof, Vom Steuerstaat zum Abgabenstaat, Die Verwaltung, Bd. 21(1988), S.137ff.；C. Gramm, Vom Steuerstaat zum gebührenfinanzierten Dienstleistungstaat, Der Staat，Bd. 36(1997)，S.267ff.

设之自由前提。例如高速公路规费过高,致阻碍利用之可能;或学费过高致影响就学可能,有违教育机会之平等。①

规费国家理念持续发展,使税捐与预算(财政收支)之管辖体制受到淘空,行政管辖法制因此因应规费管辖予加以补充。

2.借差别负担规费达成所得重分配

有对价之规费法,依社会国家之特殊要求,即为差别性规费负担之建制②,依此观点,规费应依受领公共服务者实有或推估所得征收。例如国家剧院、博物馆、游泳池应对学生、老人或身心障碍者予以入场优惠。或公立幼儿园、音乐学校之学费,依其父母之所得予以差别待遇。此种规费之类型化差别负担——依税法上类型化量能原则予以修正。③ 其建制使得社会上经济弱者族群,得以有机会利用公用设施;另一效果,则借相同之公共给付之差别负担,达成所得重分配之效果。④

民生福利国家之社会给付为国家之重要任务,此任务之财务须由租税与给付国家之团结互助社群予以负担。此种规费差别性负担,有其宪法上界限,依德国联邦宪法法院判决,对公立幼儿园差别性学费(规费),只要最高费率不违反费用填补原则或对等报偿原则,⑤即为合宪。⑥ 至于其财务缺口,在社会国家应由全民量能负担之税捐来调节。反之,为了所得重分配,对经济强者之规费负担,超越了费用填补原则,用以补助经济弱者,则为违宪。

---

① 租税国家之学费,由全体纳税人依量能原则负担;规费国家之学费,由学生及其家庭负担,学费过高致影响就学可能,此时规费之对价原则须作部分修正,并重视其宪法界限。

② D. Helbig, in: U. Sacksofsky/ J. Wieland (Hrsg.), Vom Steuerstaat zum Gebührenstaat, 2000, S. 85ff.

③ 税法上量能原则,参见黄茂荣:《税捐法体系概论》,收入《税法总论》(第1册增订2版),植根,2005年9月,第144页以下;陈清秀:《量能原则在所得税法上实践》,收入《现代税法原理与国际税法》,台湾元照出版有限公司2010年第2版,第45页以下;柯格钟:《量能原则作为税法之基本原则》,载《月旦法学》2006年第136期;黄奕超:《量能原则与纳税人程序保障》,台湾大学法研所2009年硕士论文;葛克昌:《量能原则与所得税法》,载《税法基本问题》,台湾元照出版有限公司2005年增订版,第195页以下;《量能原则为税法结构性原则》,同前书,第328页以下。

④ H. Kube, a. a. O. (同注1), S. 29.

⑤ 规费成本费用填补原则与对等报偿原则,参见葛克昌:《论公法上金钱给付义务之法律性质》,收入《行政程序与纳税人基本权》,台湾翰芦图书出版有限公司2005年增订版,第64页以下。

⑥ BVerfGE 97, 332(346f.); 108, 1(18).

(二)特别负担之宪法界限

1.国家一般任务不能由特别公课负担

特别公课之负担,其前提有二,即以取得财源供特定国家任务之特别公课,其义务人须具有同构性之群体,此群体具有共同责任,尤其是其课征须对特定群体有利。负担较重之特别公课,以平衡社会弱者负担,由于社会弱者非属其团结互助群体,尚非宪法所许。如以诱导管制目的之特别公课,虽得对团结互助群体以外第三人利益而负担,但须有先前法定义务违反为前提,为衡平已尽法定义务与未尽义务间市场竞争力,始得征收,已如前述。

特别公课建制之前提系基于,特殊之团结互助社群由于特殊事务责任衍生之财政任务。但特别公课不同于规费,其宪法界限在于不能借由特别负担,作为所得重分配之手段。例如公立幼儿园之费用,不能因幼儿园之国家给付需求提升经济强者特别公课负担,而降低经济弱者其特别公课负担。因对特定国家给付需求之社群,通常尚不构成团结互助社群,[①]是以公立幼儿园虽可能借由差别负担之规费予以调节,但不能由特别公课为之。如前所述,为特别负担之社群须与财务之任务有关联关系(不当联结禁止原则),是以为一般国家任务之财务责任,应将租税国家与给付国家之团结互助社群排除在外。例如国防、外交一般事务,其经费应由税捐收入支应,不应由特定团结互助社群负担。盖此等支出,应对国民无偏无私,应以收入与支出系统分离之税捐收入支应,利用其无对待给付特性,确保其收入不受特定目的拘束,亦不为其保留。

特别公课之课征,除有法律依据外,仍须特别负担之社群,对须有财务负担之任务有明确特定之责任存在为前提。此种社群与责任间联结须有法律保留之适用,此不仅为保障自由与平等;亦因为此种特别公课之征收,须有民主正当性。又例如,无障碍空间之建立、身心障碍者福利之支出,虽仅为少数身心障碍者受益或福利,但其财务不能划归身心障碍社群负担。此因照顾社会弱者本为民生福利国家之任务("司法院"释字第485号解释),而社会弱者之团结互助社群,不应较一般人为更不利之财务负担。[②]

2.台湾"全民健康保险"之社群

台湾"全民健康保险"之保险费,根据台湾"司法院"释字第473号解释,定性为"系为确保全民健康保险制度之运作,而向被保险人强制收取之费用,属于公

---

①　H. Kube, a. a. O. (同注1),S. 30.

②　陈宜拥:《原住民族税捐征免之研究(初稿)》,辅仁大学法律系2010年博士论文,第319页。

法上金钱给付之一种,具分担金性质,保险费率系依预期损失率,经精算予以核计"。保险费之衡酌原则,"以填补国家提供保险给付支出之一切费用为度,鉴于全民健康保险为社会保险,对于不同所得者,收取不同保险费,以符量能负担之公平性,并以类型化方式合理计算投保金额,俾收简化之功能"。是以"全民健康保险"系强制性,公权力借法律明定,介入私人保险市场。在"宪法"上问题,首先,何以台湾当局要承担"全民健保"此种任务?其次,"全民健保"之财务可否部分由税捐负担?例如由量能负担之所得税负担,或由间接推估之营业税或证交税分担,其负担之宪法界限为何?最后,由"全民健保"起步,是否接受全民保险概念?以下分别讨论之。

(1)"全民健保"之强制性

"全民健保"之法律特性,在于强制性与之全面计划性。就自由主义者观点,是否参加及参加至何种程度保险,乃个人自主决定事项,公权力不宜介入。唯此系由静态观点考察。由长期动态观点,个人纵有储蓄及保险,由于通货膨胀及经济情势变迁,自我救助预估可能失灵更可能不足,不得不面临生存之威胁,当局必须预为规划,建制"全民健保"法制,强制人民投保,[①]因维持长期稳定物价原为当局任务,是以保费之一部分须由当局负担。此外,亦有认为由于市场失灵,在私人保险存有逆选择或道德危险之际,当局应提供社会保险;[②]或认为由于所得重分配理论,当局为达成所得重分配理念,须借用社会保险工具。[③] 此外,亦有认为商业保险的行政成本高于社会成本,为降低行政成本,当局有必要提供社会保险。[④] 亦有认为应由道德危险的角度,考虑是否须提供社会保险。[⑤] 德国F. Kirchhof 教授则归纳出基于风险分担之保险原理、为第三人给付之社会责任原理及社会调节原理作为国家提供社会保险之依据。[⑥] 总之,"全民健保"之强制纳保、缴纳保费,系基于社会互助、危险分担及公共利益之考虑(台湾"司法院"

---

① V. Arnim, Staatsliehre der Bundesrepublik Deutland, 1984, S. 161;参见本书第四章。

② T. Besley, Publicly Provided Disaster Insurance for Health and the Control of Moral Hazard, Journal of Public Economics, 39, 141~156.

③ J. C. Rochet, Incentives, Redistribution and Social Insurance, Geneva Paper and Risk and Insurance, 16, 143~165.

④ P. A. Diamond, Organizing the Health Insurance Market, Ecomometrica, 60, 1233~1254.

⑤ 颜志达、吴朝钦:《政府要提供社会保险吗》,载《中华财政学会 2010 年学术研讨会论文集》2010 年 12 月 11 日。

⑥ F. Kirchhof, Finanzierungsinstrumente des Socialstaats, in DStJG 29 (2006), S. 46ff.

释字第 472 号及第 609 号解释）。按台湾"宪法"增修条文第 10 条第 5 项明定当局应推行全民健康保险,则是基于民生福利国家原则,当局应提供各种给付,特别是医疗给付[①],以保障人民得维持合乎人性尊严之基本生活需求,扶助并照顾经济上弱势人民,推行社会安全等民生福利措施(台湾"司法院"释字第 485 号解释理由书)。对于无力缴纳保费者,当局应给予适当之救助,不得径行拒绝给付,以符台湾"宪法"推行全民健康保险,保障老弱残废,无力生活人民之旨趣(台湾"司法院"释字第 472 号解释)[②]。

(2) 借由租税负担"全民健保"财务

"全民健保"之财务,除向被保险人强制收取健保费外,非属被保险人之雇主因在劳动关系中有照顾劳工义务,亦负担部分健保费。除此之外,社会法治国家之健保财务由被保险人负担仍有不足,须由量能负担原则之租税补足之;亦可能由指定用途之所得税或营业税、证交税中附加。此种负担台湾"宪法"上依据为民生福利原则以及"全民健保"费之代际负担(由年轻之就业人口负担老年人之医疗给付)要求,其间台湾"宪法"问题即涉及权限划分问题。至于台湾"司法院"释字第 550 号解释,"全民健康保险法"责地方政府补助保险费,系指保险对象获取保障之对价,是以该保险费,除由雇主负担及中央补助部分保险费外,地方政府亦有补助义务。

(3) 全民保险概念:团结互助团体之双重义务

社会保险("宪法"第 155 条)所引发重大之"宪法"课题,即为全民保险概念——尤其是"全民健保"。[③] "全民保险"概念,赋全民以社会保险义务与权利,并依税捐指导原则量能平等负担予以衡量(台湾"司法院"释字第 473 号解释)。[④] 全民保险制度,则由传统限于须保障之社群,且限于社会保险,当事人间团结互助(如劳保、公保),历经历史演变,突变成为在租税与给付国家之外,第二

---

① 台湾"司法院"释字第 472 号解释理由书对此有进一步阐明:"强制全民参加全民健康保险之规定,系国家为达成全民纳入健康保险,以履行对全体国民提供健康照顾之责任所必要。"台湾释字第 609 号解释理由书则对劳工保险,"为社会保险之一种,旨在保障劳工生活安定,促进社会安全,是以劳工保险具有明显之社会政策目的"。保险费"与保险事故之危险间并非谨守对价原则,而是以量能负担原则维持社会互助之功能"。

② 关于无力缴纳保费,不得拒绝给付,苏俊雄在"释字第 472 号解释"协同意见书有进一步说明:"因为由全民健康保险所整合与提供的医疗给付,有部分已属维持人民基本生活条件所必要;国家若以人民未缴纳保费为由而拒绝提供此基本给付,将违反'宪法'保障生存权所含'禁止不足给付原则'的要求。"

③ H. Kube, a. a. O.(同注 1), S. 35.

④ 全民保险之正当性依据,除量能原则外,亦基于团结互助原则及财务之稳定性要求,参见 F. Kirchhof, a. a. O.(同注 100), S. 49ff.

套广及全社会之分配体系。社会保险费为传统公课所无法归类,可视为第二种所得税,特支应国家任务中为社会保险给付所准备之特殊基金财务。是以人民对国家之纳税义务,就此意义而言,"全民保险"之建制,使得义务因而加倍。[①]

首先,吾人须加肯认者,全民保险克服了因特殊社群而有特别义务所造成之不平等。其次,吾人须加以追问者,在于原本以全社会为范围之租税与给付当局重分配体系(传统财政收支体系)之外,现在另出现一个以全社会为范围之全民保险体系,是否须加以整合重组,俾使更符平等原则。值得争议在于下列问题,此二系统之交织存在,从民主正当性、在平等权利上维持均衡及法治国家之透明度要求下宪法及现代租税、给付国家之分配正义,是否因此异化变形。

此外,在国家促成个人自由与个人免于国家干预之自由间之保持平衡,全民保险于此基本权保障之核心部分亦有所偏差,致国家对个人自由权之实现无法达成。商业(私有)保险,赖以蓬勃发展之契约自由,因全民保险缺乏合乎比例之正当事由,强制剥夺选择保险之自由,致对商业保险之行为自由与所有权自由有所伤害。[②] 由于全民保险之导入,使商业保险有转移为行政垄断之虞,致职业选择自由受到并无合理正当事由之限制。全民保险之引入,致所得税法上薪资所得衡量基准,扩张成雇主之所得,其合理正当性亦遭质疑。甚或,全民保险对为提供通常国家任务财务需求之租税与预算管辖秩序遭受破坏;并干预了"中央"与地方之照顾及预防人民生活困境之权限划分(台湾"宪法"第110条第1项第1款、第10款;"司法院"释字第550号解释理由书)。

全民保险建制,对社会保险体系与租税、给付国家之团结互助原则,加以整合;并掠夺了各社群之团结互助原则,而发展出与宪法不符之社会国家财政分配体系,其有害于一般团结互助社群之民主正当性平等。个人合乎经济理性之自我预防照顾自由,亦在此父权国家法律遭受侵害。此后,社会保险之紧张财务状态,亦不容吾人轻忽。[③]

在上述保险体系背景下,寻求另一替代方案,如果不放弃全民保险之建制,就须在基于促进公共利益之自由上,建立保险义务之宪法界限,在更佳之价格下,提供更好之保险产品,满足更高需求。市场开放性是附有民生福利国家之义务,保险业者须提供基本保险,不能排除任何人,不论其地位身份;此种保险,有其市场价格,其依据国家之健康需求预估,由雇主及薪资所得者负担;至于特别之团结互助团体,亦可建立起其保险体系。未成年子女基于婚姻与家庭应受制

---

① H. Kube, a. a. O. (同注 1), S. 35.

② F. Hufen, NJW 2004, S. 14ff.; E. Schmidt-Aβmann, NJW 2004, S. 1689ff.

③ H. Kube, a. a. O. (同注 1), S. 36.

度性保障(台湾"司法院"释字第 554 号解释),应予免费纳保,尤其在少子化日益严重之今日,最多仅能负担象征性保费(行政费)。此一方面财务应由当局借由税捐负担之,另一方面亦为当局对团结互助共同体之扶助。

第六节　结　论

总结上述讨论,吾人大约可归纳为以下六个基本论点。

1.社会法治国利用租税手段达成重分配之社会目标,但此种义务只限于国家居间,由量能原则、累进税、社会政策目的租税、遗产税取得财源,再由社会福利法给予社会所需要者。盖国家并无直接处分权,无权在私有财产制中所有权取得与所有权使用间行使其指定权。重分配政策只有在私有财产与所得不均之落差,尽量使其拉近距离。(本文第二节之二)

2.宪法对国家任务之划分系依自由之原则而定。国家须在为人民达成自由之实践与保持人民与国家之自由距离间取得平衡。此一观点亦适用于民生福利国家,国家须对各社会社群赋予社会上地位,并促进其依组成目的自我发展。(本文第三节)

3.社会法治国家旨在促进对其成员实质自由之实践,此须由国家行为之给付与负担两层面而予以整体观察。社会给付依需求原则而分配,国家财务则借由无对待给付之租税负担之。社会国家须以租税国家为前提。现代宪政国家依民主与法治原则而组成,国家任务由民主方式为抉择,借法治原则予以实践,国家收入则与支出分离,国家之社会任务,赖团结互助社群予以执行与财源负担,并由国家社会给付予以辅助。国家之社会给付因补充性原则,原则上只有家庭及民间社团不能达成或不充分时始得为之;但此种补充性在社会国家只是救助手段上补充性,而在任务上或财务上仍应负责,是以仍须借由免税额、扣除额、租税优惠予以负担。(本文第三节)

4.社会给付之衡量基准为需求原则,租税法之衡量基准为量能平等负担原则,但二者均在宪法基本价值共同屋顶之下,相互影响作用。在宪法上基本权评价上,税法系受财产自由权保障,社会法则受平等原则保障。自由与平等须借宪法,特别法律合宪解释与合宪补充予以规范整合。(本文第四节)

5.租税国家与给付国家之自由与平等整合,在团结互助社群亦予适用。由于国家补充性原则,有赖团结互助社群担负社会国家第一线任务。团结互助社群,其成员具有共同利益,亦负有租税以外之公课责任,例如社会保险,系为其成员之特殊处境与共同自由发展,而取得正当性。负特别公课义务,以其具有共通之任务责任,而有共同利益之结合。民法则赋予共同扶助之社群责任,特别是家庭。如无法依对价原则予以划分财务,则须借法律由租税负担之;指定用途税,从国家组织法,可划分为中央或地方负担,或移转由团结互助团体负担。(本文第五节)

6.特殊之团结互助群体,因共同利益而有对偿之负担,租税国家依量能平等负担分配,仍应辅以之规费国家之对价原则。社会法治国家对人民之基本生活需要须予满足,国家亦须负有扶养责任,故家庭或其他团体为扶养者,国家仍有应在租税负担与社会给付上予以支助。但租税与给付国家之团结互助社群仍须负负担与给付正义之担保责任。(本文第五节)

第四章

社会福利给付与租税正义[*]

第一节　引　言

社会福利法与劳工法系 20 世纪新兴之法律领域,其兴起标志着对自由法治国家的不满与反省。^①自由法治国家理念在于借限制国家权力,以切实保障国民自由。对国家权力限制手段,主要借由基本权保障,权力区分及法治原理来达成。此种理论,与自由主义之"社会"概念有关,^②自由主义者倡行国家社会二元论,举凡私人生活、教会宗教、艺术、学术、经济与舆论等俱划归社会领域,亦即"非国家领域"。保护社会领域存在之最重要工具,即为宪法上基本权,借基本权以确保不受国家干预(消极防御权),仅在例外并严格条件下公权力始得有限度加以限制干预。^③自由法治国理论最大之缺陷,在于对其所极力保障之"个人"之理解上,自由法治国所考虑的典型的"人",系拥有财产受过教育之市民。换言之,即为资产阶级,而对薪水阶级及劳工阶级有所忽略。其所谓社会,指的是资产阶级社会,议会指的是资产阶级代表。在 1888 年德国民法草案公布时,

*　本文原在《台大法学论丛》1996 年 1 月第 25 卷第 2 期发表。本文完成承台湾"国科会"NSC 84-0301-H002-033 案补助,台大研究生钟芳桦先生协助,又本文部分摘要曾发表于《财税研究》第 23 卷,并此致谢。

①　Arnim, Gemeinwohl und Gruppeninteressen, 1977, S. 92ff.

②　Schumpeter, Die Krise des Steuerstaats, 1918, Neudruck in Goldscheid-Schumpeters' Die Finanzkrise des Steuerstaats, 1976, S. 345, 368~371;葛克昌:《国家与社会二元论及其宪法意义》,载《台大法学论丛》1994 年第 24 卷第 1 期;以及本书第二章。

③　例如依洛克观点,国家仅在维持人民生命、财产、自由必要范围内,强制人民依其财产比例,分担维持政府之费用。Locke, Two Treaties of Government II §§134~136, 138.

Menger 即著有《民法与无产阶级》一书严厉批判之。① 基于 Adam Smith 之自由市场经济理论,最大缺陷即在于将货品市场与劳力市场混为一谈,货品之自由竞争市场可能达到和谐平衡之效果,劳力市场(除非有市场失灵时)则在双方地位显不相当条件下,政府之不干预结果即成为有利于强者之干预,劳工立法即由此孕育而生,公权力借由强制禁止之强行法与概括条款,闯入劳资双方之社会经济领域。

社会福利法则由另一角度,让公权力借社会立法干预社会现有之财产所得分配状况,公权力干预之工具有二:一为立法上之强制禁止规定,国家以监督者地位,对违法者施以制裁;二为国家借实物、服务、金钱给付予社会弱者。前者藉由法律授权,公权力得以闯入传统社会领域之家庭、社会组织、企业;后者则是国家将市场部门征收来的税收与政府之人力资源相结合,以实物、服务、金钱的形式将权利分配给在市场部门没有发言权,而只能接受和要求有所增益的人们。

就前者对于公权力直接干预之立法,在目前台湾地区社会中仍无法普遍接受,是以现行社会福利法多属宣示作用,对违反者予以公权力制裁(民事、刑事、行政制裁)者极少,②且在此之极少部分,实际予以彻底执行者,更几乎不可得。对于后者,由于公权力给付具体可见,而其负担由不知名之第三者(纳税人)为之,③各政党及利益团体为追逐其自身利益,从而推波助澜之下,其深度与广度在短期内则有过度扩展与泛滥之势。此种泛滥趋势,一方面可能造成财政危机,笔者已在《租税国危机及其宪法课题》④中加以分析,台湾地区情况对该文而言可谓不幸而言中,本书不拟另加讨论;唯社会福利给付原以社会正义之促成为目标,如果笔者考量其给付之源泉——"租税",源于不符公平负担之租税,所为之社会福利给付,其规模越大,实际结果将距社会正义越行越远。而此方面,每为笔者所忽略,本书就此加以分析检讨,期在社会福利法制建制之初,能妥当规划,避免难以收拾之结果产生。本书首先对现代社会法治国及其社会给付之法律性质加以分析,其次由评价标准、相互关系、对事物认知,及政策方面说明税法与社会法之差异与不同角度之观察点。最后则就租税负担及社会福利现金给付,在

---

① Menger, Das Bürgliche und die Besitzlosen Klassen, 1880.

② 台湾"大法官"吴庚曾批评此种无实质含义,不要求强制实施,亦无制裁效应之条文在所多有,如"老人福利法"第 21 条条文中,许多均为无意义之规定。例如第 18 条:"老人志愿以其知识、经验贡献于社会者,社会服务机构应予介绍或协助,并妥善照顾。"

③ P. Kirchhof, Steuergerechtigkeit und sozialstaatliche geldleistungen, JZ, 1982, S. 305.

④ 葛克昌:《租税国危机及其宪法课题》,载《台大法学论丛》1991 年第 20 卷第 2 期;以及本书第一章。

现行法制下整合之可能性加以分析检讨,以作为社会法治国建制主要法制,社会法与税法建制之参考。

第二节　现代社会法治国

1954 年德国公法大师 Forsthoff 发表一篇著名文章《社会法治国之概念与本质》,断言"所谓现代法治国家成为社会(福利)国家,主要系以租税国家之形态表现其功能"[①]。在这句话中实寓有两层深刻意涵:一为走向社会福利国家道路上,仍不得放弃法治国家传统之核心理念。换言之,社会法治国仍奠基在自由法治国基础上,只在某一部分(国家成为社会正义之促成者)予以修正。[②] 二为社会福利国家之财源有赖租税予以供应,社会福利国家如不放弃法治国家之基本权保障,只有借助租税国形态作为中介。以下就此两点分析说明之。

一、社会法治国以自由法治国理念为基础

社会法治国家并非与自由法治国家相对立概念。自由法治国大多数要素,虽迭遭批评但未受排除,而在社会法治国中仍予保留,仅加入一些新的要素,对一些不合时宜之极端概念予以修正补充。[③]

台湾地区"宪法"第 13 章,对国民经济、社会安全、教育文化诸端,规定得极其详尽,"宪法"增修条文第 9 条第 3 项、第 4 项、第 5 项复予补充。诸如国民经济,应实施平均地权、节制资本,以谋国计民生之均足("宪法"第 142 条);"国家"应实施社会保障制度("宪法"第 155 条);充分就业("宪法"第 152 条);劳工及农民保护("宪法"第 153 条);妇女儿童福利政策("宪法"第 156 条);卫生保健公医制度("宪法"第 157 条)。一般学者均认为这些规定均具有社会福利国家色彩,亦有认为"宪法"前言中,除"奠定社会安宁",又以"增进人民福利"为制宪目的,足以为整部"宪法"及法律指针。但其中规定,或仅具宣示性,或仅为立法义务之

---

① Forsthoff, Begriff und Wesen des Sozialen Rechtsstaats, VVDStRL 12 (1954) S. 32; Habermas, Strukturwandel der Öffentlichkeit, 1971, S. 272,翁岳生译:《社会法治国家之概念与本质》,载《宪政思潮》第 2 卷,第 89 页以下。

② 德国联邦宪法法院判例中,即明白指明基本法"与自由法治国家传统"相联结,BVerfGE 5,85(197)。

③ Arnim, Staatslehre der Bundesrepublik Deutschland, S. 67.

提示,立法者仍得斟酌社会经济条件享有立法裁量权,并未具有强制拘束力。而"宪法"前言增进人民福利,在许多国家宪法均有类似规定,只表示国家不应忽视人民福祉。二者均只能看出社会福利法理,点滴贯穿全"宪法",但无法表示"宪法"上排拒自由法治国而接纳社会国家理念。[①] 不过,台湾地区"宪法"第23条,以"增进公共利益"为人民基本权受限制条件之一,亦即明白引进"社会保留条款":为社会利益对基本权国家保有限制之权。因此基本权之行使,应受社会目的之限制:基本权(特别是财产权)行使附有社会义务。就此点而言,台湾地区"宪法"已明确表明社会福利国家定位,但第23条同时表示此种限制,应有法律之依据,同时限于增进公共利益所必要范围内始得予限制,可见台湾地区"宪法"之社会福利国仍奠基于自由法治国基础上,为"社会法治国"。至于"宪法"第23条其他基本权限条件,如"防止妨碍他人自由"、"避免紧急危难"、"维持社会秩序"均为基本权本质上界限,亦为各国宪法基本权规定中不论有无明文,均当然受到限制。按"自由法治国"与"社会法治国"主要判别标准,在于前者主张天赋人权,基本权之神圣,不容借口公共利益予以限制侵犯;后者则认为基本权附有社会义务,为公共利益国家保有限制之权,[②]台湾地区"宪法"正为后者之典型。

社会法治国奠基于大部分自由主义基本理念上,此种基础在台湾地区"宪法"中仍可见,在台湾地区"宪法"中只对自由法治国之弊端部分予以排斥,如对天赋人权神圣不可限制拒斥("宪法"第22条、第23条)、最小政府观念之放弃("宪法"第13章)、契约神圣优先于法律而适用受到限制("宪法"第23条)。[③]而自由法治国核心部分,诸如基本权保障、私法自治原理、权力区分理论、法治原理(依法行政、依法审判)在台湾地区"宪法"中大体予以保留;另辅以基本权社会化、劳工社会立法之强制禁止规定,及私法中保留有不得违反公共利益之概括条款。此种奠基于自由法治国之社会法治国理念,主要在于原为保障资产阶级之财产权,转换成财产权附有社会义务,而其中最主要之社会义务即为纳税义务,盖其一方面增进公共利益,另一方面对人民之营业、职业自由作最小限度限制,符合必要范围(比例原则)。兹以下列图示之:

---

① 葛克昌:《税法与民生福利国家》,载《经社法制论丛》第4期;以及本书第六章。

② Stern, Das Staatrecht der Bundesrepublik Deutschland I. 1984, S. 21.

③ 在自由法治国,认为在社会领域内为"非国家领域",国家之角色仅为纷争之裁判者及解决纷争依据之规则制定者,不是教练(指导者)更非选手。在社会领域中,受私法自治原则支配,当事人之契约为特别法,因其考量到当事人特殊情况,而在社会领域国家之法律,仅为补充契约或为契约之解释规则,均为任意法。故契约优先于法律而适用。

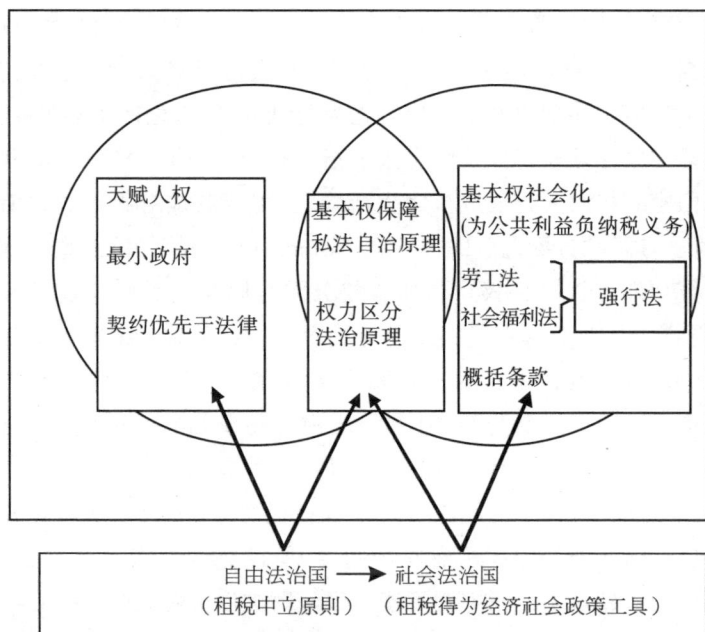

二、租税国为社会法治国之前提

作为一个社会（福利）国家，政府应从各方面无限提升人民精神、文化及物质之生活素质，人民要求政府之服务为权利而非恩赐，故其首要前提即在有充分之财源，此种财源可由政府自由营利行为以筹集之，如此不免牺牲私有财产制度与市场经济原则；亦可激励人民为营利行为，政府以其行为应附有社会义务，对其盈余参与分配。尤其一个社会国家如同时要维持法治国家传统，保障个人之自由财产权，不得不以租税为中介，避免国家直接干预亲自着手调整社会上不平等。因此，在社会法治国中，其社会给付总额与程度，应以课税权在宪法上界限为指标。[①]

（一）社会法治国之财货秩序

社会法治国家在为社会福利给付之前，先要取得财源。国家有所予之前须先有所取。在国家学中有一基本术语 Nomos($\nu o\mu o\sigma$)，此一希腊词，指有别于自然法则、神法之人类团体规范，也就是法律。但 Nomos($\nu o\mu o\sigma$)一词，除了法律意

---

① 　P. Kirchhof, a. a. O. JZ, 1982, S. 308.

义外,另有"获取"及"取得"之意义,就后者意义而言,更进一步包含"分配"与"使用"之意涵在内。[①] 根据 Nomos($\nu o\mu o\sigma$)概念,吾人可以对国家之起源,及其活动方式,依以下先后次序加以观察:(1)首先为"获取",国家之产生必先取得"获取"之权力,亦即国家先须获得经济财之法定指定权,国家有权指定经济财,"分配"始有可能,国家有权对其构成成员之生活物资,指定其应分得部分。因此,国家活动第二阶段,即为"分配"。(2)国家之 Nomos($\nu o\mu o\sigma$)第二阶段意义,即指国家对经济财行使"许可权"(特权)与"所有权分派",国家分派所有权后即开始"使用"、生产与消费、加工与制造、买卖与交换。(3)从而,就第三阶段 Nomos($\nu o\mu o\sigma$)指放牧、经营与使用。由于国家具有"获取"、"分配"、"使用"之权,故古代国家,国家以所有权人身份,对其领土之内行使统治权,称之为"所有权者国家"。在其领土之内,国家为所有动产、不动产之所有权人。[②]

现代国家之诞生,在于将经济财之收取权、利用权下放于所属之人民,而有权利主体之概念,亦即建立起私有财产制度,所谓宪政国家乃对此私有财产制度,予以宪法之保障。宪政国家既不能对经济财加以分配,亦无法对生产指数行使指定权。对具有生产及消费能力之财产权,国家移转予私人所有,国家自身无处分权。此时国家经费支出,既不能自行行使处分权,必须先取得课税权力,故现代国家与租税国家同时诞生,一起成长。[③] 现代国家即存在于经济主体之个人利益运作能力之私经济上。所谓自由法治国乃寄生在此私有经济体制之上。迨私有经济体制(社会)与寄生其上之租税国家,因工业革命造成劳工遭受剥削,而有马克思起而主张废除私有财产制及资产阶级国家,并诞生无产阶级专政国家,国家本身成为企业主,不必要仰赖租税,于是现今世界上除租税国家外,另有"企业者国家"作为替代选择。

与其相反者,对工业革命所带来之弊端,不采行马克思革命道路,仍保留私有财产制及租税国家形态,而思以渐进改革模式改造社会,国家任务除保障私有财产外,另带有社会正义促成者角色,此即社会福利国家之诞生。对于生活物资,仍归私人所有,国家没有直接分配权,只有借由税课与社会给付而为重分配。[④] 社会福利国家之社会给付规模越大,其仰赖课税权者越多,在私有财产受

---

① Schmitt, Nehmen/Teilen/Weiden (1953) in: Verfassungsrechtliche Aufsätze aus den Jahren 1924 bis 1954, 3 Aufl., 1985, S. 489. 中文讨论,请参见吴庚:《政治的新浪漫主义——卡尔·史密特政治哲学研究》,王南图书出版公司 1981 年版,第 92、93 页。

② P. Kirchhof, a. a. O. JZ, 1982, S. 305.

③ Schumpeter, Die Krise des Steuerstaats, 1918, in Goldscheid-Schumpeteres' Die Finanzkrise des Steuerstaats, 1976, S. 329~379.

④ Isensee, Steuerstaat als Staatform, in FS fur H. P. Ipsen, 1977, S. 432ff.

保障之前,国家先对其盈余参与分配;在分到国人利益之前先有个人负担;在社会给付之前先有租税。[1]

　　是以在社会法治国家中,国家先在宪法上决定其租税正义衡量标准,并在租税正义之基础上决定社会给付之衡量标准,二者相结合。于是国家在经济财之使用、分配秩序中乃有别于原始国家:获取、分配、使用顺序,甚至完全倒转过来。就台湾地区而言,对财货秩序之安排,可分为以下三个阶段进行:(1)使用阶段。在台湾地区"宪法"第19条人民有依法律纳税义务之前,必须先有所得,故须就经济财为使用,在使用阶段则依"宪法"对私有财产制度保障财产权之自由使用收益,故使用阶段归私人处置。(2)分享阶段。私有财产经使用而有所收益,此时收益一部分归私人所有,另一部分因公共利益必要国家得以法律限制之,此种法律最主要即为税法。税法决定了公权力应参与多少盈利分配。换言之,利用之后第二阶段,由法律规定其盈余何者归私人,何者归国家分享。(3)重分配阶段。公权力经由税法,分享了私有财产之使用盈余或营利所得,利用此种税收经由社会福利给付,达成重分配之目标。[2]

(二)社会法治国之本质

　　社会法治国之两大工具,即税法与社会福利法。虽然税法系取之于民,乃对人民不利之干扰(侵害)行政;而社会福利法系用之于民,乃对人民有利之给付(授益)行政,但税法与社会福利法并非对立之物,而为前提与结果关系;一为国家给付之来源,二为国家给付行为;税法乃蓄积国家财政权力,社会福利法则展现现有之财政权力。租税系社会给付之前提,租税正义则为社会给付法体系之前提,以及社会给付范围及强度之指标。[3] 租税国家借由课税权,有权向人民收取金钱;给付国家则借由社会给付向人民施予金钱。社会法治国家,从收入面观察系租税国家,从支出面观察则为给付国家。基于法治国家的要求,虽政府有权向人民收税,但基于最少损害原则,缴税应限于金钱;国家借社会给付予人民,基于对人民自由权与人格发展效用最大,亦应以金钱给付为主(服务、实物给付系在特殊、不得已情况例外为之);此一予一取均以金钱(货币)为主,故称之为财政

---

①　Kirchhof, a. a. O. JZ. 1982, S. 305.

②　Zacher, Zur Rechtdogmatik sozialer Umverteilung, DöV, 1970, S. 3.

③　Kirchhof, a. a. O. JZ 1982, S. 305.

国家(Finanzstaat)①,其存在理由为法律上比例原则。② 故社会法治国本质,有下列几点:

1.干预性租税国家

租税国家乃国家财源主要取诸租税收入,而非国有财产收入(所有权者国家)或国营企业收入(企业者国家)。自由法治国之租税,须严守租税中立原则,纯粹分担国家最少政府费用。社会法治国将租税作为国家重分配工具,承认社会政策目的之租税③,纳税义务系所有权者所附有之社会义务,故为财产权受干预(为了公共利益)之租税国家。

2.计划性社会国家

社会法治国家所为社会给付,须有长期之设计与规划,包括所需之财源。由于社会给付旨在提升国民之精神、文化与物质水准,具有诱导国民活力方向之机能,而以社会政策目的导向之租税亦然。社会法治国以促成社会正义为己任,而社会给付,乃透过国家之计划,给付及分配与国民,故为计划性社会国家。

3.保障性之给付国家

社会法治国为提供国民社会生活最低限额之直接保障,提供社会保险、社会救助等以保障国民之生存权。个人人格发展可能性,须先拥有实体及精神上物资,作为自我决定之前提。社会福利国家,在确保借由必要物质条件提供来达成个人自由发展机会,故为(生存权)保障性之给付国家。④

4.经济自由受限制之法治国家

法治国家以经济自由受宪法保障为其特色,但社会法治国经济自由仍受宪法保障,不过为公共利益必要时得以法律限制之,因此经济自由附有社会义务,故社会法治国同时是经济自由受限制之法治国家。同时,不仅纳税人经济自由受限制,接受社会给付者,须顺服于国家所指定之法定要件之下,践行申请程序,履行其负担或条件,其自由亦受限制。人民税负高低对宪法结构而言,并不重要,高税负之给付国家,虽将私经济之一大部分移转与公共部门,但借由社会给

---

① Vogel, Der Finanz-und Steuerstaat, in:Isensee/Kirchhof (hrsg.) Handbuch des Staatsrechts des Bundesrepublik Deutschland(HStR), Band I. 1987, S. 1161.

② Luhmann 认为福利国家所使用的工具为法律与金钱,因二者均具抽象性,可以普遍的适用,也具有长期效力。其抽象性使其易于集中控制,符合现代民主政治下中央集权民主政府要求。钟芳桦:《租税正义与社会福利给付——从法律社会学观点》,国科会专题研究计划,第33页。

③ Birk, Das Leistungsfähigkeitsprinzip als Maßstab der Steuernormen, 1983, S. 102ff.

④ Zacher, Das soziale Staatsziel, in Isensee/Kirchhof (hrsg.) Handbuch des Staatsrechts des Bundesrepublik Deutschland, Band I, 1987, S. 1045ff.

付,再移转于私部门,故公共经济与私有部门间配置,不论税负强弱,结果仍维持相同。只是社会福利规模愈大、国家对人民经济自由限制越重,所留给个人经济自由权也越少。[①]

(三)社会法治国与租税国

台湾地区"宪法"既以"社会法治国"模式出现,在理论上必须以租税国形态表现其功能,兹从以下数点申论之:

1.法治国必须同时成为租税国

法治国,特别是实质意义之法治国,本质上必须同时成为租税国家[②]。在宪法中受基本权与法治原理拘束,原则上保障私有经济秩序,由于此种保障之限制,国家必要财政需要,不得不以人民所纳之税为前提。正因为国家财政由租税收入取得,国家自己不必取得公有财产或经济公营事业,财产与营业得以完全私有,国民之纳税义务本质上是其营业自由与职业自由之对价。[③] 没有纳税义务,就不可能有经济自由;没有租税国家,就不可能有以经济自由为中心之实质法治国家。[④]

2.社会国家有赖租税国供养

社会国家以促成社会正义为己任,要全面提升国民之精神、文化、物质水准,须仰赖巨大财源作为移转性支出。[⑤] 这些财源当然也可取诸国有财产、国营事业,甚至由国家来直接分配,故严格而言,能为全面救助的国家只有极权国家。但是社会国是一个不断社会化过程,须持续改造社会结构,要有长期持续可靠供养,只有保持并蓄积涵养税源,激发国民自我追逐利益本能,在其取得收益后国家才借课税权参与分配,此时社会给付才有源源不绝、不断成长之财源。

3.社会法治国应以租税国形态表现其功能

社会国以调整事实上社会不平等为己任,不以维持社会现状为目的,而法治国以保障个人自由财产为前提,势必承认并保障现实不平等社会现状,二者间难免存有扞格紧张关系。法治国保障经济上自由基本权,本以排除国家干预为目的,亦不免使社会国积极干预理想为之落空。然而透过租税为中介,由于宪法上

---

① Kirchhof, a. a. O. , JZ, 1982, S. 305.

② Friauf, Unser Steuerstaat als Rechtsstaat, StbJb, 1977/78, S. 39ff.

③ Wendt, DöV 1988, S. 715.

④ Friauf, Verfassungsrechtliche Anforderungen an die Gesetzgebung über die Steuern vom Einkommen und vom Ertrag, in: Friauf. (hrsg.) Steuerrecht und Verfassung. 1989, S. 3f.

⑤ Birk, Steuergerechtigkeit und Transfergerechtigkeit, ZRD, 1979, S. 221.

赋予人民依法律纳税义务,国家财源主要来自租税,人民经济上基本权,原则依法纳税外不受国家干预,而获保障。而另一方面个人经济基本权禁止干预之堡垒,亦因纳税义务打开一缺口,纳税义务得斟酌社会国目标,而借累进税率,社会目的租税优惠、遗产税等相应调整,借此纳税义务缺口,国家得以闯入并重组社会之财货秩序。① 故社会给付国家,要同维持法治国传统,只有以租税国形态,表现其功能。而社会福利理想,必须以租税正义为其前提。

第三节　社会法治国之社会福利给付

一、社会福利给付

社会福利给付至今仍未有普遍一致之定义。社会福利给付由始初残补式救急措施渐发展到制度化发展,20 世纪则民间转由政府负责。但即使由政府负责,亦未必即为社会福利国家,是以各国宪法前言及其他章节大多增进人民福祉或社会福利表示,是否为社会(福利)国家,依宪法学观点,在于政府(公权力)是否有权为公共利益或社会利益限制个人基本权。以社会保险而言,其重点在于强制性及国家之全面计划性,否则虽有政府之福利给付,仍不足称之社会福利国家。就自由主义者观点,是否参加及参加至何种程度保险,乃个人自主决定事项,公权力不宜介入。但此由静态观点,由长期动态角度个人纵有储蓄及保险,但由于通货膨胀及经济情势变迁,自我救助预估可能失灵更可能不足,不得不面临生存之威胁,国家有必要提供社会福利给付确保个人生存基础,保障其机会均等,激励其自我救助能力。②

就社会法治国理念而言,社会福利给付在于促成基本权之实现③亦即自由权由宪法上状态,达到社会生活领域。社会法治国之宪法原则即在力求个人自由之实现。个人人格发展之可能性,首先须触及实现个人自由不可让与之社会条件。自由实现之条件,在于先拥有实体及精神上物资,作为自我决定之前

---

① Isensee, Steuerstaat als Staatsform, in F. S. für H. P. Ipsen, 1977, S. 432ff.

② Arnim, a. a. O. S. 161.

③ Klein, Die Grundrechte im demokratischen Staat, 1974, S. 55.

提。① 社会法治国原则,在于确保借由必要之物质条件提供,来达成个人自由之社会发展机会。此种物质条件,乃透过国家计划、给付及分配之方式,给予国民。② 社会法治国宪法对自由之确保,乃透过两条途径为之:一是透过法治国家之自由权保障;二是基于国家之社会保障功能,所提供社会给付政策所保障之社会自由。③ 依国家之固有意义,在于作为社会安宁之维护者,而个人自由从中得以保障。是以社会法治国,从此一角度看,可谓"新自由主义者"。

社会福利给付的内容,依性质而分,有租税福利给付(如减税或免税福利)、职业福利给付(如职业保险给付与退休给付)及社会性社会给付(即一般所谓社会福利给付)。若依其提供方式分为实物给付,服务(劳务)给付及现金(金钱)给付。本文所谓社会福利给付,乃指金钱给付。

二、社会福利给付请求权

社会法治国在宪法上确立,国家应保障个人起码之经济生存之条件;并对个人之最低收入,由国家负调节义务。基于社会福利法之制定,不仅使国民对国家可处分之岁入,得以分享,更不论于每年税收多少,依法取得法律上请求权。由于社会给付法之法律依据,纵使国家当年租税收入大减,亦有请求国家给付之权。借由个人之给付请求权,国家之社会安全因而实现。赋予人民社会福利请求权亦有原因,盖有请求时多事前已采取自我预防措施,特别像事先缴纳保险费、互助费等。社会福利给付请求权,多以确保个人经济最低生活条件为基准,宪法上抽象之生存权保障,或因此衍生而生之维持人之尊严宪法义务,在社会福利给付义务中予以具体化。④ 因此,与人之生存权或人之尊严相关国家给付义务,与其他之个人需求,如与较佳之住屋、国民教育以及升学、财产基础、适当工作机会相较,显有不同,后者是否具备公法上请求权之条件,殊有疑义,盖其满足必须增加第三人之负担——纳税义务人。

吾人如将基于社会福利法之请求国家给付请求权,与依据警察治安法向国家请求安全保障之请求权相比较,可发现惊人之价值差异存在:对个人生命身体

① Zacher, Das soziale Staatziel, in: Isensee/Kirchhof (hrsg.), Handbuch des Staatsrechts des Bundesrepublik Deutschland, Bd. I, 1987, S. 1045ff.

② Draschka, Steuergesetzgebende Staatsgewalt und Grundrechtschutz des Staatsrechts des Eigentums, 1982, S. 157.

③ Böckenförde, Die verfassungstheoretische Unterscheidung von Staat und Gesellschaft als Bedigung der Individuellen Freiheit, 1973, S. 38.

④ Kirchhof, Steuergerechtigkeit und sozialstaatliche Geldleistungen JZ, 1982, S. 305.

危害,警察法并未赋予人民向国家请求救助之强制请求权,所谓警察国家,也最多意味着警察之权力,而少及于警察之保护。警察法上国家救助之界限,较社会福利法显为明显。对生命身体之危害,向国家要求救助,只有穷尽一切自己可以采用手段之后始能为之。盖能提供全面救助国家,可能只有全面极权国家。而社会法上国家给付与此完全不同:社会福利给付请求权,是由民法上借用之概念,民法给付义务,通常不是基于当事人合意(契约),就是基于可归责事由(法定)。给付请求权乃基于债权之请求,而非基于债务人之支付能力,故给付请求权最终可能构成债务人破产事由。在社会福利给付请求权背面之国家给付债务关系,即全体民众(纳税人)对个人之扶养提供财务负担,此种扶养义务之程度与国家之给付标准有关。社会福利给付请求权一般认为系受益权,其所受利益与国家之财政来源有关。换言之,在租税国家,国家对私有财产之收益以纳税方式参与分配,其正常性与可行性之界限,即社会福利付受益权之界限。①

第四节　社会福利法与税法之不同评价标准

社会法治国为促成社会正义,可直接由社会福利法提供社会福利给付,亦可间接借社会政策目的之税法达成重分配之目标。② 但社会福利法与税法其评价标准,有重大差异。

一、需求原则与量能原则

社会福利法与税法之重大差异,非在一为国家向私人为给付,二为私人向国家为给付;而在社会福利法依照个人或家庭之需求事由而为给付,税法则应依现存之经济事实。社会福利法依需求原则为衡量标准;税法则依量能课税原则而分配租税负担。税法非基于人人平等,使每个人均纳相同的税(人头税);亦非按有无工作能力,或教育程度,或受就业救助而增进之就业能力而负担相同之税。税法乃基于个人(或家庭)之所得、财产、消费之事实状态作为课税衡量标准,而不问其所得取得方式、亦不问是否日常所需或多余之物。税课乃基于营利之事实,而非营利能力,故所得税之"量能课税原则"或所谓"能力原则"非指给付能力

---

① Isensee, Steuerstaat als Staatsform, F. S. für H. P. Ipsen, 1977, S. 432.

② 葛克昌:《租税国危机及其宪法课题》,载《台大法学论丛》1991 年第 20 卷第 2 期;以及本书第一章。

（可能性），而系其支付能力，现实可支付能力。税法由于只针对所得或财产之现有状态，而不及于其应有状态，基本上是不适于财产权加以重分配。[1] 税法上平等税课原则乃基于不同之所得、财产、消费，只就其结果相同者课以相同之税，而不问其产生之过程，但课税本身即有意并有计划地削弱减低所得、财产、消费上差异，特别在累进税率时。

反之，社会福利法所重视者，非在其事实上经济状态，而依其需求事由，诸如疾病、文盲、无谋生能力、失业、受灾者、低收入，乃针对不足最低生活水准所必要之需求，其需求之法定要件非在经济上匮乏，而在其匮乏之特殊事由。如此规定者，在于激励其将来具备起码经济能力，确保其得以支付社会保险金，恢复其自我救助能力。

二、纳税义务与基本权限制

社会福利法与税法不同衡量标准，特别表现在对相对之人基本权保护之不同。国家课税权所要求者，系对私有财产权之收益参与其分配之权，所涉及者及财产权保障（"宪法"第 15 条），防御国家不当侵害。社会福利法乃基于生存所必要需求，因特殊事由而减弱，对其特殊事由而予以救助给付，因其非基于现实之经济状态，故不涉及财产权保障，而涉及对相同事由是否给予相同给付，故主要涉及平等权保障（"宪法"第 7 条）。

在税法重平等，亦可能过当，而侵及财产权，例如高达 90％之所得累进税率，故租税负担平等之衡量基准，应予客观化转向与租税客体相关之基本权，并与防杜过度之自由权相结合。[2] 台湾"宪法"第 15 条保障人民之财产权，此种财产权所有人得自由使用收益其所有物，虽依"宪法"第 23 条规定在有法律依据下，得为公共利益而予限制，唯此种限制以"必要"为限，不得过度。是以社会法治国对税法之主要要求，为确保无过度与不平等之租税负担。此种界限，间接地限制了给付国给付总额与行动潜力。"宪法"第 15 条及第 23 条限制了立法裁量权，亦赋予"大法官会议"解释对立法者之容忍限度。[3]

由于课税权之前提为私有财产权，如税法不当（过度）地限制财产权人自由，则侵及宪法上财产权保障。税者，非国家对私有财产权之分享，而系对财产权人

---

①　Kirchhof, a. a. O.　JZ 1982, S. 307.

②　Friauf, Steuerrecht und Verfassungsrecht, DSTZ, 1975, S. 361f.

③　参照葛克昌：《租税国危机及其宪法课题》，载《台大法学论丛》第 20 卷第 2 期；以及本书第一章。

经济利用行为所得盈余之参与分配。宪法财产权保障,多视为传统自由权,而非私有之所有物予以国家保障,故私有股票、证券、不动产,国家并不负保障其原有价值义务,国家只保障其得自由使用、收益、处分,不受公权力不必要之干预。故宪法上财产权定义,非指不受国家税课之经济财,而指财产权人之行为活动空间。[①] 财产权自由之基础为整体财产,个人租税负担过度,指的是对个人整体财产之侵害而言。从而对税课侵犯财产权,从宪法上可从两个层面加以审查:对特定租税客体之负担是否该当,以及对整体财产之税负是否合理正当。

第五节　社会给付请求权之租税前提

课税权依宪法上界限,限定了国家给付之总额,亦成为国家可否借税法与社会法行为工具,干预个人自由之宪法上指标。

一、租税限定了国家给付总额

社会福利给付以金钱(现金)给付为原则(参考台湾"社会救助法"第 7条),[②]而人民之纳税义务亦以金钱给付为限,盖现代财政国家虽得以纳税义务及社会给付,以干预人民之经济生活,但此种为公共利益所为干预,应受比例原则限制,其中以"金钱给付"手段,不论取与予,对人民经济自由干预程度减到最少。给付法与税法虽同为金钱给付,但非受适用于一切金钱给付义务相同指标所引导。社会法乃建立在个人财产状况之上,涉及财产权之产生的阶段,而非宪法所保障之财产权特有。在台湾社会法之指导理念为"宪法"第 7 条之平等权保障,受平等原则拘束,社会国家之任务,至少能提供接近生存所必需之生活条件。社会法受平等原则支配,只能产生对其最低生活条件之类似与接近效果,并不涉及是否过度禁止之防御权,社会给付亦无最高限度问题,因公权力所可处分之分配总额,在社会给付之前一阶段,亦即公权力"取之于民"(纳税)阶段即受到基本

---

① 参照葛克昌:《租税国危机及其宪法课题》,载《台大法学论丛》第 20 卷第 2 期;以及本书第一章。

② 台湾"社会救助法"第 11 条(2008 年 1 月 16 日修正):"生活扶助以现金给付为原则。但因实际需要,得委托适当之社会救助机构、社会福利机构或其他家庭予以收容。(第一项)前项现金给付,'中央'、'直辖市'主管机关并得依收入差别订定等级;'直辖市'主管机关并应报'中央'主管机关备查。(第二项)"

权之限制。宪法上私有财产及财产权之使用自由权保障，即限制了给付国家之行为能量之总额。国家先要"取之于民"，然后才能"用之于民"，此种先后顺序，宪法上对课税之限制，即限制了国家给付。此种课税权之限制，当然亦包括对国家举债之限制，盖其须赖下一代国民纳税之偿还。[1]

二、重分配政策与国家处分权

社会法治国虽得利用租税手段达成重分配政策目标（盖所有权附有社会义务），但此义务仅限于国家居间，由租税取得者及社会福利法给予所需要者。国家并无直接处分权（分配权），无权在所有权取得与所有权使用间行使其指定权。

重分配政策，只有在私有财产与所得不均之落差中，尽量使其拉近距离。对私有财产，国家并无处分权，使其公有化。如一方面对纳税义务人生存所必需之所得，予以课税（直接税或间接税，后者因不醒目更易发生）；另一方面，纳税义务人营养及住宅所需，由国家社会给付供应，此对受给付人而言并未改善其财务状况，而在申请手续与举证程序中，反而对申请人自我救助能力有所危害。在此种情形，财政国家行使了权力，实际上并无救助行为。

反之，社会福利给付所予者，如过量超过生活最低条件，与税课之免税额，此时所应为者，非对超过部分予以课税，原则上应减少社会给付。例如国民住宅政策，使国宅（或其配售之公家住宅）拥有者，由转售或转租取得暴利，此时不宜以租税手段（增值税）矫正其偏差，须从根源上以法律矫正其偏差，如转租之租金偏高，或贷款之利益偏低，即以纳税人负担补贴私人利润。反之，如从租税上长期分享其偏差，而非对其不正当行为加以矫正，反从其不正当行为国家分享其利益，不知不觉中流失了法治国家品质。[2]

三、国家救助行为之补充性

借由税收而进行之国家救助，与私人自我救助能力相比较，前者应居补充性之地位。补充原则之首要要求，即个人或家庭之安全确保具有较高品质之处，即国家之社会安全体系停止之所。私人之救助行为，原则在服务给付（劳务给付），不论病患照料、儿童养育、家庭救助较国家之服务给付更有效率、更富人性。凡

---

① Kirchhof, a. a. O. JZ 1982, S. 309. 葛克昌：《租税国危机及其宪法课题》，载《台大法学论丛》第 20 卷第 2 期；以及本书第一章。

② Kirchhof, a. a. O. JZ 1982, S. 309.

行使国家救助之处,首先应采行者乃租税改革,以税法支持社会救助;有所不及,则以国家之现金救助行之;最后,才是国家之服务给付,以济私人救助之不足。①

故接受国家救助者,应先运用一切自己可能维持生活之手段与方法;若竭尽一切能力,尚不能维持最低生活时,始接受国家救助。此种社会法治国之补充原则,可演绎推论出,个人自由优先于国家之社会义务。② 此种补充原则含优先效力之宪法上要求,即公权力应尽力促成实现个人基本权,国家补充原则涉及职业活动自由及私有财产使用自由之基本权,涉及个人对自己生活安排之自我负责性;凡个人得以自我实现、自我成就时,国家之社会任务均退居幕后。私有之职业活动,只有在"显然重大之公益利益"下,始能作国有化之考量。而为公共利益,借税课以干预个人财产权使用自由时,至少应保障私人之使用收益,不少于(至多等同于)为公共利益国家所为之分享。③ 此种课税权在宪法上界限,在社会安全法律关系中,要求现金给付优先于实物给付。在缴纳强制性社会保险费时,减低了个人自由使用财产之权利,只有保留在未来现金给付中得以弥补其需求。现金给付对个人需求自由加以促成;实物给付则以公权力预先指定之种类与方式,以满足需求。

国家救助仅具补充性,因此在市场经济制度下,对个人自主决定原则,在社会法治国家中应予补充:"任何人不当因自我之错误决定,而陷入生存之困境中。"社会福利法即因此而产生。④

四、比例原则之限制

台湾地区"宪法"规定,人民有依法律纳税之义务(第19条),但该义务系对人民财产权之限制(第15条),此种限制以增进公共利益所必要者为限(第23条),前已述及。国家财政需要,由国民来分担租税负担,须在宪法上为两种基本判断,一为究竟社会生产哪些部分须提供公共目的使用;二为个别纳税义务人之整体税负应分担多少。⑤ 此点由宪法上财产权保障规定,可区分为两个角度来

---

① Dürig, in: Maunz/Dürig/Herzog/Scholz, GG. Art. 3, Rn. 135.

② Zacher, Was können wir über das Sozialstaatsprinzip wissen? in: F. S. für H. P. Ipsen, S. 235, 237.

③ Friauf, Verfassungsrechtliche anforderungen und die Gesetzgebung über die Steuern vom Einkommen und vom Ertrag. In: Friauf(hrsg.) Steuerrecht und Verfassungsrecht. 1989. S. 19ff.

④ Kirchhof, a. a. O. JZ 1982, S. 309.

⑤ Arnim, Besteuerung und Eigentum. VVDstRL 39(1981), S. 311.

加以限制：租税负担，原则上国民应平等分担之；所分担者不能过高，以致违反过度禁止原则（比例原则）。

一般税课并无自身目的，只用以满足公共支出之财政需要。其合理相当性，乃取决于税负与财政支出之相比较。国家财政支出，如违反宪法所要求之经济性原则，而有所浪费虚掷，其之前提，人民所受租税征收，自违反比例原则，对财产权保障作了不必要之限制，亦与增进公共利益有所不洽。①

比例原则要求目的与手段间，具有合理相当性。预算法上费用填补原则，或基于支出经济性要求形成比例原则，与对某一课税对象所利用之租税手段，与达成特殊租税目的之间所应维持之合理相当关系，当予区别。盖基于社会法治国家要求，租税得用为达成社会正义之手段，唯基于比例原则，此种租税手段，必须无其他对纳税义务人损害更少方式，且纳税人之损害与所达成之社会正义，不得显不相当。但税之支付与社会福利给付间，并无直接之目的关系，租税国家为确保对每一国民待遇，能无偏无私，故将收入与支出系统分离，原则上个别收入不受特定目的所拘束。纳税义务人亦无权要求，国家对其税额为特定财政而保留。此为租税之无对待给付之特性，亦为租税国家得以摆脱对价之拘束，自行选择其目标、自行确定其手段之，②但规费受益费特别捐为其例外。是以台湾地区如"残障福利法"第17条第3项关于进用残障者之差额补助费③；及"职业训练法"第27条关于职业训练费之差额缴纳④，系对特定具有行为义务而不履行者，为平衡与已履行者负担而设，并不支应一般财政需求，而对支应特殊任务保留为专款专用，此种特殊捐在社会给付中应用日广，特别值得吾人注意。⑤

---

①　Arnim，Wirtschaftlichkeit als Rechtsprinzip，1988，S. 72～74.

②　葛克昌：《租税国——宪法之国体》，载《经社法制论丛》第3期；以及本书第五章。

③　台湾现行法详见："身心障碍者权益保障法"第43条第2项："进用身心障碍者人数未达第三十八条第一项、第二项标准之机关（构），应定期向所在地直辖市、县（市）劳工主管机关之身心障碍者就业基金缴纳差额补助费；其金额，依差额人数乘以每月基本工资计算。"（2009年1月23日修正）

④　台湾"职业训练法"第27条："应办职业训练之事业机构，其每年实支之职业训练费用，不得低于当年度营业额之规定比率。其低于规定比率者，应于规定期限内，将差额缴交'中央'主管机关设置之职业训练基金，以供统筹办理职业训练之用。（第一项）前项事业机构之业别、规模、职业训练费用比率、差额缴纳期限及职业训练基金之设置、管理、运用办法，由'行政院'定之。（第二项）"（2002年5月29日修正）

⑤　特别捐有关法律问题，请参见葛克昌：《人民有依法律纳税义务（下）》，载《台大法学论丛》第19卷第2期；张娴安：《环境使用费之法律性质》，载《经社法制论丛》第4期；何爱文：《特别公课之研究》，台大法研所1994年硕士论文。

五、平等原则之比较衡量

财政国家之取之于民与用之于民结合,吾人如进一步深入比较,可由财政国家平等性上看出。在财政国家租税应受平等负担原则拘束,盖人民得因公共利益之必要而限制其财产权,此种为公共利益而作牺牲,以平等牺牲为前提,在法治国家个人无特别牺牲之义务,故公用征收应予补偿。为公益而平等牺牲,主要即指纳税义务,人民所以有纳其应纳之税之理由,在于其相信与其收入相同之邻人亦纳相同之税。此种负担平等原则,与有所得效果之社会福利给付比较,则有所不同。纳税人因税法而受有负担,另一方面社会给付受领人则因社会福利法而受益,此时与平等原则关切较大者,在于讯问何以纳税人应为给付,而其同胞应受领给付? 于是社会法治国负担正义之主题,在于何人应依课税标准而课税,何人不必纳税,何人反接受国家给付。[①] 社会法治国先由租税聚集财源,然后再加以分配,国家居间运作,避免了纳税义务人与社会给付受领间之具体法律关系。此种关系与有利于私人之公用征收相类似,[②]不像对私人间直接加以重分配,直接须受比例原则之审查。在税课与财政任务(社会给付)之间结果并无目的和手段关系,亦无比例原则之适用,但纳税人与社会给付受领人,却有法律上相对比之关系。换言之,法律之指导原则——平等原则则须审查,何以在财政国家下某一类人其财产须有租税负担,某一类人(如老人)可以受领国家金钱给付,至于第三类人(例如无财产之家庭主妇)既无国家负担亦不受领社会给付。

第六节　税法与社会法对事实之认知差异

税法与社会给付法基于法体系及法伦理上要求,对重要生活事实基本上应有相同之认知,而形成相同之法定构成要件,但现行法却有相当之差异,诸如最低生活所需、社会福利需求之法定要件,以及保障之计算与衡量标准均有所差异,以下分别讨论之。

---

① Kirchhof, a. a. O. JZ, 1982, S. 309.

② Bullinger, Die Enteignung Zugunsten Privater, Der Staat, 1962, S. 449.

一、最低生活所需费用

台湾"社会救助法"第 4 条规定,所谓低收入户者,其标准应由省(市)政府视当地最低生活所需费用,逐年订定公告。[①] 台北市最低生活费用标准系参照前一年该市家庭收入支出调查平均经常性支出的 40% 范围内订定。[②] 低于该标准,再依各项条件分为生活照顾户、生活辅导户、临时辅导户。

1. 生活照顾户:全户人口均无工作能力,无不动产、无收益或因特殊事故非靠救助无法生活者。

2. 生活辅导户:全户总收入未达最低生活费用标准者。[③]

3. 临时辅导户:全户总收入超过最低生活费用标准,但未超过部分未达该标准金额 1/3 者。[④]

台湾省及高雄市最低生活费用标准系参照前政府公告之家每人平均所得 1/3 范围内订定。[⑤]

又根据台湾省社会救助调查办法第 12 条规定,[⑥]又分三款顺序缮其社会调查名册。第一款:全家人口均无工作能力无收益及恒产,非靠救助无法生活者;[⑦]第二款:全家人口中有工作能力者未超过总人数 1/3,家庭总收入平均分配全家人口,每人每月未超过最低生活费用 2/3 者;[⑧]第三款:家庭总收入平均分

[①]　台湾"社会福利法"第 4 条(家庭总收入计算人口范围):"本法所称低收入户,指经申请户籍所在地'直辖市'、县(市)主管机关审核认定,符合家庭总收入平均分配全家人口,每人每月在最低生活费以下,且家庭财产未超过'中央'、'直辖市'主管机关公告之当年度一定金额者。(第一项)前项所称最低生活费,由'中央'、'直辖市'主管机关参照'中央'主计机关所公布当地区最近一年平均每人消费支出百分之六十定之,并至少每三年检讨一次;'直辖市'主管机关并应报'中央'主管机关备查。(第二项)第一项所称家庭财产,包括动产及不动产,其金额应分别定之。(第三项)第一项申请应检附之文件、审核认定程序等事项之规定,由'直辖市'、县(市)主管机关定之。(第四项)。"

[②]　万育维、孙健忠:《台北市低收入户认定标准与社会救助措施之绩效评估》,台北市政府社会局,1992 年 6 月。

[③]　1995 年度最低生活费用每人每月 6640 元(新台币,下同)。

[④]　1995 年度为每人每月 8863 元。

[⑤]　1995 年度为每人月 5400 元。参见台湾"内政部社会司":《台湾地区社会救助工作执行概况》,载《社区发展季刊》1994 年第 67 期。

[⑥]　已于 2006 年 12 月 12 日台湾省政府府法二字第 0951800098A 号令发布废止。

[⑦]　1993 年依本款之低收入户户数为 11649 户,人数为 14636 人。

[⑧]　1993 年依本款之低收入户为 15266 户,人数为 46369 人。

配全家人口,每人每月未超过最低生活费用者[①]。

最低生活费用之标准,如上述台北市系以平均支出为主,台湾省及高雄市以平均收入(所得)为主。但不论以收入或支出为准,均仅以"食"的需求作为基本生活需求,不仅未包括文化生活、人际交往之基本需求,[②]亦不及于衣、住、行及维持健康之基本需求。由于该标准单纯以食之需求作为基本生活需求,其标准自然偏低,不但使社会上许多低收入家庭无法得到适时救助,等到有资格得到政府援助时,该家庭在经济上早已受到严重创伤,无法摆脱贫穷圈套。[③]

家庭每年总收入,依该家庭人数平均计算之金额低于省、市政府公告之当地最低生活费,依法得申请生活扶助(台湾"社会救助法"第 6 条第 1 项)。生活扶助以现金给付为原则(台湾"社会救助法"第 7 条第 1 项)。又册列低收入户亦未必能每月领得与最低生活费用差距之生活辅助金,例如在台湾省高雄市仅合乎第 1 款(全无收入)、第 2 款(全家工作能力者未超过 1/3,收入未超过最低生活费 2/3)及儿童;[④]台北市仅生活照顾户及生活辅导户始予补助,且第 2 款或生活辅助户仅就每户予以补助,非按人补助。

由于低收入户认定以饮食需求为主,故超过最低生活费用标准者,而处于低收入核定基准的边缘户,仍不失为贫困清寒民众,清寒民众通常是以最低生活费用标准的一至三倍以内来认定(以全户家庭总收益来计算),清寒民众虽然不能够享有低收入户多元项目的救助服务,但可申请一些单项救助,如急难救助、医疗补助、代赈工、居家生活补助。

最低生活所需费用表现在税法上,主要系个人综合所得税之免税额。在现代实质宪政国家,人民固有依法律纳税之义务,但形式上法律依据仍不能取得课税合法正当性;此种法律(税法)须授予宪法一致之伦理价值拘束,并受限于正义理念所派生之原则。课税之基本原则为量能课税原则之伦理要求,即个人之租税负担应依其经济之支付能力来衡量,而定其适当的纳税义务。[⑤] 根据量能原则,个人所得部分只有超出其个人及家庭最低生活所需费用始有负担能力,故所得必须减除保障生存之必要费用及意外负担,始得为课税之起征点,此亦为宪法

---

① 1993 年依本款之低收入为 19364 户,人数为 56598 人。

② 参见《德国救助法》第 12 条第 1 项,《日本生活保护法》第 3 条。

③ 万育维:《社会救助福利需求》,载《社区发展季刊》1994 年第 67 期。

④ 低收入户儿童每月生活辅助金为 1600 元,并以 2 人为限。此种限制儿童为 2 人,与台湾"宪法"(第 156 条)保护生存权及保护儿童意旨不符。

⑤ 葛克昌:《量能原则与所得税法改革》,载《中原财经法学》第 1 期;葛克昌:《量能课税原则与所得税法》,载《税法基本问题——财政宪法篇》第三篇,台湾元照出版有限公司 2005 年版。

上所保障生存权之意旨。就现实而言,若对无负担能力者课税,将导致抗税,并扰乱纳税秩序,增加稽征成本执行费用,自非良策。

台湾"所得税法"之免税额,依第 5 条规定,以每人全年 6 万元为基准,1992年度所得税法修正时,采用物价指数连动法,免税额每遇消费者物价指数,较上次调整年度之指数上涨累计达 3％以上时,按上涨程度调整之。免税额之基准,应依所得水准及基本生活变动情形,每 3 年评估 1 次("所得税法"第 15-1 条第 2 项)。是以 1994 年度所得税之免税额为 6.3 万元。此一数额与 1995 年台湾省及高雄市最低生活费用标准,每人每月 5400 元(全年 64800 元)相差不大。[①] 唯此最低生活费用标准,系以饮食需求为主,而不及于依住行与文化需求,故未及最低生活费用标准者所领取之社会扶助(生活辅助金),经扣除标准扣除额后,仍无须缴纳所得税。唯依最低生活费用标准之一至三倍来认定之清寒民众,所得申请之一些单项救助,则有可能高于免税额与扣除额,而无法免于所得税负担。但社会福利给付,基于需求原则,受领者所得虽高于免税额与扣除额,但具有特殊之需求事由(如急难、医疗),不应适用累进税率,宜在所得税法中明文规定适用特别之比例税。

由于台湾"社会救助法"草案中统一规定最低生活费标准之计算方式,增订最低生活之额外加成,将来"立法"后,在社会救助法之最低生活需求可能高于所得税上免税额(与扣除额),既经决定最低生活需求,并赋予当局保护照顾义务,[②]在此范围内复加以课征所得税,公权力即不免侵犯人民生存基本权,而造成"违宪"问题。[③] 是以修订"社会救助法"时宜同时修订"所得税法"之免税额,以免发生二者不一致情事。

二、需求之法定要件

根据量能原则,所得须减除保障生存之必要费用及负担,始得为课税之起征点,故何者为其必要之需求须在税法中明定;同时此种生存所必要之需求,在社会法治国须在社会福利法中明定其要件,以为国家给付及人民请求之依据。唯此种需求之法定要件,在社会给付法与税法中,有其不同之分析方式。尤其以货币经济为基础之财政国家,不论收支,往往将家庭视为家计与经济之共同体。

---

① 台湾"社会救助法"之修正草案已统一规定最低生活费标准之计算方式,增订最低生活的额外需求加成。

② 陈清秀:《生存权的保障与租税的课征》,载《植根杂志》1994 年第 10 卷第 8 期。

③ BVerfGE 82,60.

社会救助法之生活扶助,系让家庭每年总收入,按该家庭人数平均计算之金额是否低于标准,根据台湾省社会救助调查办法,[①]第 3 条规定低收入户全家人口范围为:(1)直系血亲;(2)同一户籍或共同生活之旁系血亲及互负扶养义务之亲属。而现行社会救助措施,台湾省对低收入户儿童,高雄市对孤苦儿童均发放每月生活补助金。[②]

台湾地区"所得税法"之免税额,包括本人、配偶及扶养亲属。故自 1990 年"所得税法"修订后将扶养亲属之确保生存基本免税额,并与纳税义务人免税额一致,承认了受扶养亲属之确保生存基本免税额。唯"民法"上扶养义务,其扶养之程度,应按受扶养权利者之需要,与负扶养义务者之经济能力及身份定之(台湾"民法"第 1119 条)。对扶养义务人而言,其所支出之扶养费用远超过基本税额,这些费用非其所能自由支配,但仍需按累进税率课征所得税,其结果子女众多之父母,其所得税负担,按量能原则衡量,显然较无子女者为重。

由于台湾"社会救助法"之低收入户认定,非依收入总额,而依家庭人数平均计算,是以子女数及受扶养亲属越多者,其平均收入越低;但所得税之累进税率,则由纳税义务人、配偶、受扶养亲属之各类所得,合并报缴计算(台湾"所得税法"第 15 条第 1 项),适用累进税率。此种"社会福利法"与税法对需求之法定要件之差异,有必要对"所得税法"考虑采行家庭所得分割制,按家庭成员安排累进税率结构。[③][④]

三、计算与衡量标准

吾人对租税请求权与国家之社会福利给付,法律上予以比较与结合,其前提在于二者均有一致之计算与衡量标准,实际上此种期望可能落空。虽然租税债

---

① 1990 年 1 月 18 日修正公布,《台湾省政府公报》1990 年春字第 14 期。

② 台湾"社会救助法"第 5 条第 1 项:"前条第一项所定家庭,其应计算人口范围,除申请人外,包括下列人员:一、配偶。二、一亲等之直系血亲。三、同一户籍或共同生活之其他直系血亲及兄弟姊妹。四、前三款以外,认列综合所得税扶养亲属免税额之纳税义务人。"(2008 年 1 月 16 日修正)

③ 台湾所得税法对年满 70 岁受纳税义务人扶养者,免税额增加 50%("所得税法"第 17 条第 1 项第 1 款规定:"按前四条规定计得之个人综合所得总额,减除下列免税额及扣除额后之余额,为个人之综合所得净额:一、免税额:纳税义务人按规定减除其本人、配偶及合于下列规定扶养亲属之免税额;纳税义务人及其配偶年满七十岁者,免税额增加百分之五十……")(2009 年 1 月 21 日修正)。

④ Kirchhof, a. a. O. JZ, 1982, S. 310.

务为金钱之债,社会福利给付亦以现金给付为原则,然税法上金钱系长期名目上币值,其实际价值将随货币贬值而降低,例如所得税法上利息所得,并未扣除因通货膨胀本金损失部分。虽然现行台湾"所得税法"1992 年修订之后,采用物价指数连动法,将免税额、课税级距之金额、扣除额等,明定遇消费者物价指数上涨累进达 3％以上时,即按上涨程度调整之。免税额之基准,并应依所得水准及基本生活变动情形,每三年评估一次("所得税法"第 5 条之一)。这些调整虽然有助于因应通货膨胀,但以前述利息所得为例,仅能对已贬值之名目利息部分减低部分税负,但对因通货膨胀所致本金的损失仍无法扣除。

　　社会福利法之现金给付,其计算与衡量标准不同于税法,并非名目或固定性,通常附有期限,每年调整以确保现实之生活。此种衡量方式不同,有其理由,社会福利给付之受领者原则上系基于生存之需求;租税债务人则基于负担(支付)能力。此两种不同观点,可由国家重分配政策中设立平均值予以调整。传统上社会福利法作为给付行政代表,税法则为负担行政代表,而认为有其差异性。吾人今日可换一角度观察,此两种法律领域之区别在于:一为低于生活平均值;二为高于生活平均值。低于生活平均值者,有其生活之需求,须由国家予以保护照顾,而有社会福利法之产生;高于平均值者,有支付租税之能力,国家有权参与其分配。国家之重分配,即取之于高于平均值者,予之于低于平均值者。国家之重分配政策,介入私有财产权之程度,在于国家对此生活平均值之指定。

第七节　租税政策与给付政策之差异

　　生活事实在税法与社会福利法纳入为法定要件时,对事实之评价在税法与社会法亦有所差异。但是此种差异,是在宪法之下两种部分法律秩序,由于不同法秩序的观点与目的不同。在实质宪政国家,税法与社会福利法均为国家统一法秩序之部分法律领域,不论在形式上(逻辑上)或事实上(价值上),必须统一在宪法指导理念上。[①] 例如所得概念,在所得税法与社会救助法上有不同意涵。

　　此外,就养老金、退休金、资遣费是否为所得,应否课征所得税问题上,亦可见此种不同评价。按台湾"所得税法"第 4 条第 4 款规定,公、教、军、警人员,劳工、残废者及无谋生能力者之抚恤金、养老金、退休金、资遣费、赡养费免纳所得税。此种养老金免税规定,一般并不列入因社会政策之免税规定,而列入因身份

---

　　① 葛克昌:《宪法对公私法间法秩序之指导协调功能——以租税规避为例》,载《当代公法理论》,月旦出版社股份有限公司 1993 年版。

或职业性质之免税规定。① 按此款规定,在民营企业员工中,仅有劳工及因故残废或无谋生能力者所谓之养老金、退休金、资遣费才可享受免税之待遇。所谓"劳工"依台湾"财政部"见解,系指"劳动基准法"第 3 条所定行业雇主雇用从事工作获致工资者,自该法公布生效之日起适用。② 而公司之经理人、厂长、人事人员等,虽兼具负责人或代表雇主处理劳工事务及受雇人之事,亦得免税。③ 此种因行业别而产生的"租税歧视待遇",曾遭受批评。④ 就法律解释观点,"所得税法"之"劳工"一词应依"所得税法"之立法意旨,不必与"劳动基准法"一样,即使为方便起见,至少应适用"劳动基准法"第 2 条"受雇主雇用从事工作获致工资者",因"劳动基准法"第 3 条之规定自有其现实及阶段性考量,而此种过渡条款与"所得税法"无关,"所得税法"应以量能原则为其衡量标准。⑤ 是以该条款规定不宜解释为因身份或职业性质之免税规定,而应从社会政策之减免规定予以通盘考量,⑥故"劳工"除宜采广义解释外,该款减免规定还宜从该角度全面检讨,特别宜与该条第 7 款"人身保险、劳工保险及军、公、教保险之保险给付"相比较衡量。按第 7 款之保险给付不但免税,而且在支付保险费时亦有扣除额之减除["所得税法"第 17 条第 1 项第 2 款(二)2.],形成双重优惠现象。所谓人身保险之保险给付,系指保险业依据保险法人身保险章所办理之保险,由保险人所为之给付而言,包括年金保险在内("保险法"第 135-1 条以下)。除此以外,企业之职工依约定之互助金,于发生特定事故时所支领之慰问金、抚恤金或退休金之给付;依"公务人员保险法"第 18 条给付眷属死亡之丧葬费津贴,亦属保险给付。⑦ 故此种一次或分期给付,其法律性质宜予究明,始能为税制之设计而不致违反量能原则。

按退休金的给付,可分为一次给付及分期给付。一次给付者,台湾现行所得税除特定身份免税外,其他一次给付之养老金、退休金、养老费,得仅以半数作为当年度所得,其余半数免税("所得税法"第 14 条第 9 项),由于累进税率关系,一次给付半数课税,其有效税率将远高于分次给付,而造成租税之差别待遇。故一

---

① 颜庆章:《租税法》,五南图书出版公司 1994 年版,第 182 页。

② 台湾"财政部"1985 年 4 月 30 日台财税字第 15285 号函。

③ 台湾"财政部"1985 年 9 月 4 日台财税字第 21603 号函。

④ 叶淑杏:《福利性所得课税研究》,载《财税研究》1992 年第 24 期。

⑤ 葛克昌:《量能原则与所得税法改革》,载《中原财经法学》1995 年第 1 期;葛克昌:《量能课税原则与所得税法》,载《税法基本问题——财政宪法篇》第三篇,台湾元照出版有限公司 2005 年版。

⑥ 李金桐:《租税各论》,台湾五南出版公司 1986 年修订 3 版,第 137、141 页。

⑦ 台湾"财政部"1986 年 3 月 5 日台财税字第 726 号函。

次给付者,其半数免税,另半数使用比例税率与其他所得分离,或并入正常所得使用累进税率,两种方法由纳税人选择可改进现行缺失。或扣除员工历年配合提存部分本金之余额,除以服务年资,适用累进税率,再乘回服务年数,得出应纳税额,以使与分次给付税负相当,以避免税负剧增。或者依生存权保障原则,予以退休金定额免税,以保障老年生活。但不论如何,对退休金、养老金年金,应不问其职业身份,予以相同之租税待遇;亦不应因其名目上是否为保险给付,而予以差别待遇。

此外,退休金、养老金年金给付,因只有一部分性质为储蓄,故不宜全额免税。其余部分为薪资所得一种,仍应负担租税。但由于老年人因健康支出增加,生存必要费用提高,故所得税负担得以降低,甚至在一定额度下予以免税,以配合社会福利给付,避免一面纳税一面领社会福利给付。同时,年金制度宜考虑到子女众多家庭及无子女夫妻之不同情况。因年金制度本质上系下一代对上一代之总体负担,故子女所扶养者不仅自己父母,且及于他人父母。无子女老年夫妻受此社会扶养,而子女众多夫妻年轻时须负扶养子女之沉重负担,此种对子女之扶养负担,应在给付中予以计算在内。①

第八节　租税负担与社会福利现金给付

税法与社会给付法并非由同一之宪法重分配概念所派生。台湾"宪法"第19条规定:"人民有依法律纳税之义务。""大法官会议"由此发展出一系列"租税法律主义"解释,虽有学者黄俊杰主张国家是人民所组成,而国家财政需求由人民纳税来支应,故纳税仅限制人民基本权利,且"宪法"已有第23条为公共利益必要时,得以法律限制自由权利之规定,第19条之义务规定并无必要应予删除。② 作者赞同"租税法律主义"或租税法律保留原则之宪法依据,应为第23条而非第19条;但作者以为台湾地区"宪法"与德国基本法不同,德国基本法第104a条至第115条有详尽之财政宪法规定,诸如课税权、租税种类及对人民财产权介入之程度,甚至各种税目均取得宪法之保障;而社会福利给付基本法上只有社会国原则之授权予立法者,并无宪法上限制。台湾地区"宪法"对社会福利

---

① Zippernick, Kritische Bemerkung zum Zusammenhang zwischcen Alterslastenausgleich und Kinderlasten Ausgleich, FinArch. 37(1979), S.293.

② 黄俊杰:《宪法税概念初探——宪法税概念与法律税概念同一性之价值取舍》,载《中原财经法学》第1期。

给付,有第 152 条以下社会安全之规定,"增修条文"第 9 条又有所增列。然而,除"中央"与地方权限中有零星空泛之"国税"、省税、县税字眼外均无规定。是以"宪法"第 19 条规定人民有依法律纳税之义务,主要系表明纳税系人民之基本权事项,非如社会福利给付仅为基本"国策"。而人民之财产基本权附有社会义务(为公共利益必要得以法律限制),其最主要之社会义务即为纳税义务,在此突显纳税义务之同时,删除了服劳役义务,亦表明台湾地区租税"国家"之特质。[①] 以负担金钱给付义务免除其他劳务、实物给付义务,以维持公权力之干预人民基本权至最低程度。正由于台湾"宪法"第 19 条规定,课税权非仅在形式上受法律保留原则之拘束,实质上亦受"宪法"价值观与基本权之限制。因此,租税负担在"宪法"上有严格之拘束与限制;相对者社会福利法,宪法赋予广泛之立法裁量权。

因此,国家之取与予,并非单纯一个铜板之两面。一个以货币作为主要工具之财政国家,在满足人民生活最低需求之社会现金给付可能成为课税对象,而纳税义务人往往另一方面接受国家之社会福利给付。课税与社会现金给付,并非互相排斥关系,而有其互相重叠竞合之处,以下依间接税、直接税以及租税优惠代替社会给付分别探讨其适用原则:

一、间接税

间接税者,非以租税负担之属人因素为基准,而以租税所能掌握之经济财为基准课征之税。[②] 诸如营业税、货物税、关税等间接税不致直接损害(社会)需求者,但可能对生活必需造成损害,例如药品提供。间接税一般会影响到需求品之价格。国家一方面促成民生必需品之购买力,另一方面因间接税致其中一部分又由国家收回。由于社会救助系针对特殊需求,无法顾及需求者,例如对丧葬补助,可能因此负担相同之间接税。

---

① 葛克昌:《人民有依法律纳税之义务(上)》,载《台大法学论丛》第 19 卷第 1 期。
② 直接税和间接税区分之标准,自古以来争论极多,一般以纳税义务人租税负担同一者为直接税,不同而可转嫁者为间接税。依台湾"财政部"赋税统计年报,将所得税、遗产及赠与税、证券交易税、土地税、房屋税、契税等税目,及其附征之教育捐列为直接税;其他各项税捐及公卖利益均列为间接税。如以上各税其是否转嫁,在理论上实际均非必然,故本文以是否考虑属人因素作为判断标准,俾符合量能原则为基准税法体系。

二、直接税

直接税特别是所得税,可能由社会福利给付之受领人负担,例如部分由政府负担之养老金、退休金、赡养费、老年年金、儿童津贴、补助金、代金。原则上,社会福利给付与所得税负担,具有互相排斥的替代性,因所得税根据量能原则,个人所得部分只有超过其个人及家庭最低生活所需费用始有负担能力。因此,所得税致损及最低生活水准,社会福利给付在满足此种最低生活需求,此时国家在排除所得税课征之外,另以社会福利给付以补足其基本需求。但由于税法与社会福利法之间整合协调有所缺乏,致部分社会给付仍不免于所得税负担。由于目前社会福利给付尚在起步阶段,所得税课征亦未能完全掌握所得,此种现象实务上尚不多见,但随着社会福利给付之扩展,与所得税稽征技术之改进,不久之将来问题将接踵而至。以下区分为对确保生存给付之课税,及对所得补助课税两部分,加以探讨:

(一)对确保生存之给付课税

国家为确保个人生存之给付,应直接排除于个人负担能力之外免予课税。国家一面借社会福利法承认社会救助、医疗补助、住宅安置等需求,即不能同时借所得税以减低其需求之满足能力。台湾现行"所得税法"对当局确保生存之给付,多未予课税,同时受领者所得亦多未超过免税额、扣除额。但由于所得税之累进税率,系由纳税义务人、配偶、受扶养亲属之各类所得合并报缴计算("所得税法"第15条第1项)。而"社会救助法"之低收入认定,依家庭人数平均计算,是以领取低收入户补助金者,可能受扶养亲属较多家庭收入总额较高,仍得缴纳所得税。低收入户每人每月领取之生活补助费固不课征所得税,但计算家庭总收益时并未扣除所得税负担,则可能造成间接对确保生存之给付课税。1987年12月31日前之"所得税法"亦曾规定扶养亲属免税额之子女,以不超过2人为限,虽是基于人口政策之考量,但可能造成对确保生存之给付课税现象,甚至是公权力对生存权之直接侵害。

又台北市等有提供平民住宅给低收入免费或优待(每月缴纳100元至400元不等之维护费)借住,但供不应求,候缺者众多。[①]有主张核发低收入户房租津贴,唯因目前房价房租居高不下,房租津贴预算庞大而作罢。但既有平宅安置

---

① 苏耀灿:《社会救助工作之实务检讨》,载《社区发展季刊》1994年第67期。

措施,乃承认住为人民之基本需求,对众多候缺者相较予安置者每月须支出高价之房租,而目前"所得税法"对自用住宅购屋借款利息得以列举扣除,对房租则不许,对不能扣除房租之低收入户而言,其所纳之所得税,部分即为对确保生存之给付课税。

(二)对所得补助课税

在低收入户以外,处于低收入户核定基准的边缘户(全家总收益为最低生活费用标准的一至三倍)为清寒民众,虽不如低收入户之多元项目救助服务,但可申请一些单项救助,如急难救助、医疗津贴、居家生活补助,又因社会福利需求日增,老年津贴、失业津贴、社会保险乃至于生育津贴在可预见将来将逐渐出现,中低收入个人或家庭可能因同时领取多项补助,而具有租税负担能力,是否应并入所得,依累进税率缴纳,则有争议。[1] 一方面此等补助非为确保生存所必需之国家给付,故仍有负担租税能力;另一方面当局既依特定需求予以满足,亦不当因所得税而减低其满足度,而侵害所得补助目的。故原则上,税法与社会福利法应谋求协调一致,因事实上困难而有所差异,只能力求减低其分歧,亦即因其乃有负担能力故应纳税,以符负担公平;但其又法定需求事由,故其负担应予减轻;此种给付应与其他所得分离,定额予以免税,超过部分则按比例课税。[2] 台湾地区所得税法宜增列此种规范,[3]以因应社会福利之发展。

(三)直接税代替现金给付

鉴于所得补助质与量日益增加,在最低生存需求与评价上,借由直接税(如负所得税制度,以租税优惠制税式支付方式发于社会给付)来替代社会福利之现金给付,以消除二者之间歧异与不协调,可能是彻底之解决方法,[4]但此种方法,不仅在台湾地区,即使欧美国家,在目前为止仍是法律方案,而未予正式立法实行过。在完全达成此种理想之前,仍有一段长远的路。但为使此种理想能够逐渐落实,必须有一个过渡期间之解决方案,首先所有国家之社会福利给付应纳入所得税法税基计算之中。国家之社会福利给付只有在保障生存所必需之范围内,始予免税。超过此种生存保障范围之社会给付,斟酌其给付目的负担所得

---

[1] Kirchhof, a. a. O. S. 311.

[2] 参考《德国所得税法》第 32 条 b。

[3] Zeider, Verfassungsrechtliche Fragen zur Besteuerung von Familien-und Altereinkommen, StuW, 1985, S. 1f.

[4] Franz, Einkommensbegriffe im Steuer-und Sozialrecht, StuW, 1988, S. 17f.

税,国家之社会给付在所得税法中予以审查,建立起最适生活标准(维持个人及一家人身心健康、起码生活品质之要求)。

吾人拟建立以租税管制方式审查国家之社会给付法制,进一步须将审查手段予以组织体系化,赋予财税行政与社会行政相协调之义务,国家所保障之所得应由所得税退税方式以解决。此种需要长期间立法来推动,使国家之取与予原则上能消除其间不一致。台湾"所得税法"新增之年满70岁受纳税义务人扶养者(第17条第1项),免税额增加15%及残障特别扣除额等,即朝向所得税与社会福利法结合之第一步,可惜立法意旨在施行时,财税机关与社会福利机关之严密联系与协调制度并未建立,未能发挥应用之功能。现行"社会救助法"修正草案揭举社会救助五大原则:"平等、维持生活、家庭、补足及亲属责任"真正要落实,在立法过程中必须和"所得税法"相应之修正案一并提出,共同考量,才能建立起完整之给付概念,以整合租税正义与社会福利。

第九节 结 论

综合上述有关租税正义与社会福利之分析讨论,本书主要之论述与结论可整理如下:

1. 社会福利立法,系时代之产物,旨在使公权力介入社会现有之财产所得分配状况。其主要工具,除社会目的之强制禁止规定外,即由国家将市场部门征收来的税收,与政府之人力资源相结合,以实物、服务、金钱给付方式分配予社会弱者。因给付之源泉为租税,源于不符公平负担之租税,所为社会给付,其规模越大,实际结果距社会正义越行越远。同时也只有符合正义公允之租税负担,才能源源不绝供应社会福利所需,故租税正义为法治国社会福利给付之前提条件,也是社会福利广度与深度指标(参照本文第一节)。

2. 现代法治国家要成为社会福利国家,须以租税国家形态表现其功能。在迈向社会福利国家之途,仍不得放弃法治国家传统核心理念,只是在国家成为社会正义促成者方面予以部分修正。社会法治国家是传统自由法治国家之改革者,因非革命,并保持私有财产体制,以经济自由为主之基本权保障仍予维持,而以租税收入作为政府及社会福利支出。此种以租税为中介,避免国家直接干预,亲自着手调整社会上不平等。因之,社会法治国,其社会福利给付之总额与程度,应以课税权在宪法上界限为准。(本文第二节参照)

3. 在社会法治国中,国家须先在宪法上决定其租税正义衡量准则;并在租税正义之基础上决定社会给付之衡量基准。台湾地区"宪法"首先对生产工具决定私有财产制度,保障了财产权自由使用收益;其次,就其收益保障其主要部分归其所有,并赋予所有权人附有社会义务,此种社会义务基于法治国比例原则,应以租税义务为主,避免直接影响经济自由。(本文第二节第二部分参照)

4.国家为增进公共利益之必要,得分享私人收益,税法则决定了国家对私人收益之参与分配程度,然后借由此种分享,经由社会福利法之社会给付,达成重分配之社会国家目标。故现代社会法治国之财货秩序其顺序为:使用、分享收益、重分配。[本文第二节之二(一)部分参照]

5.社会法治国不论取之于民还是用之于民均以货币(金钱)为主,故称之为财政国家。其存在理由为法律上比例原则。社会法治国从不同角度考察,其本质为干预性租税国家、计划性社会国家、保障性给付国家及经济自由受限制之法治国家。[本文第二节之二(二)部分参照]

6.保险之参加与否及参加至何种程度,乃个人自主决定事项,唯由长期动态角度观察,个人纵有储蓄及保险,但由于通货膨胀及经济情事变迁,自我救助预估可能失灵更可能不足,而面临生存威胁,故强制性及全面计划性社会保险制度其合理正当性在此。社会福利给付则在促成基本权之实现,亦即自由权由宪法上抽象状态,达到社会生活领域。(本文第三节第一部分参照)

7.社会法治国在宪法上确立,国家应保障个人起码之经济生存条件;并对个人之最低收入,由国家负调节义务。社会福利经立法后,不论每年国家税收状态如何,社会福利给付请求权均不受影响。宪法上抽象之生存权保障,因此衍生而生维持人性尊严之宪法义务,在社会福利中予以具体化。(本文第三节之二参照)

8.社会福利法与税法之主要差异,在于社会福利法依个人或家庭之需求事由而为给付;税法则依现存之经济事实。社会福利法依需求原则为衡量标准;税法则依量能原则而分配租税负担。此种不同衡量标准,亦表现在对相对基本权保障不同:国家课税权所要求者,系对私有财产权之收益参与分配之权,涉及者乃财产权保障;社会福利法乃基于特殊事由予以救助给付,因其非基于现实状态,故不涉及财产权保障,而与是否违反平等权保障有关。(本文第四节之一参照)

9.社会福利给付无最高限度问题,因国家可处分之分配总额,在社会给付之前一阶段,即取之于民之纳税阶段即受基本权之限制。宪法上私有财产权及财产权之使用自由权保障,即限制了给付国家行为能量总额。由于国家救助行为仅具补充性,凡个人得以自我实现、自我成就时,国家之社会任务将退居幕后。在市场经济制度下,基于个人自主决定负责原则,在社会法治国应予补充:"任何人不当因自我之错误决定,而陷入生存困境中。"社会福利法即因此而产生。[本

文第五节之一(三)参照]

10.台湾"税法"与"福利给付法"在对生活事实之认知上有所差异。在最低生活所需费用,社会福利法之低收入户标准与"所得税法"之基本免税额,并不一致。特别在需求之法定构成要件上,"社会救助法"低收入认定依家庭人数平均计算,而"所得税法"依收入总额减除基本免税额负担租税。在计算与衡量标准上,"所得税法"基于名目所得(但依物价指数连动法调整免税额、课税级距金额、扣除额),"社会救助法"衡量标准则每年调整以确保现实生活。这些差异,本书主张在修正"社会救助法"明定最低生活标准时,宜同时修订"所得税法"基本免税额,使其一致。"所得税法"则有必要采行家庭所得分割制,按家庭成员安排累进税率结构。同时利息等所得应考量通货膨胀,原为本金膨胀部分。(本文第六节之一、二、三部分参照)

11.生活事实在纳入税法与社会法之法定要件时,对事实之评价亦有所差异。如所得概念,在台湾"所得税法"与"社会法"中就有所不同。此外养老金等所得税法因特定身份(军公教、劳工、残废无谋生能力者)而有所不同。本书主张,应不问职业身份,予以相同课税待遇;亦不应因其名目是否为保险给付而予以不同待遇,但需考量老年之因健康支出增加,生存必要费提高,及一次给付造成当年度累进税率过高问题。(本文第七节参照)

12.租税负担与社会福利现金给付,并非相互排斥,而有相互竞合之处。就间接税而言,因不考虑属人因素,可能造成对生活必需品课税,侵及生存权。(本文第八节之一参照)

13.在直接税方面,因可斟酌属人因素,原则上接受社会给付者并无所得税负担能力,但由于税法与社会福利法间缺乏整合协调,致部分社会给付仍不免于所得税负担。此时吾人须区分该给付系确保生存之给付,或所得补助之给付,对前者应避免课税,对后者因仍有负担能力,但具有法定需求事由,负担应予减轻,宜予其他所得分离,定额免税超过部分比例课税。(本文第八节之二参照)

14.为消除税法与社会福利法之差异,并贯彻社会福利国家给付之补充原则,建立以直接税退税及扣抵方法来替代社会福利之现金给付制度,在理论上可能是彻底解决办法。但在此理想完全落实前之过渡期间,宜有解决方案来促成,首先所有国家社会给付应纳入所得税法税基计算之中,在确保生存所需者应予免税,不及者应予退税;超过部分,社会行政与税务行政应严密联系与协调,共同发挥社会法治国功能。立法与修法时亦应相互配合,建立起国家完整给付概念,以整合租税正义与社会福利。[本文第八节之二(三)部分参照]

第五章

宪法国体——租税国*

第一节 引 言

　　一般人都以为,古今中外,凡国家均向人民征税,人民也必有纳税之义务。其实不然,政府筹措财源之方式很多,税课收入只是其中之一。① 而在租税制度建立之前,已先有国家之存在。② 按原始社会,其成员所贡献国家者多不以金钱(此时亦无货币),当公共需要之时,人人献其力,或充当裁判官,或为行政官,以维持社会秩序;其他平民,有事则出而战斗,无事则入而生产,间或造桥筑路建城堡,此时人民仅有服劳役之义务,而无纳税之义务。③ 及至自然经济时代,私有所有权诞生后,产生以货易货之交换,国民对国家之义务,转为实物之缴纳。迨货币产生后,始有金钱纳税之事实。

　　原始国家固无论,现代国家亦有不以税课为主要财源者。例如共产主义国家,一切生产事业均归国家经营,所有生产事业之盈余均解交国库。由于生产事

---

　　* 本文原在《经社法制论丛》1989 年 1 月第 3 期发表。

　　① 除税课收入外,政府筹措财源方式,包括:其他公课(规费、受益费)、公营事业及独占专卖收入、财产收入、发行债券。(参考《财政收支划分法》第二章)如仍入不敷出,增加货币之发行,亦可造成通货膨胀,等于变相加税。

　　② 迟至 14 世纪末,欧洲仍无今日所谓课税权。盖课税权与自由民主之尊严不合,而视为不自由之辰征。Vgl. Weber-Fas, Allgemeines Steuerrecht, 1979, S. 9.

　　③ 就我国历史而言,古代亦先有夫役,如孟子曰:"不违农时,谷不可胜食也"。又曰:"不亩之田,勿夺其时,数口之家,可以无饥。"(梁惠王篇)"不违农时"、"勿夺其时"盖指征劳役之期。又曰:"有布缕之征,粟米之征,力役之征。男子用其一,缓其二云云。"(尽心篇)力役之征即劳役之制,余二者为实物之纳。

业皆由国家独占,其产生之独占利润,即为政府主要收入。政府如果入不敷出,可将公营事业产品价格提高,即可取得更多盈余,以弥补财政赤字。[①] 一些石油产国,其国家财源,亦多赖石油独占之收入,而不依赖税课。一般称此种国家为"企业者国家",以有别于古代国家以拥有土地及特权为财源之"所有权者国家"及其他之"租税国家"。

按财源为国家之物质基础,犹资本之于公司,财源之取得方式足以影响国家之性格,尤其是基本法律秩序,本书即拟由宪法学上国体之观点,探讨租税国之特征及在台湾地区"宪法"上之意义,用以建立税法学之基础理论。

第二节　宪法学之观点

国体者,系国家之典型形态,一国之法律基本体制。狭义之国体,指何人为国家元首,得以在国际法上代表国家。从 N. B. Machiavelli(1469—1527)起,通常国体划分为君主—共和(Monarchie－Republik)二分法,共和国不但指君主制度及特权之不存在,国家元首基于选任而来,同时亦指负有符合公众利益或法治国义务之国家。[②] 广义之国体,泛指统治权行使或权力分立之形态。依传统观点,从国家最高机关,由一人、数人,或全体国民组成,可区分为君主、贵族、民主三种;依中央地方权限,则可分为联邦及单一国;依统治者权力是否受限制,可分为极权国家与立宪国家;依国家目的而分类,则有自由国、社会福利国、文化国等。此等区分,论者已多。由于制宪者及宪法学者,正如 Isensee 所指出,一向多为"财政盲"[③],未能由统治工具观点,观察国体。财政国家(Finanzstaat)包含"租税国"(Steuerstaat)与"给付国"(Leistungsstaat),前者从国家财政收入面而言,后者则从财政支出面考察。此为一体之两面,潜在与现存之财政力量。[④]

由于"租税国"基本体制,一向不在宪法国体中讨论,只成为财政学所研究之

---

① 例如中华人民共和国 1982 年之宪法,第 56 条规定:"中华人民共和国公民有按照法律纳税之义务。"但其个人之工资、薪金所得规定定额超过 800 元部分征税。因当时中国系低工资制,超过 800 元者几乎没有,其非事实上租税国甚明。参见吴杰、萧希圣、魏定仁:《中华人民共和国宪法释义》,法律出版社 1984 年版,第 96 页。又据该宪法其他规定,亦无法与租税国之本质相容,虽历经济改革,仍属"企业者国家"。

② Zippelius, Allgemeine Staatlehre, 9 Aufl. S. 145f.

③ Isensee, Steuerstaat als Staatsform, in Festschrift für H. P. Ipsen, Tübingen 1977, S. 412.

④ Kirchhof, Steuergerechtigkeit und sozialstaatliche Geldleistungen, JZ, 1982, S. 305.

课题,但财政学多由国民经济角度探讨,无法由实证法观点观察,致宪法因此不能真正达成"国家之构成法,人民权利之保障书"功能。按现代法治国家由于任务之多元化,既为法律秩序之维护者,亦为社会秩序之促成者,以达成保护、教养、预防、重分配等功能;而财政需求大量膨胀,必须仰赖税课,致使国家活动对人民生活影响之深,持续之久者,莫过于税课。课税权为现代国家统治权之主要象征。对"租税国"作宪法上分析,实为研究台湾地区"宪法"之另一把钥匙。

所谓"租税国"乃相对于"所有权者国家"(Eigentuemerstaat)。远古时代,国家从事农牧活动,以土地收入为主要财源,其后国家独占盐铁酒开采专卖权、货币制造权、部分企业统营权,以其收入为财政主要来源。现代共产主义国家,原则上把生产工具收归国有,故此种"企业者国家"亦可归入广义"所有权者国家"概念之内。

至于"租税国",从宪法学角度观察,主要系指以下几点:

1.以租税为国家主要收入来源。国家独占课税权此种财政工具,乃有别于其他社会上之团体。由于此种财政工具无限制使用,造成"财政万能",使得在公务员之劳资争议中,国家取得绝对优势之地位。[1]

2.在租税国中,租税目的往往即为国家目的,租税国即此目的实现之主体。现代租税,不仅要满足财政需求(主要目的),同时此种财政工具(也是国家最有力之工具),也要协助其他国家任务之达成,如调整景气变动、促进资本形成、国民所得重分配、充分就业或环境保护等。由于租税目的之扩张,不囿于传统之财政需求,使税法与社会法,关系密切;租税国和民生福利国,成为一个铜板之两面。[2]

3.由于在租税国中,课税权为国家统治权之固有的、主要的表现形态,[3]国家统治活动,往往以此工具为限。税课不但是国家收入之合法形态,也是唯一之合法形态,其他方式则不得利用统治权以行使。因此,非公用事业及其他独占性企业,国家原则上不得从事营利活动。同时,租税国家中,非租税之其他公课(规费、受益费),非有特殊之法律依据,不得成立。[4]

民生福利国家不可避免地要依赖租税国之形态,"所谓现代法治国为社会国

---

① Liesner, Arbeitskampf gegen den allmächtigen Steuerstaat, ZBR 1975, S. 73ff.

② Tipke, Steuergerechtigkeit, Köln, 1981, S. 21.

③ Isensee, a. a. O. S. 426; Tipke, Steuerrecht, 11 Aufl. 1987, S. 1.

④ 陈敏:《宪法之租税概念及其课征限制》,载《政大法学评论》第 24 期;Loritz, Das Grundgesetz und die Grenzen der Besteuerung, NJW, 86, S. 2f. Isensee, Nichtsteuerliche Abgaben, in: Staatsfinanzierung in Wandel, Hansmeyer (hrsg), Berlin, 1983, S. 435ff; Tipke/Kruse, AO, § 3 Tz. 12.

（民生福利国），主要系指以租税国之形态表现其功能"。① 由于国家拥有课税权，得以不断发掘税源，调整资源之分配。此种以租税国形态出现之法治国，有一前提要件，即宪法上所保障人民基本权利中之所有权，与课税权应严加区分。否则，税课如侵入财产权，则与公用征收仅在补偿之前提下始得为之的原则，失其均衡；法治国之基础亦随之动摇。②

第三节　财政学之观点

租税国理念，首度成为财政学上现实问题，始于第一次世界大战，德国战败后，财政学者 Rudolf Goldscheid 在 1917 年预言：对史无前例之战争债务，实无法依赖传统之租税手段负担之，而须转而依赖营利收入。国家应有计划地闯入私经济领域，寻求生产工具。因此，此时"负债之租税国"（der verschuldete Steuerstaat）须转换为"具资本能力之经济国"（der kapitalkraftige Wirtschaftsstaat）。③

Goldscheid 预言一出，轰动一时，其中熊彼特（Joseph Schumpeter，1883—1950）之反驳最为著名，迄今仍为人所津津乐道。熊彼特 1918 年发表题为《租税国之危机》一文，④指出战争之债务负担，不能作为免除租税国基本体制之借口，而租税国本身实有负担战争债务之能力，并能矫正战时经济之病症。其论证之基础，在于租税国历史产生条件，其负担能力及限制：租税乃与现代国家同时诞生与形成，现代国家之本质，在于其经济活动"须赖新的动力在新的轨道上运行。其间国民之生活观及文化内涵，乃至于个人之心理习惯等等社会结构均需彻底改变"。租税国即寄生在此一以经济主体之个人利益运作能力为基础之私经济上。国家财政支出愈高，愈需仰赖个人追逐自我利益之驱力，更不能反其道而行，以此为借口，干预私人之财产与生活方式。⑤

---

① Forsthoff, Begriff und Wesen des sozialen Rechtsstaats, VVDStRL, 1954, S. 31，翁岳生译：《社会法治国之概念与本质》，载《宪政思潮》第 2 期。

② Loritz, a. a. O. S. 9.

③ Goldscheid, Staatssozialismus oder Staatskapitalismus; Neudruck in: Goldscheid-Schumpeteres' Die Finanzkrise des Steuerstaats, 1976, S. 40～252.

④ Schumpeter, Die Krise des Steuerstaats, 1918; Neudruck in: Goldscheid-Schumpeters', a. a. O. S. 329～379.

⑤ Vgl. Günter Hedtkamp, Krise des Steuerstaats? in: Staatsfinanzierung in Wandel, S. 11.

战后,德国经济复兴之事实,证实了熊彼特之观点,租税国果真是具有无比之活力与负担能力,不仅能负担战后债务,更有余力支应民生福利国任务之庞大支出。[1]

第四节 租税国之特征

租税国原为历史上国家与经济发展之结果,然从国体上整体观察,租税国之个别特征与要件,根据 Isensee 之分析,可归纳为以下几点[2]:

1. 租税国国民不负有劳务或实物给付之义务。此乃有别于历史上自然经济时代,人民须负劳务、实物缴纳义务;现代国家则为信用经济,而以货币经济为基础。租税国租税缴纳,乃以金钱给付为原则。

2. 由于租税国国民不负有劳务给付义务,就历史上观察,与国家军队及官僚制度之建立有关。由于人事费用之持续增加,需要不断增加之财源;为满足其需求,金钱给付乃以定期、规律性之收入为标准。

3. 就现代国家而言,由于国家支出持续增长,为满足不断之国家财政需求只有租税才能负担之。因此,租税乃成为现代理性国家之特征。

4. 租税者,乃现代国家主权之表征。由租税发展史观察,当租税萌芽时代,租税不外由各地统治者对宗主国同意,或承认献纳之物,然此为捐助而非租税,亦仅发生在多元权力国家,而非主权国家。租税国乃基于单方、强制、高权之命令。就民主国家而言,租税非仅为政治上现实,而实寓有宪法上理念;租税象征主权,乃确保多数统治与代议意思之形成。[3]

5. 租税义务,乃与纳税义务人之对待给付无关。租税国家得以摆脱特定租税目的,而取得纳税人之对价。目的税、规费、受益费为其例外。租税国本身,不受对价之拘束,得自行选择其目标,自行确定其手段。

6. 取得财政收入为租税之唯一目的。营利非租税目的,亦非租税国家之目的。租税国家得以免于,自行从事经济活动以开辟财源。诸如由国有地、国有林之收益或借经营经济特权取得大部分财源,另以租税补充特殊或紧急需要(如王

---

① Forsthoff, a. a. O. S. 31.

② Isensee, a. a. O. S. 414f.

③ Vgl. Tipke, Über steuergesetzgebung und parlamentarische Demokratie, Steuer und Wirtschaft, Nr 1/1983, S. 1~9. Papier, Die finanzrechtlichen Gesetzesvorbehalte und das grundgesetzliche Demokratieprinzip, 1973.

室婚丧、战争),租税国与此等自营经济国家不同。[①] 租税国亦与企业国家不同,此种国家尤以第三世界国家,经营矿产,如石油以满足其财政需求,最为人所知。

7. 国家不从事经济活动,而留予社会去开发,国家仅对社会无力进行之经济加以参与。租税不仅是负担,同时也是经济自由和职业自由之保证。[②]

8. 租税国家乃以国家社会二元化为前提。国家者,乃具有目的理性之有组织之统治机关;社会者,乃个人或团体向其自我目标自由发展之领域。国家拥有课税权;课税之客体(所得、不动产、营业),其处分权则归诸社会,并由法律制度保障之:私法自治、社团自治、职业与营业自由、所有权尊重与继承制度。从经济政策来看,租税国与市场经济结合,租税国与经济社会之二元概念,其意理基础即为自由主义。[③]

9. 然租税国之国家与经济间关系,并非为固定或一成不变。虽其多少应受"自由放任"理念之约束,但租税之目的及作用,仍有变迁之可能。民生福利国导向与所得重分配工具,并非与租税作为租税国有同一性,其间乃有机动性。

10. 租税自身具有法则,不容违反,否则租税制度与租税国均受危害。其最主要之法则即为:课税平等原则及税源保持原则。

(1)负担平等原则与租税本是同根生,租税负担须在各国民间公平分配,[④]国民在各种租税法律关系中须受平等待遇,纳税义务应普遍适用各国民,租税客体之选择及税额之裁量均受该原则之拘束,平等要求须与社会潮流相配合,并与具体正义(特别是社会调节理念)相协调。虽然如此,租税国家仍应不容特权之存在,租税伦理即系于税课平等之实现。就纳税义务人而言,为社会而牺牲个人利益者,只能在平等负担时,始负担之。税课不平等,往往造成团体之解体,革命往往起因于此,史迹斑斑岂容轻忽。

(2)租税国须赖国民经济支付能力供应,故不得摧毁其支付动机,削弱其支付能力。租税国须尊重纳税人之纳税意愿,并保持其经济能力。否则,超过此限制,纳税意愿及纳税能力减退,则租税之源泉势将枯竭,而租税之基础势必崩坏,[⑤]短视之财政政策,过量课征,犹如滥用战术,不顾战略,无法持久,终致租税国家濒于灭亡。

11. 社会主义体系即意味着租税国之没落。马克思主义曾预言,共产主义者

---

① Vgl. Kirchhof, Besteuerung und Eigentum, VVDStRL, 39, 1980, S. 227.

② Selmer, Steuerinterventionismus und Verfassungsrecht, Frankfurt/M, 1972, 244ff.

③ Schumpeter, a. a. O. S. 345~352.

④ Tipke, Steuergerechtigkeit, S. 12~16.

⑤ Schumpeter, a. a. O. S. 342~352.

的乐园出现时,即国家与课税权人自地球上消失之日。国家如对最重要之生产工具完全社会化,对税源自行加以掌握,排除国家强制课税权与私经济自由之二元体制,此时自由主义之国家,即失其存在基础。①

该共产社会之"企业者国家",既直接拥有生产工具之使用权,得以自行决定工资与价格,从而确定劳动之义务,自然课征术即无用武之地。

在生产工具社会化及无产阶级专政下,其劳动意愿与成果,均不能充分发挥,列宁有鉴于此,不得不从某些特定领域中撤退,而允许自营企业。② 然而重点在于,社会主义体制下,仅有一集权之中央,由其决定何种社会生产须支应一般财政需要(盈余归公),及何种社会生产可为个别目的而存在(除纳税外可私有)。在企业者国家之体制下,纵保留若干税捐,但此非其体系上所必要者,亦与其经济之命运无关。

第五节　台湾地区"宪法"上租税国

就台湾地区"宪法"而言,第 19 条明定:"人民有依法律纳税之义务。"而与第20 条服兵役义务、第 21 条受国民教育之权利义务并列。此外,第 107 条、第 109条、第 110 条分别规定国税、省税、县税之立法权与执行权,第 143 条规定人民有缴纳土地税及土地增值税之义务。这些规定,可见台湾地区"宪法"是对课税权之承认,究竟宪法是否承认、默示或可推论出"租税国"之基本体制,吾人不妨从上述租税国之特征,与台湾地区"宪法"规定加以一一印证。

一、租税为财政收入之主要形态

就实际现状而言,台湾地区与租税国类型,若合符节。首先,就租税为主要之财政收入而言,③殆无疑义。在经济生活方面,民众与当局之关系,亦以赋税为首,租税收入占国民生产总额 1/5 到 1/6 之间,虽较先进国家逊色,但借由租税,致使公权力无所不在,直接间接影响及于全体经济生活。

但此种影响力之事实,不足以推论出"宪法"规范之效力。"宪法"上"民主共和国",甚至"基于三民主义"、"民有民治民享"等规定,均非与"租税国"有必然结

---

① Schumpeter, a. a. O. S. 342.

② Isensee, a. a. O. S. 420.

③ Badura, Die Verwaltungsmonopol, 1963, S. 219.

合之逻辑关系,租税国之国家结构亦非因此受宪法之保障。唯制宪者并未具学术上野心,将国家结构之特质,作百科全书式列举,完整无缺地明订于条文之中。宪法贵在实行,而非完美,其国体之规定亦非"明示其一,排除其他",毋宁受制宪环境影响,致强调重点有所差异。

国家结构,为宪法未明文予以排斥者,并不自动受宪法保护,反之,宪法既无明文,原则上即不受保障。因为民主共和国体,在广义上有权更新现存之现实与法律状态。[1] 宪法对未明文规定之某特定国家结构之接纳与否,应由宪法整体观察,与该特定结构之特征是否本质上相容。

"租税国"抑或与其相对之"所有权者国家"、"企业者国家",为国家财政之基本体制,[2]属于宪法层次之规范,学者称为"财政宪法"(Finanzverfassung),关系及于课税权及其宪法上限制,[3]以及违反"租税国"(或"所有权者国家")本质,是否构成违宪的问题。此点,端看"租税国"特征,是否与台湾地区"宪法"上制度相冲突或失效而定。

二、无劳役义务原则

台湾地区"宪法"上,对人民义务之规定,除纳税外,仅有服兵役(第 20 条)、受国民教育(第 21 条)之义务。服劳役之义务,未见诸明文,人民应否负此义务,论者不一。[4] 按台湾地区"宪法"之前身——"五五宪草",第 22 条原规定:"人民法律服兵役及工役之义务。"所谓工役,依行宪前"司法院"1946 年院解字第 3175 号解释:"依法应征之税捐或劳役,对革命先烈之遗族,现行法上尚未定有优待办法,未便免除。"观之,"工役"应指"劳役",或 1943 年公布之"国民义务劳动法"中之"义务劳动"。1946 年政治协商会议,决定修正"五五宪草",交宪草审议委员会研究,并由该委员会提出 12 项修改原则,其中九、人民之权利义务中第(三)点"工役应规定于自治法内,不在宪法内规定",依此台湾地区现行"宪法"第 20 条即删除"及工役"三字。由此可见,制宪者原意在于中央政府无请求服劳役之权;地方自治团体,则除非自治法有明文规定,亦以无劳役义务为原则。此不仅由制宪经过可看出,就理论而言,亦有其依据。按强制劳动或工作义务,多为社会主

---

[1]　Isensee, a. a. O. S. 421.
[2]　Kirchhof, a. a. O. S. 227.
[3]　Loritz, a. a. O. S. 1.
[4]　请参阅谢瀛洲:《台湾地区"宪法"论》,1969 年版,第 81 页;洪应灶:《台湾地区"宪法"新论》,1956 年再版,第 119 页。

义国家之产物,间有其他国家亦在宪法中规定,多属道德上宣示,非有法律之强制力;或为传统遗下而渐消失之习惯,如救火、清除街道等义务。[①] 人民原则上不负服劳役之义务,乃台湾地区"宪法"上对租税国消极要素之接纳。"宪法"上删除"及工役"三字,即扫除此种接纳之障碍。

租税国不由人民直接负劳役义务,借由税收或征收费用(如"废弃物清理法"第11条),由行政机关执行公共事务,其主要用意在于:行政机关,得以适应环境变迁,提供及时、有效之最佳公共服务。同时,台湾地区"宪法"对公共事务,亦非一手垄断,而鼓励社会之参与,如公用事业及其他独占性企业,其经法律许可者,得由国民经营之("宪法"第144条);私人经营之教育事业成绩优良者,予以奖励或补助("宪法"第167条),均可见一斑。

台湾地区"宪法"除保障人民之生存权、工作权、财产权("宪法"第15条)外,对人民自由权之保障,唯恐不周("宪法"第22条、第23条、第24条)。复于人身自由,于第8条一反"宪法"条文简洁,及原则性之常例,作极其详尽细节性之规定。台湾"大法官会议"释字第166号解释文:"违警罚法,由警察官署裁定之拘留、罚役,系关于人民身体自由所为之处罚,应迅改由法院依法定程序为之,以符'宪法'第八条第一项之本旨。"亦反映出租税国对金钱给付之租税与兵役以外之劳役,所采之慎重态度。由租税演进之历史来看,强制工作性质之劳役,由古代直接以"力役之征",以满足公共需求,转而间接取诸赋税之财政手段,乃时代之趋势。至于"宪法"审议委员会之修改原则"工役应规定于自治法内",殆亦尊重地方服役之传统遗俗及地区特别需要,而赋予因地制宜之自治权。

三、私法自治之前提

租税国对公共需求之满足,非直接取之于人民之劳力、智力,而间接来自其金钱。由于仅负纳税义务,人民与国家间声气相通主动参与之"共通意志"已成隔绝状态。提倡"共通意志"最力之卢梭,即预言,当公众事务不复直接为公民之要务,公民宁愿出钱而不愿亲自为国服务时,国家即濒于衰亡。"当国家要人民出外作战时,出钱雇兵代役,自己不去;要人民开会时则选派代表,自己留于家中。由于懒惰与赚钱之结果,终至人民有佣兵以奴役其国家,有代表以出卖国家。"[②]

有别于卢氏之"全民民主",台湾地区"宪法"正为卢梭所抨击之"自由民主

---

① Isensee, a. a. O. S. 422.

② 卢梭:《民约论》,第三篇第十五章。

制"：当局不得向人民征召，为劳务提供之请求，人民乃得保有自身之自由，得以自行选定其目标，自行求其实现，而得以扩展私人与社会之发展空间。此种人民义务之减少，正为"宪法"上人民经济、文化、政治之基本权利，创造前提条件。台湾"宪法"第22条规定："凡人民之其他自由与权利，不妨害社会秩序公共利益者，均受'宪法'之保障。"即为此种表现之一端。租税国减免国家法律上负担，诸如社会任务、爱人如己等要求，均置之于道德领域，法律则尽全力保障集会结社工作财产等自由，以及自由竞争市场秩序之维护。每一国民得以充分依赖理性，去追求自身利益。

现行台湾"税法"即反映出纳税义务人之私法自治权，只在基于纳税义务人之给付能力，而符合法定课税要件时，始生纳税义务。纳税义务人之经济企划，完全无须顾及整体财政需求，只考虑如何尽可能省税少纳。私法自治原则，只在少数租税规避防杜条款（如"所得税法"第76条之1）中，始受部分限制。[1]

台湾"宪法"第15条规定人民之财产权应受保障，虽依第23条在公益之必要情形下，得以法律限制之；修正之"民法"148条，权利之行使，不得违反公益，以贯彻权利之社会化（见修正理由书）；以及"宪法"第145条："国家对于私人财富及私营企业，认为有妨害国计民生之平衡发展者，应以法律限制之。"等规定，此种权利之社会化，非限制财产使用之主观目的，而系规范其客观结果。[2]"宪法"第15条之财产权保护，非属基本国策章之宣示性规定，而具有强制之拘束力。此种观点，乃全部税法之基本基础。

四、课税权为台湾"宪法"上公权力之主要特征

"宪法"第19条之人民有依法律纳税义务，即当局有向人民课税之权力，税课系以公权力为前提，亦为维持公权力而征收，表现于外者，即当局之命令权与强制权。其上下强制服从关系，有如警察权及刑罚权，为当局成立所不可或缺之权力。由于当避支出逐年增加，课税权乃成为现代国家权力之最重要现象。

政府之财源，本可取之公营企业之盈余，采行与私人企业相同之法律形态，加入市场竞争，诸如提供公共交通服务、能源之供应，以换取对价。但企业之经营，可能面临物资短缺之时，亦不可避免市场之风险。而课税权本身却无此风险，最大优点即单纯化，再者公营企业为争取财源，不免降低公共服务之品质，课

---

[1]　例如非常规交易，税法依常规之课税要件，定其纳税义务，致扭曲纳税人原先所自由选择之契约方式。

[2]　Isensee，a. a. O. S. 425.

税权之存在,即为提供公众较高服务品质之保证。①

　　课税权乃国家主权行使之现象,其效力及于"地"与"事"两方面。课税权"地"之效力,乃决定:(1)外国人在何范围内得予课税?(2)国民或居住国内之外人国外所得在何范围内得以课税?依一般国际法,任何国家均得自行决定,在其领域内及居住国外之国民,应否或在何范围内课税,并无限制。唯一之限制,在于如无特别之协力,租税请求权在外国可能无法实行。② 课税权"事"之效力,乃表现在:(1)租税立法权(台湾"宪法"第 107 条第 6 款、第 109 条第 1 项第 7 款、第 110 条第 1 项第 6 款);(2)收税权;(3)租税行政权(台湾"宪法"第 107 条第 6 款、第 109 条第 1 项第 7 款、第 110 条第 1 项第 6 款)。

　　台湾"宪法"第 19 条,承认课税权得为人民基本权自由之限制(此种限制,须依"宪法"第 23 条之条件),纳税义务人所期望宪法规定者,为此种限制,应尽可能有清晰明确之界限。③

五、"中央"与地方财政权限划分

　　台湾"宪法"除第 19 条纳税义务外,还将课税权作为"中央"地方权限划分规定之一部分。地方自治团体既分得部分课税权,而有类似国家之性质。④ "中央"与地方课税权限之划分在目前成为最重要之权限问题,因今日权力之行使很少以下令方式,而多以支出或给付方式来实行统治。在统治权中,刑罚权及警察权[地方只部分拥有省警政之实施(台湾"宪法"第 109 条第 10 款)、县警卫之实施权(台湾"宪法"第 110 条第 9 款)]地方政府均不与焉。但既有课税权,不受"中央政府"干涉,得以自己之责任自主处理地方事务权(台湾"宪法"第 109 条第 1 项第 7 款、第 110 条第 1 项第 6 款),省县得以自主调度其财源,并受宪法保障。自治行政,以财政自主为中心,财政自主又以课税权为中心,此乃租税国之另一表现。虽然台湾地区"宪法""中央"与地方权限划分规定中,亦有"省财产之经营及处分"(台湾"宪法"第 109 条第 1 项第 2 款)、"省公营事业"(台湾"宪法"第 109 条第 1 项第 4 款)、"县财产之经营及处分"(台湾"宪法"第 110 条第 1 项第 3 款)、"县公营事业"(台湾"宪法"第 110 条第 1 项第 3 款),然观之财政收支划分法,实以租税为中心。

---

① Isensee. a.a.O. S.426.
② Tipke, Steuerrecht, 11 Aufl. 1987, S.85f.
③ Kirchhof, a.a.O. S.228.
④ Isensee, a.a.O. S.427.

台湾"宪法"中关于中央与地方"租税立法权"、"收税权"、"税务行政权"之划分,问题甚多,本书不予讨论。又依台湾"宪法"第 107 条第 7 款之规定,国税与省税、县税之划分为中央立法事项。"宪法"第 147 条规定:"中央为谋省与省间之经济平衡发展,对于贫瘠之省,应酌予补助。""省为谋县与县间之经济平衡,应酌予补助。"如予补助之外,另行调配国税、省税、地方税之制度,谓之"财政调整"(Finanzausgleich),①复可分"水平之财政调整":调整省与省间、县与县间财力差距;及"垂直之财政调整":由中央对省,省对县作一补助性调节。由于税课划分影响权限划分极大,近年来在德国引起许多纷争,甚至财政调整法第二章也被联邦宪法法院宣布为违宪,②而台湾地区"财政收支划分法"亦常引起争议,容另文讨论之。

六、租税与非税公课

现行财政法除税之外,仍承认其他之公课。公课(Abgabe)者,国家及其他公法上团体,基于财政高权而强制征收之金钱给付。这些税以外之公课,包括规费、受益课、公法团体会费、其他非财政公课(如平准金)及社会保险费。区分租税与非税公课,在台湾"宪法"上有三层意义:(1)"中央"与地方权限划分上意义;(2)是否受到租税法律主义之适用;(3)基本权利宪法上保障之问题。

1. 台湾"宪法"在"中央"与地方权限划分中只规定"国税"、省税、县税之立法、收税及执行权,而不及于税以外之公课。其他之公课,须另有法律之依据,税法对其不适用之。租税乃为满足一般之财政需求,而依纳税义务人之负担能力为标准(如所得);其他之公课,其衡量之标准不在于给付能力,而依各别有所不同。

例如规费(台湾"财政收支划分法"第 24 条、"预算法"第 22 条),系提供行政上特定给付(如证书费、许可费、执照费、司法规费)或提供公共营造物(医院、图书馆、公园)公用设施(停车场、游泳池)等对待给付;所适用之法律原则,系等价原则(Äquivalenzgrundsatz)。社会保险费(劳保、公保)则除适用保险法之等价原则外,亦适用集体连带原则。③

---

① Vgl. Selmer/Brodersen, Finanzverfassungsrechtliche Grundfragen des horizontalen Finanzausgleichs, Hamburg, 1984; Schuppert/F Dahrendorf, Verfassungsrechtliche und Finanzwissenschaftliche Aspekte des Länderfinanzausgleichs, Baden-Baden, 1985.

② BVerG NJW 86, 2629.

③ Isensee, a. a. O. S. 428. 参考:大法官会议释字 212 号。

2. 由于民主体制,税法之制定须受人民代表之同意,依据法律保留原则:税课须符合法定课税要件——"法无明文者,无税"。此点租税法律主义之要求,一再为台湾"大法官会议"解释所肯定。[①] 税收每年均需列入预算决算,经台湾"立法院"通过。非税之公课则不受租税法律主义之拘束。

3. 租税系国民对国家财政需求之分担,应受负担平等原则之拘束,又租税系无对价之给付,基于宪法财产权之保障,个人无义务为公益作特别之牺牲,故不得负担不平等之税。[②] 但规费则着眼于对待给付,社会保险费则着眼于投保群危险之分担,入会费则因加入公法团体(如律师公会、医师公会)而给付。

由于台湾"宪法"略于其他公课之规定,而独详于租税,盖租税系典型之公课,"宪法"上当局正常财政基础系租税。

七、民生福利国家原则

台湾地区"宪法"贯穿民生福利精神,对租税而言,民生福利原则则在社会正义体制下建立。民生福利原则,细节方面容有争议,但大体方向台湾地区"宪法"规定甚为周详明确。举凡有利于"宪法"之民生福利措施,如农工保护(第153条)、社会保险社会救济(第154条)、妇孺福利(第156条)、卫生保健(第157条),"税法"均得以优惠租税方式以促成之;反之,税法不得有不利于民生福利之规定,否则有违宪之嫌。台湾"宪法"第143条特别规定私有土地应照价纳税,并征收土地增值税,又一再强调节制资本平均地权(第142条、第143条、第145条),重分配为宪法赋予政府之任务。以租税为手段达成重分配之方式有三:(1)财产税;(2)遗产赠与税;(3)累进所得税。与民生福利原则相对之理念,为租税中立原则:课税前后之经济地位不得改变。依此说,对以所得财产重分配及社会正义为基础之累进税,则违反租税中立[③];唯台湾地区"宪法",明显不采此原则。基于社会福利原则,对最低生活水准之个人与家庭,应禁止课税,以维持社会之起码生活。基于保护儿童及家庭,因人口政策而为之租税惩罚,亦有违宪之嫌。当国民生活有所不及时,为维持人之尊严,一方面宪法赋予权利,以消极抗拒国

---

① 例如:不得溯及既往(释字第54号)、类推禁止(释字第151号)、法无明文者无税(释字第167号)、法律优位原则(释字第195号)、租税法律主义(释字第198号)、法律优位原则(释字第210号)、租税法律主义之范围(释字第217号)、租税法律主义(释字第219号)、必要原则(释字第211、第224号)。

② Tipke/Kruse, AO, 12. Aufl. § 3, Tz. 12; Loritz, a. a. O. S. 2.

③ Tipke, Steuerrecht, 11Aufl. S. 43.; v. Mangoldt/Klein/Starck, GG, 3Aufl. Art. 3. Rn. 83.

家税课侵入;另一方面有权向国家请求维持其最低生活,借由宪法之统一性,税法及社会福利法乃得以配合。[1]

但民生福利原则,往往侵及个人之税课平等权及财产权,故应以个人之基本人权为界限,依台湾"宪法"第23条之精神,在必要范围内依法律限制而不得剥夺。又民生福利原则,应以社会之经济给付能力为度,不得超过社会生产能力。

八、租税国之内在限制

在法律实务方面,确定税课在基本权之界限,迄今尚未有定论。台湾地区"宪法"第23条规定:"以上各条列举之自由权利,除为防止妨碍他人自由、避免紧急危难、维持社会秩序或增进公共利益所必要者外,不得以法律限制之。"就课税而言,对自由权利限制最常见之标准,即是否为公益"所必要者"——必要原则。[2] 税课之手段不得超过其公益目的——公共需求之平均分担,亦即"过当之禁止"(Übermaßverbot)原则。尤其税课以公平负担国家财政需要为目的,自应选择以对纳税义务人损害最小之手段行之,且不得使目的与手段间达到显不相当之地步。

除"必要原则"外,只得对纳税义务人之财产"以法律限制之"。换言之,只能"限制"而不得"剥夺"[3]。财产权应受保障为台湾"宪法"第15条所规定,税课不得剥夺财产,而只能为必要之限制,[4]此可由租税国理念中推论出来:

租税国系以纳税人经济上处分自由为前提。纳税客体,原为纳税人处分自由之基础,如遭剥夺,租税国亦无存之可能。租税国内,对纳税人之财产,亦禁止剥夺。财政学上保持税源法则,同时也是法律规则,个人对私经济之积极性是租税国之前提,国家一方面对此加以保障,并借以取得税收以推行其国家任务。

租税国自然不得损及其自身存在基础:过度税课,致损及人民纳税或工作意愿。是以租税国对纳税义务人之税课,以不妨及再生利益为度。对企业之投资者而言,长期在税课之下,仍保有相当之盈余,如此企业与租税国始得共存共

---

① Tipke, Steuergerechtigkeit, Köln, 1981, S. 21.

② 参考大法官会议释字第211、第224号。

③ 廖义男:《企业与经济法》,台湾元照出版有限公司1980年,第15页以下,Loritz, a. a. O. S. 9.

④ Vgl. Lerche, Übermaß und Verfassungsrecht, Köln, 1961; Hirschberg, Der Grundsatz der Verhältnismäßigkeit, Göttingen, 1981. 陈新民:《论宪法基本权利的限制(下)》,载《政大法学评论》第36期。

荣。① 促进经济公道只是课税目的之一,但非唯一手段。任何旨在促进所得公平分配之租税措施,失之过当,损及个人工作及投资意愿,必减缓经济及就业之成长,而首当其冲者,即为低所得者。

第六节　结　论

由上述分析,在台湾地区"宪法"内,租税国已确立为基本国家体制,具有"宪法"上规范性,受"宪法"之保障。

然而,租税国在台湾地区"宪法"所施行者,非纯粹理念之贯彻,正如台湾地区"宪法"并非毫无保留接受权力分立原则,租税国亦非毫无例外之余地。只是,在本质及重要部分不得侵犯而已。

财政学上租税国概念,并非一成不变地反映到台湾地区"宪法"条文中,亦不能因此导出前述各原则。但租税国理念,仍有认识之价值,在宪法体系中,从统治工具之角度观察,租税国犹如数学中"坐标系统"②,在整部宪法里,赋予各制度适当之定位,并使宪法意旨更清明透彻,在国家财政技术与公众价值体系间,租税国理念使其相结合。在保障个人基本权利前提下,透过"租税国",使得国家因公益对个人之干预成为可能。③ 吾人由近日台湾"大法官会议"所作解释,税法是否违宪占很大比例,由此"坐标系统"也许较易理解。同时高唱经济自由化、国际化、制度化之今天,透过租税国观点,让台湾地区寻得"宪法"上意义,不失为一种可行之途径。

---

　　① Schumpeter, a. a. O. S. 346ff.

　　② Isensee, a. a. O. S. 346.

　　③ 税课在宪法界限,主要可从三个角度观察:(1)何种税及公课,宪法许其课征? 国家及省县是否有课税之权限? (2)税课在立法及法律适用上宪法之界限;(3)税负担是否过高侵及人民财产权? (Loritz, a. a. O. S. 2.)

第六章

税法与民生福利国家[*]

第一节　引　言

"所谓现代法治国家成为社会（福利）国家，主要系以租税国家之形态表现其功能。"①系德国公法大师 Forsthoff 在 1954 年著名文章《社会法治国家之概念与本质》一文②中所下之断言。20 世纪末以来，现代法治国家大致即沿着这句断言之轨迹迂回前进。但是福利国家高度发展之结果，福利国家自身已成为社会问题。由于要求社会给付之需求日增，而提供社会给付之能力日减，只注重财富分配而忽略经济生产之福利国家，面临由经济危机步向宪法危机之课题③。

福利国家之意理基础，有两种截然不同之风貌；就其乐观之一面，显现出社会不断进步，更多之社会福利，更多之社会正义，更多之平等，更多之幸福；就其悲观之一面，则显现出社会之保守，社会既得利益与现状之维护，对社会解体之抗拒，以及福利国家之宿命乃在驶向政治上之单行道与不归路。此种福利国家

---

* 本文原在《经社法制论丛》1989 年第 4 期发表。

① Forsthoff, Begriff und Wesen des Sozialen Rechtsstaats, VVDStRL 12（1954），S. 32；同意其见解者另有 Habermas, Strukturwandel der Öffentlichkeit, 1971, S. 272, Isensee, Steuerstaat als Staatsform, in: Festschrift für H. P. Ipsen, 1977, S. 410.

② 该文主要内容之中译，见翁岳生译：《社会法治国家之概念与本质》，载《宪政思潮季刊》1968 年第 2 期。

③ Isensee, Der Sozialstaat in der Wirtschaftskrise, in: Festschrift für Johannes Broermann, 1982 S. 365.

之两面性与爱恨交织之矛盾情怀，[①]普遍弥漫着每一个现代法治国家。

台湾地区由于经济社会之变迁，克服了资源与原料匮乏的困局之后，同时渐渐显现出经济与社会之矛盾。"由高成长迈向高福利"已成全民之共同呼声，伴随全民保险体系之加速实现及社会福利质与量的大量增加，现代福利国家之危机也隐然浮现。现在已经不是探讨应不应该迈向福利国家的时候，而是应如何总结现代福利国家之经验与教训，以避免它的宿命与副作用。尤其"赋税改革年"之提出，更使人们正视到在迈向福利社会途中：税课怎样忽略社会福利；税课怎样制造社会不平；以及源于不合正义之租税，所为社会给付与服务，不论所给付者如何公道妥适，均与社会福利之目标背道而驰。然而同时，租税也是社会福利之最大财源基础和最有力之工具，租税本身即可制造机会之均等，激发社会的活力与驱力，促进社会全民福利。总之，税法与租税正义问题是社会福利之最大敌人，也是民生福利国家之希望所寄予成败关键。此时此地，探究税法与民生福利国家之关系、基础理论，是社会科学研究者不可逃避的任务。

本章有鉴于此，乃以宪法学之观点，对福利国家与租税国家，如何在宪法上寻求定位；民生福利国家与租税国家如何在宪法上整合；怎样利用税法达到民生福利国家目标；社会福利法如何受到租税国理念之限制；以及税法上民生福利原则之适用及其限制，期在民生福利国家目标下，对国家收入与支出之法理基础，描绘出较清晰完整之蓝图。

第二节　福利国家租税负担之界限

一、宪法上之神秘三角

宪法上有三种基本价值判断，构成一个神秘的三角结构（ein magisches Ordnungsdreieck）：一为民生福利国家目标（das soziale Staatsziel），二为租税国家，三则为自由给付社会（die freie Leistungsgesellschaft）。[②]

---

①　关于对福利国家之矛盾情感，参见 Isensee, Verfassung ohne soziale Grundrechte, in: Der Staat 19 (1980), S. 375f.

②　Vgl. Papier, Grundgesetz und Wirtschaftsordnung, in: Handbuch des Verfassungsrechts, Teil 1, 1984 S. 645ff; Isensee, Der Sozialstaat in der Wirtschaftskrise, in: Festschrift für Johannes Broermann, 1982 S. 387～390.

——基于福利之目标:国家得进行社会干预,政府负有义务,借由机会均等之保障调和社会矛盾,以"公共利益"来限制个人之自由权以及保护照顾经济之弱者。

——基于租税国家:国家财政常规收入,全部依赖租税;同时非税之财政手段,仅在特殊之正当理由下,始得许可。

——基于自由给付之社会:职业及营业基本权利受保障;工作所得由劳动协约而分配之;营利及继承所得之财产应予保障。

二、民生福利国家与租税国家之整合

所谓民生福利国家与租税国家,在宪法上之整合,一方面系指福利国家之社会给付由租税体系提供财源;另一方面租税负担,依经济负担能力分担之。[①] 福利国家亦可由创设租税或其他公课以达成所得重分配手段中见之,此种租税或其他公课形态,含有不同程度之社会政策上的目的——财富移转。不论较迂回者,如透过所得税来达成,诸如累进税率、免税条款;或直接借由"社会危险共担"之社会保险来负担均属之。但以公共行政之特别给付为对价之规费,则与其无关。盖其以"受益者负担"为原则,与福利国家之"负担能力"及"需求原则"不同。

三、租税国家与基本权保障之整合

民生福利之租税国家,在确保形式及实体之"租税法定主义"之同时,亦需保障法治国家之预见可能性、个人自由与平等之待遇。因此,不得滥用规费作为所得调整之工具,社会保险亦不得滥用充作财源。租税依其本质乃国家对法定租税客体之价值分享,其租税客体则由纳税义务人之经济负担能力所组成。纳税义务人必须保留其职业收入、资本收益、不动产使用之经济利益。税课只能分享其收益,而不得没收之。

此种基本权之保障,其衡量标准,不仅限于个别之税目,而应针对个人与家

---

① Vgl. Forsthoff, a. a. O. (同注 1)S. 195 f; Isensee, Steuerstaat als Staatsform, in Festschrift für H. P. Ipsen, 1977, S. 409～436.

庭整体租税负担来权衡。① 因此,就企业家而言,基本权上可忍受之租税负担,不能单单只就综合所得税之最高税率来判定,②宜另加计其所投资之营利事业所得税之最高税率,例如投资营利事业每盈余 100 元,依现行之台湾"所得税法",其营利事业所得税率最高为 25%,税后盈余为 75 元,依最高之综合所得税边际税率 50% 计算,75×50%＝37.5 元,总计为 25 元＋37.5 元＝62.5 元,此为该企业家每 100 元所得之所得税负担。不仅如此,还要加上其所负担所得税以外之直接税、间接税,甚至其他非税公课总数合计之。至于劳工之税负亦然,其详待后文讨论到生存权之保障时再加说明。只是其与企业家主要所可能侵害之财产基本权态样略有差异。

税负可忍受之上限,不可一概而论,应随社会与经济情况而变动,非常时期得较正常时期为高。从基本权之观点,租税之累积效果甚值重视,纳税义务人之生活水准不得低于生存线以下。此种最低生活标准为租税负担能力的起点,不及于此不足以言营利行为。

在税法所谓之"担税能力"或"给付能力"(Leistungsfähigkeit),如果转译为基本权上的概念,大致与台湾"宪法"第 15 条所保障之"财产权"相当。③ 所谓"量能课税",以担税能力作为税课之衡量标准,其存在之法律基础,在于基本权保障之社会化,尤其是私有财产权,得因"为增进公共利益所必要"而以法律限制之。(台湾"宪法"第 23 条)

因此,税课不但是经济基本权之限制,同时也是经济基本权的前提。租税是自由经济国家为保障自由财政制度,原则上国家本身对生产工具无处分处,对工资与投资计划亦无要求之权限。此点与社会主义国家之中央管制经济与垄断性

---

① 税课之界限,应依整体租税负担来观察,在德国成为近年来博士论文探讨之重点,参见 Scheipermeier, Verfassungorientiertes System des Steuerrechts, Diss. Münster 1977; Jungnickl, Verfassungsrechtliche Grenzen der Besteuerung unter besonderer Berücksichtigung der Gesamtsteuerlast, Diss. Erlangen Nürnburg 1980.

② 现行综合所得税最高税率为 50%;(1988 年度所得税税率条例第 4 条)请比较:1986 年美国租税改革,将个人所得税从 11%～50% 十五种累进税率简化成 15%、28% 两级税率。

③ 财产权或所有权在税课时宪法上保障,成为德国近年税法学热烈讨论之课题,主要文献:Draschka, Steuergesetzgebende Staatsgewalt und Grundrechtsschatz des Eigentums, 1982,并有完整之文献介绍(S. 83ff.); Papier, Besteuerung und Eigentum, in DVBl. , 1980, S. 787～797; Kirchhof und v. Arnim, Besteuerung und Eigentum, in VVDStRL 39(1981) S. 213～285, 286～360; Birk, Besteuerung und Eigentumsgarantie, StuW 80, 361. ff; Friauf, Besteuerung und Eigentumsgarantie, BayVBI, 80, 523ff.; F. Klein, Eigentumsgarantie und Besteuerung, BayVBl. , 80, 527ff.; Loritz, Grundgesetz und Grenzen der Besteuerug. NJW 1986 S. 9f.

经济,判然有别。① 毋宁说,租税限制财产权,其目的乃在确保市场之自主性,租税即是经济自由的对价。

四、担税能力与民生福利国家之整合

福利国家由于支出逐年增加,可能造成过度(übermäßig)之税课,②致纳税义务人税后或多或少无法恢复其担税能力,而损害其基本权。民生福利国家中,宪法不允许国家一方面扮演放火者角色,另一方面又扮演救火者角色。一方面课税侵犯人民所拥有担税能力之基本权,另一方面借社会福利法来救助无能力者;一手由税课所剥夺者,另一手借社会给付再为给予。德国宪法学者 Isensee,曾将此种情形,比喻为古希腊戏剧中由森林之神合唱之 Satyrspiel 滑稽剧,乃因其具有半人半兽之两面性格。③

宪法上自由权之保障,导致国家行为仅具补充性之"补充原则"(das Subsidiäritätprinzip) 的发展。此种原则成为福利国家之限制,同时亦确保了福利国家实践之基础。否则,因福利国家对国民之给付不断扩展,对有工作收益者一面课以比较重之税,对失业者一面又给予相当之失业救济金,使国民丧失工作意愿与自我照顾之前提,成为福利国家危机之另一主要原因。福利国家忽视了补充原则,降低了工作之冒险性与动力,腐蚀了经济的积极性,最终必导致福利国家之没落。

---

① 参见葛克昌:《租税国——宪法之国体》,载《经社法制论丛》第 3 期;以及本书第五章。

② 税法上"过度禁止原则"可参考 Jungnickl, Verfassungsrechtliche Grenzen der Besteurung unter besonderer Berücksichtigung der Gesamtsteuerlast, Diss, Erlangen-Nürnburg, 1980 S. 23~29; Selmer, Finanzordnung und Grundgesetz, in AöR 1976, S. 410~416, Hartmann/ Walter, Auslegung und Anwendung von Steuergesetzen, 1984, S. 123~127.

③ Isensee, Der Sozialstaat in der Wirtschaftskrise, in Festschirft für Johannes Broermann, S. 389~390.

第三节　宪法上基本价值之取舍

一、资产阶级自由国与福利国

(一)自由国与福利国之区分

福利国家之相对概念为"资产阶级自由(法治)国",依财政宪法之观点,就财政之支出面来看,国家之预算,如仅用之于消极地维持法律秩序,亦即以治安、御侮、维护市场自由竞争机能为限,以防杜权力之滥用,保障个人之基本自由,谓之"自由国家"①。反之,国家之预算除用之于法律秩序之维护外,政府亦同时成为社会秩序之促成者,以积极达成保护、教养、预防、重分配等功能,谓之福利国家或给付国家(Leistungsstaat)②。

关于是否系福利国家,其判定之基准甚多,有以社会安全体系是否达到特定标准者,有以中央政府预算福利国家经费是否达到一定程度者③,亦有以国家对人民经济生活干预之大小为准者。但从宪法角度来看,是否为福利国家,在于自由国所保障之自由权是否神圣不可侵犯,或"为社会利益"国家保有限制之权。④

(二)宪法上福利国家

就台湾地区"宪法"而言虽未标示所谓福利国家之用语,一般均承认其为福利国家,主要理由在台湾"宪法"第 13 条基本国策内,对于国民经济、社会安全、

---

① Kirchhof, Besteuerung und Eigentum, VVDStRL 39(1981), S. 215f.

② Tipke, Steuerrecht, 11 Aufl, 1987, S. 1, 42.

③ 1985 年中央政府社会安全福利支出,世界平均为 30.2%;工业国家为 34.6%;台湾地区为 15.7%;美国为 28.4%;日本为 17.5%;法国为 43.6%(1983);西德为 50.2%;英国为 28.6%;韩国为 6.6.%(1987);新加坡为 1.6%(见台湾"1987 年财政统计年报",第 468 页)。参考孙健忠:《台湾地区社会福利经费支出分析》,载《社区发展季刊》第 44 期。

④ Isensee, Der Steuerstaat als Staatform, in: Festschrift für H. P. Ipsen, 1977, S. 433f.; K. Stern, Das Staatsrecht der Bundesrepublik Deutschland I, 1984, 21.

教育文化诸端,规定得极其详尽,可见其对社会福利之重视。[①] 尤以台湾"宪法"第 142 条规定:"国民经济应以民生主义为基本原则,实施平均地权、节制资本,以谋国计民生之均足。"一般均认为系国民经济之最主要条文,不论以平均地权、节制资本之方法,或国计民生之均足为目标,均足以表现福利国家色彩。而台湾"宪法"第 155 条规定:"国家为谋社会福利,应实施社会保障制度,人民之老弱残废,无力生活及受非常灾害者,国家应予适当之扶助与救济。"明白将社会福利作为国家之任务。此外,(1)第 152 条,规定充分就业之促进;(2)第 153 条,对劳工及农民之保护;(3)第 156 条妇女儿童福利政策;(4)第 157 条卫生保健及公医制度,多多少少沾有公权力福利干预的趋向。

但以上条文均规定于"基本国策"章,学者或以为仅具宣示性,或仅为立法义务之提示,不具强制之拘束力。[②] 又台湾"宪法"第 108 条之"中央"立法事项中,包括有合作事业、土地法、劳动法及其他社会立法、公用征收、赈济抚恤及失业救济;第 109 条及第 110 条亦分别规定省县之合作事业及慈善公益事项。但均未规定于"中央"地方权限之划分一章,表示"得予立法"之权限而已,亦不因此具强制拘束力。

复有学者以为台湾"宪法"之前言,除"奠定社会安宁"外,又以"增进人民福利"为制宪目的,足以为整部"宪法"及全部法律之指针。[③] 但比较各国宪法之前言,多有类似增进人民福祉之宣告,亦不因由此具有强制力。由以上宪法规定,只可看出社会福利原理,点滴贯穿全"宪法",但不足排拒"宪法"上资产阶级自由国之保障。

不过,台湾地区"宪法"第 23 条,以"增进公共利益"为人民基本权利受限制条件之一,明白引进"社会(福利)保留条款":为社会利益对基本权利国家保有限制之权。[④] 因此基本权之行使,应受社会目的之拘束。此种基本权之规范,得以

---

① 廖义男:《经济法之概念与内容体系》,载《企业与经济法》,台湾元照出版有限公司 1980 年版,第 41 页;陈敏:《宪法之租税概念及其课征限制》,载《政大法学评论》第 24 期;两文均标出民生福利国家。一般宪法教科书则以福利国家称之。

② 谢瀛洲:《台湾地区"宪法"论》,作者自刊 1947 年版,第 226 页以下;萨孟武《中国宪法论》一书中甚至对宪法"基本国策"章略而不论。又于他处偶举此章条文作为立宪技术不当之对象。笔者于萨师生前,多次亲闻其大力批评"宪法"第 152 条、第 164 条,认为制宪者缺乏宪法常识。反对说,见林纪东:《台湾地区"宪法"逐条释义(四)》,三民书局 1981 年版,第 245 页以下。

③ 林纪东:《台湾地区"宪法"逐条释义(四)》,三民书局 1981 年版,第 247 页以下;林子仪:《国家从事公营事业之宪法基础及界限》,台湾大学法律研究所 1983 年硕士学位论文,第 64 页以下。

④ 参见陈新民:《论宪法人民基本权利之限制》,载《政大法学评论》第 35 期。

直接拘束立法、行政、司法;基本权之解释亦禁止具有极端个人主义之色彩;一般法律解释,也因此规定而须选择增进公共利益之需要者,其裁量时亦同。此外,基本权利中第 15 条,财产权保障之上,另冠以"生存权、工作权"之保障,与第 23 条为"增进公共利益"之"必要时,得以法律限制人民自由权利",为整部社会福利法规之"宪法"基础,亦为台湾地区"宪法"选择福利国家为基本价值判断之根源。同时二者均具有强制拘束力,属于"人民于宪法上所保障之权利"(台湾"司法院"大法官会议法第 5 条第 1 项第 2 款),遭受不法侵害时,有权请愿、诉愿、诉讼请求救济,并在判决确定后,有权申请"大法官会议"解释。[1]

二、所有权者国家与租税国家

(一)所有权者国家与租税国家之区分

就国家财政之收入面观察,国家财源出诸国有土地、矿场、财产及国有企业收入,谓之"所有权者国家"(Eigentümerstaat)[2],国家以经济所有权主体之身份,自行从事营利活动,直接取得收入。反之,国家不自营营利活动,而归私经济为之,国家之财源主要间接取之租税,谓之"租税国家"(Steuerstaat)[3]。例如共产主义国家,将生产工具收归国有,国家有权决定垄断之价格与工资,甚至有权分配职业与资源,国营企业之收益即是国家主要财源,国家以企业家身份从事营利活动,谓之"企业家国家",此可归入广义之"所有权者国家"中,在企业者国家体制下,纵保留若干税捐,但此非体系上所必要,亦与其经济命运无关。[4] 现代一些石油产国,其国家财源,多依赖石油之独占收入,而不依赖税收者,亦同。

---

[1] 参见翁岳生:《近年来"司法院"大法官会议解释之探讨(上)——有关人民权利之保障》,载《宪政时代》第 13 卷第 3 期;林纪东:《台湾地区"宪法"逐条释义(第一册)》,三民书局 1981 年版,第 332 页以下;林锡尧:《论人民申请解释宪法之制度》,世一书局 1984 年版,第 125 页以下。

[2] Kirchhof, Besteuerung und Eigentum, VVDStRL 39 (1981), S. 215f.

[3] 关于宪法上是否含有"租税国家"之结构要素,可参考:Krüger, Allgemeine Staatslehre, 2 Aufl. 1966, S. 897;关于相对概念"企业国家"问题,可参见:Klein, Die Teilnahme des Staates am wirtschaftlichen Wettbewerb, 1968, S. 143;Püttner, Die öffentlichen Unternehmen, 1969, S. 269f.;"福利国家"之结合,参见:Badura, Das Verwaltungsmonopol, 1963, S. 187, 304f.;Kirchhof, Besteuerungsgewalt und Grundgesetz, 1973, S. 3f;Isensee, Steuerstaat als Staatsform, a. a. O. (FN. 22) S. 410f.

[4] 参见葛克昌:《租税国——宪法之国体》,载《经社法制论丛》第 3 期;以及本书第五章。

　　租税国家与所有权者国家之区分,主要在于租税国家承认私有财产权,纳税义务人之经济基本权活动(如职业与营业自由)受宪法保障;国家对生产工具在无概括及全面之支配权;国民无公法上之服劳役义务;并肯认私法自治原则,以自行安排其社会及经济生活。[①]

(二)宪法上之租税国家

　　台湾地区"宪法"第 19 条明定:"人民有依法律纳税义务。"固然直接肯认了国家之课税权,但典型之企业者国家,如共产主义国家其宪法亦多有明文规定人民之纳税义务。因此,台湾学者,有以台湾地区法律仍承认国家之营业活动以及存有国家专卖制度之事实,二者均含有企业者国家之宪法要素,从而断定台湾地区目前之财政类型,系以租税国家为主,企业者国家为辅之混合类型。[②]

　　查台湾地区"宪法"关于规定各级政府得从事企业活动(第 107 条第 8 款、第 108 条第 1 项 7 款、第 109 条第 1 项第 4 款及第 110 条第 1 项第 3 款)[③],均属"中央"与地方权限规定,而非国家基本价值决定之规定,故不因之负现状保持之义务。[④] 唯第 144 条强调公用事业及其他有独占性之企业,以公营为原则,[⑤]其重点在于独占性,[⑥]而非以营利为主要目的,[⑦]且不排除私营,只是须有法律依据而已。按公营企业之存在即使典型之租税国家亦未绝迹,有些是历史留下之产物,有些则是公用独占事业,因此重点不在公营企业是否存在,甚至不在于其在国家

---

　　① 　Papier, Steuerrecht und Grundgesetz, in 50 Jahre Wirtschaftsprüferberuf, Bericht über die Jubiläumsfachtagung vom 21-23 Oktober 1981 in Berlin, S. 303f. ders, Grundgesetz und Wirtschaftsordnung, in Handbuch des Verfassungsrechts, Teil 1, 1984, S. 645ff.

　　② 　张则尧:《租税改革与经济发展(报告大纲)》,收入氏著《财政学原理》,三民书局 1988 年版,第 409 页。氏将国家财政分为四种类型:一、财产国家——近代以前的财政类型;二、租税国家——近代的财政类型;三、债务国家——20 世纪 30 年代以后的财政类型——功能财政(公债发行的自然限度);四、企业国家——社会主义或社会化的财政类型。

　　③ 　公营企业之宪法基础,参见廖义男:《从经济法之观点论企业之法律问题》,载《企业与经济法》,台湾元照出版有限公司 1980 年版,第 52~54 页;林子仪:《国家从事公营事业之宪法基础及界限》,台湾大学法律研究所 1983 年硕士学位论文,第 55~87 页。

　　④ 　参考 Isensee, Steuerstaat als Staatsform, in FS Ipsen, 1977. S. 431.

　　⑤ 　公用事业之定义与法律关系,请参考廖义男:《公用事业法(一)——国家对公用事业之监督与规范》,载《台大法学论丛》第 16 卷第 1 期。

　　⑥ 　参考台湾"民营公用事业监督条例"第 17 条规定,及廖义男:《公用事业法(一)——国家对公用事业之监督与规范》,载《台大法学论丛》第 16 卷第 1 期。

　　⑦ 　参见台湾"国营事业管理法"第 2 条、第 4 条、第 13 条,及廖义男:《从经济法之观点论企业之法律问题》,载《企业与经济法》,台湾元照出版有限公司 1980 年,第 53 页。

财政收入所占之地位[①],毋宁重在国家之企业之营利活动,是否威胁到人民基本权所保障之领域,特别是以市场经济为基础之营业竞争。职业自由与营业自由(由"宪法"第15条之生存权工作权及第22条一般自由权所导出),可能受到公营企业之竞争压力,此由于当局之背后拥有课税权,其资金取得上享有先天优势。再者,从基本权观点而言,财政专卖即为某特定职业之禁止,工作权之限制,与职业选择自由之障碍。在福利国家理念之下(与自由国家不同),工作权、职业权及财产权自由并非不得限制,唯仅在公益所必要之范围内,始得依法律限制之(台湾"宪法"第23条)。台湾"宪法"第145条第1项规定:"国家对于私人财富及私营企业,认为有妨害国计民生之平衡发展者,应以法律限制之。"亦同斯旨。然而以国家整体经济发展为目的之国营企业与以财政收入为目的之国家营利活动,应予区分。前者,属公益必要范围内得以限制人民之职业财产自由;后者,却非属公益之必要,盖财政需求之满足,本以租税为限。[②] 公共部门以营利为目的,其对人民基本权之侵害情事严重,故不应许之。在今日仍存有借公营事业之营利活动以取得财源,用来减轻租税想法者,实有时代错置之感。盖只有在租税国家产生之前,[③]租税才成为满足财政需求之补充工具,而以公有土地公营企业或特权为收入之大宗,现代租税国家,只有租税才是国家收入之正当手段。同时,借由当局之营利活动,间接由预算法系统以满足公共任务,致干预经济基本权者,亦非正当。税以外之以公库收入为目的活动,只有在对自由权无所妨碍时,始得许可之。[④]

从宪法之基本价值决定而言,台湾地区"宪法"对企业者国家之要素之接纳均持保留态度:仅对制宪以前之状况加以容忍而已。是以对财政专卖并未予以"宪法"上地位,[⑤]此外台湾"宪法"第142条国民经济之基本原则,只论及"平均地权、节制资本",有意省略"发达国家资本"亦可观出。"宪法"中当然包括常态原则与例外规定,基本上"宪法"对"企业者国家"持消极态度,而积极接纳"租税国家"为其基本体制应无疑义,故职业与营业自由自然受宪法基本权之保障,不

---

① 1987年度台湾地区"营业盈余及事业收入"占14.5%,1988年度该项预算为14.2%(台湾"1987年财政统计年报"第60页)。

② Isensee, Steuerstaat als Staatsform, in Festschrift für H. P. Ipsen, 1977, S. 431.

③ 租税国家之源起与特征,参见本书第五章。

④ Dürig, in Maunz/Dürig/Herzog, Grundgesetz, 1984, Art 2I Rn. 52.

⑤ 台湾地区目前最主要之专卖,为烟酒两项,其法律之依据为"台湾省内烟酒专卖暂行条例",其属历史遗留之产物可由"暂行条例"中看出。1988年度烟酒公卖之预算占总税收之比重达10.3%(见台湾"1987年财政统计年报"第237页),但其中包含独占利润,及货物税、营利事业所得税。事实上由于允许烟酒进口,对该专卖制目前实正待检讨之时。

能将工作权保障(台湾"宪法"第 15 条)解释为仅限于向国家请求就业机会之受益权。[1]

三、国家财政收支体系

国家给付之前提为国家之取得收入。在一般国家理论基本概念中希腊文"Nomos"一词,[2]不仅指法律秩序,同时指"获取"及"取得"之义,就后者意义而言,进一步则更包含"分配"与"使用"在内。古代国家之活动方式,其产生之先后秩序如下:①首先为"获取",国家先须获得经济财之法律指定权。国家有所获取,"分配"始有可能,国家才能对其成员之生活物资有权指定其分得部分。因此,②其次阶段,Nomos 即指许可与所有权。接着国家分配物资之后即开始"使用":生产与消费、加工与制造、买卖与交换。从而,就第三阶段而言 Nomos 指放牧、经营与使用。[3]

现代宪政国家之财货秩序,乃建立在将经济财之收取权、利用权划归权利主体所享用。宪政国家既不能对经济财加以分配,亦不得对生产之指数加以指定。宪政国家既不能对经济财加以分配,亦不得对生产之指数加以指定。对具有生产及消费能力之财产权,国家移转予私人所有,国家本身无法处分。当宪法作了此种基本价值决定之后,放弃了"所有权者国家",采行"租税国家"之体制,所造成之结果即为了国家所需付出之给付,原则先须有税课之权力。对于生活物资,国家没有直接分配权,只能借税课与社会给付而重分配。[4] 福利国家之社会给付规模越大,其仰赖课税权者越多,在私有财产受保障之前,国家先要取走财产之一部分;在分到个人利益之前须先有个人负担;在社会给付之前先有租税。

税法与社会福利法并非对立之物,而为前提与结果,给付之泉源与给付之行

---

① 参考廖义男:《经济法之概念与内容体系》,载《企业与经济法》,台湾元照出版有限公司 1980 年,第 42 页。

② Nomos 此一希腊字,指有别于自然法,神法之人类团体规范,从字源上来看与德语 Nahme(获取、收取、取得)相近,Carl Schmitt 著作中,使用不少 Nomos 概念,例如 Nehmen/ Teilen/Weiden (1953), in: Verfassungrechtliche Aufsätze aus den Jahren 1924 bis 1954, S. 489. 另外可参考:H. Schmidt, Nomosbegriff bei Carl Schmitt, Der Staat, 2(1963), S. 81ff.;吴庚:《政治的新浪漫主义——卡尔·史密特政治哲学研究》,五南图书出版公司 1989 年版,第 92～93 页,特别是注 124。

③ Kirchhof, Steuergerechtigkeit und Sozialstaatliche Geldleistungen, JZ, 1982. S. 305.

④ 关于福利国家与财富分配,主要参考,Lerche, Übermaß und Verfassungsrecht, 1961, S. 230f., 232; Zacher, Sozialpolitik und Verfassung im ersten Jahrzehrt der Bundesrepublik Deutschland, 1982, S. 810ff.

为,潜在与现有之财政权力。租税正义系社会给付法体系之前提,以及社会给付范围及强度之指标。租税国家借由课税权,有权向人民收取金钱,给付国家借由社会给付,向人民施予金钱,二者结合成为财政国家(Finanzstaat)[1]。财政国家包含收入面之租税国家,与支出面之给付国家(福利国家)。财政国家创设财政工具,以蓄积财政经济之潜力,并借金钱给付将此力量移向经济活动。基于福利国家之理念,乃在诱导与激励,将租税国家之财政收入,移转为社会给付。因此,财政国家同时成为(对私有财产权之)干预性租税国家、计划性福利国家(生存权)、保障性之给付国家及经济自由受限制之法治国家。

现代财政国家之活动,由于并非主要赖钱币铸造之特权,国民之负担与国家提供国民之福祉,在总体上大致相当。因此,财政国家既是人民福利之促成者,同时往往又是祸患之根源。由于国家行为之两面性,国家税负及国家给付之强度,对宪法结构而言并不重要,因为重分配之结果最终仍将流入私人财产,公共经济部门与私有部门间(国家与人民之间)之配置,不论税负强弱,结果仍维持相同地位。国家越是轻赋薄税支出越少,社会上之贫病、文盲、失业者越得不到国家之照顾。国家税负越高,则拥有越多重分配之权力,同时国家所留予个人经济自由权也越少。国家重分配之总数量,在相当程度内反映出该国之(经济)自由程度。

就个人而言,财政国家之行为究竟为利为弊,系于从国家所得之给付与其所负担之税负间之差额。[2] 例如某人之直接税和间接税之负担总值一年为2万元,而其取之国家之社会给付(如生活扶助、国民住宅、医疗补助)一年为3万元,则财政国家之行为对其为利多于弊;反之,其年纳税额为3万元,取之于社会给付者只2万元,则财政国家之行为对其不利。但所受于国家多于所负担之税者越多,对国家之依赖性越重:因其必须顺服于国家所定义之给付要件之下,践行其申请程序,履行其负担或条件。不论向国家纳税或接受国家之社会给付,均影响个人自由,不仅纳税是人民之义务,即使接受国家之社会给付又何尝不然。财政国家对其属民而言,就本质而言终究系债权人而非债务人,[3]其所为给付乃以个人自由之付出为其代价。福利国家之真正危机,非在财务之负担或经济之成长,更在个人自由之逐渐丧失,《步向奴隶之路》虽是1944年之著作,[4]今天每本讨论福利国家书籍,仍不能不提及,其理在此。

---

① Kirchhof, Rechtsmaßstäbe finanzstaatlichen Handelns, JZ, 1979, S. 153.

② Birk, Steuergerechtigkeit und Transfergerechtigkeit, ZRP 1979, S. 221.

③ Kirchhof, Steuergerechtigkeit und sozialstaatliche Geldleistungen, JZ, 1982, S. 306.

④ Hayek, The Road to Serfdom, 1944..

第四节　税法上民生福利原则

一、福利国家充分利用课税权之趋势

(一)以税作为指导管制工具

1.重商主义与官房学派

税法除以收入为目的外,还担负起社会改造与经济指导管制工具之角色,此种功能源于 18 世纪之重商主义及官房学派①之财政理论。重商主义者将"税"标志为"建国与立国之有效工具,出于明智统治者之计划性行动"②。当时国家经济学代表人物 Sonnenfels,即以租税作为个体及国民经济之工具。重商主义与官房学派承认税法具有国库收入以外之目的,但仅具局部性,自与现代福利国家以租税作为全面社会干预之手段不可同日而语。③

2.自由主义之租税理论

19 世纪,自由主义思想勃然兴起,租税作为财政收入以外之政策工具,乃退居无足轻重之地位。国家活动原则上不得对经济与社会加以干预。由于绝对主义引致反动及个人主义之崛起,乃强烈要求个人拥有自主生活领域并有全面自由发展权利。租税之负担,仅在满足国家之财政需求,以维护治安及排除干扰所需者为限。自由主义者之租税理想,乃在"租税中立性"(die Neutralität der Besteuerung);课税前后,人民之经济地位不得变更,④亦即所谓 Edingburgher 法则"leave-them-as-you-find-them-rule-of-taxation."自由主义者认为国家征税,对国民经济而言,乃不具生产性之一种不利活动,而经济发展最重要之前提,

---

①　官房学派(Kameralismus,Cameralism)又称计臣学派,乃 18 世纪中叶在德国发展出来之重商主义(Merkantilismus,Mercantilism)之旁支,主要探讨国家获得财富之最佳利用,及已得财产之最佳手段,其强调财政收入乃国家繁荣之原因。

②　Selmer,Steuerinterventionismus und Verfassungsrecht,1972,S. 31.

③　Draschka,a. a. O. S. 39.

④　Tipke,Steuerrecht,Ein systematischer Grundriß,11 Aufl. 1987,S. 42.

在减轻此种不利,并尽可能加以限制,免干扰市场经济之自然运作,①以促进资本之累积。②

就自由主义而言,国家征收租税,乃保障个人自由与财产所必需,税法乃征得人民之同意(议会通过),以分出财产收益之一部分,换得其财产之保障。因此,租税之正义乃租税负担如何在国民间平均分配。③ 此租税分配之正义,以比例税最为适当。

3. 以税作为社会改造与经济指导管制工具

19世纪末,由于产业发达之结果,社会财富之分配,业已形成不平等状态,贫富对立及不安日趋严重,劳资对立及抗争日趋严重,引发社会经济之紧张状态,当时学者懔于时代之危机感,乃倡导社会改良主义,力主采用财政手段,实行社会政策,调整财富分配,其中以德国财政学者 Wagner 之主张最为知名于世。基于租税为社会政策工具之理念,透过租税来调整与变更经济上所得与财产之分配。此种社会政策之租税概念引起国家财政政策之变革与累进税制之引进④。除了社会政策目的租税之外,租税被作为调节经济政策之手段,其中用以景气调整及促进经济成长之工具最为常见。因此,累进税不但成为此一时代之租税标语,同时租税在经济活动上的效率亦渐受重视。

(二)国家任务之扩增与财政需求之膨胀

1. 议会权力与国民之给付要求

19世纪的自由主义法治国家,所标榜之"租税中立原则"受质疑后,取而代之者,为"社会政策目的之税课"与"所得重分配功能"之提倡。同时租税之经济政策目的之承认,导致国家任务在社会安全与经济指导管制领域持续扩展。在自由主义时代,财产与物资之处分分配权,乃市民及社会经济生活的基础,⑤所得与财产关系之重分配,被公认为不宜接受之制度。随着社会安全要求日增,国家担负起基本生活物质之提供与其他积极之给付。此种自由主义时代之自我负责与自我支配之生活领域,逐渐成为依赖国家之长期负担。

在福利国家之民主制度下,其主要标志,即在法律赋有社会改造与经济指导

---

① Draschka, a. a. O. S. 39.

② 台湾地区,为促进资本累积之时期之法律社会任务,参见王泽鉴:《民法五十年》,载《辅仁法学》第6期。

③ Arnim, Besteuerung und Eigentum, VVDStRL 39(1981), S. 290f.

④ Draschka, a. a. O. S. 41.

⑤ Vgl. Scheuner, Die Garantie des Eigentums in der Geschichte der Grund und Freiheitsrecht, in: ders., Staatstheorie und Staatsrecht, 1978, S. 787.

管制功能,由此议会享有无所不在之形成权力。① 个人之自我负责与自我照顾领域,在日增之程度下,为行政机关所不断地逐步拆散。福利政策不断扩充之下,国民对养老防病之储蓄计划,亦渐抛弃。

现代福利国家的保护照顾措施,以国家计划、指导管制、给付与重分配等各种形式呈现,而有走向不劳而获之福利与预防国家之趋势。此种因强调社会福利,导致国家任务扩张,有其历史上必然发展的因素。依民意代表之喜好倾向,在议会之运作中不断有崭新的社会政策法案产生,而使得福利国家之福利日趋"完善"。至于已制定的福利法,由于既得权之难予剥夺,囿于选民压力,虽时过境迁,仍难以废除。②

较不必要或过高之福利措施,在废除时常遭既得利益团体阻挠,因此社会福利措施在立法或创设之际,原应以普遍性、全民性为宜,较能符合一般福利,其废止亦较少阻力。

由于社会福利支出日增,致人民税负亦逐步增加,宪法上所保障之财产权与自由权同受威胁。由于议会立法之裁量自由,如不能在权限划分中予以限制,期待国家课税权之自我克制亦成画饼。③④ 基于此点认识,法学家及企业者,深切期待各级法院能有先驱突破之作为,发展出国家课税权在宪法上界限,以为控制。⑤

2.所得税收之激增为税负增加之主因

由于社会生产力与工资增加,以及税源扣缴之制度设计,致劳动所得持续上升导致国家税收大量增加。以台湾地区而言,1984 年所得税收入为 679 亿元,1985 年度为 758 亿元,1986 年度为 794 亿元,1987 年度为 913 亿元。⑥ 其中薪资所得仅占申报单位之 46%,总额却高居 76.5%。⑦ 由于薪资之所得虽逐年上升,但其上升为比例性,而税负之增加却为累进性,以薪资所得占申报之所得税之 76.5%而言,纵社会福利给付质与量大量增加,就所得重分配之福利国家目

---

① 最近之例子,如一些"立法委员"正提案修改残障福利法,要求明文规定残障福利之经费不得少于台湾地区政府总预算之 5%。

② 个中原因及其发展,可参考 Burmeister, Vom Staatsbegrenzenden Grundrechtsverständnis zum Grundrechtsschutz für Staatsfunktionen, 1971, S. 12ff.

③ Vgl. Tipke, über Steuergesetzgebung und parlamentarische Demokratie, StuW, Nr. 1/1983, S. 1~9.

④ Friauf, Eigentumsgarantie und Steuerrecht, in: DöV, 1980, S. 482.

⑤ Loritz, Das Grundgesetz und die Grenzen der Besteuerung, NJW, 1986, S. 2f.

⑥ 台湾地区 1987 年"财政统计年报",第 168~169 页。

⑦ 台湾"财税资料处理及考核中心"年报统计资料。

标而言,仍为背道而驰。故社会福利如不以租税正义为前提,实无社会福利可言。是以台湾地区人民之租税负担,虽不高于所谓福利国家,但仍属高负担国家之一,而且租税负担甚不平均,就薪资所得者而言,尤属高负担,租税改革乃世界潮流之趋势;就台湾地区而言,其更为迫切之原因在此。由于累进之效果,尤其是台湾地区夫妻仍然合并申报的制度下,所得税之负担尤其薪资所得者其税负之增加,乃是超比例递增。[1] 是以财税专家迄今仍有主张加强所得税,以建立直接税为重心之现代税制,实有检讨之必要。[2]

此外,所得税负担之增加,另有一主要因素即受通货膨胀而增加时,纵其实质所得未增加,但其所适用之边际税率即随名目所得之增加而增加。[3] 而当所得税因通货膨胀而增加时,其实质之购买力却未增加,反而可能减少。另一方面,由于所得税之免税宽减额乃决定其应否缴税及计算所得额及适用税率之重要项目,当名目所得因通货膨胀增加之际,而所得税法所规定之免税宽减额并未随通货膨胀率同幅增加时,致课税所得额更形增加,所适用之累进税更高,此对扶养亲属较多之家庭影响尤大,而就福利国家目标言,则愈行愈远。

个人对私经济之积极性乃租税国之前提,国家一方对此加以保障,并借以取得税收以推行国家任务。租税国自然不得损及其自身存在基础:过度税课,致损及人民纳税及工作意愿,故财政学上保持税源法则,同时也是法律原则。[4] 所得税负之激增,终将危及租税国之基础。如何赋予界限是福利国家中法学家及法官之任务。

3. 所得税率与租税负担

台湾地区"所得税法"之草议,始于清末,无如审议未定,清室已乌。民国肇建,乃继旧案,并参日制,于 1914 年 1 月颁布所得税条例,共 27 条,采分类所得税形态:第一种为法人所得(税率 20‰)公债及社债利息(税率 15‰);第二种所得采超额累进制,500 元以下免税,自 500 元起至 50 万元,由 5‰至 50‰,采扣缴制度。由于顾虑资料阙如,手续繁重,乃拟订分期实施计划,于 1915 年 8 月间公布所得税法第一期施行细则,结果因政局突变,袁氏称帝,1921 年再行开征,预算 500 万元,仅收 1 万余元。[5]

---

[1] Hermann/Heuer, Kommentar zur Einkommensteuer und Körperschaftsteuer, § 32a EstG, Anm. 2a.

[2] 为达成福利国家目标,薪资所得税之改革对象,请参看下文。

[3] Papier, Besteuerung und Eigentum, in: DVBl. 1980, S. 792.

[4] 葛克昌:《租税国——宪法之国体》,载《经社法制论丛》第 3 期;以及本书第五章。

[5] 中国租税研究会:《中国所得税史》,第 1～12 页。

国府定都南京后,1929 年 1 月修正公布所得税法,法人所得改用累进税制,提高个人免税额为 2000 元以下免税。是年冬复聘美专家凯末尔等顾问,提出报告结论竟为一般所得税及局部所得税均于时不宜,其主要理由为:(1)所得税之性质,为工商业社会之租税,中国则乃为农业社会;(2)中国私人账目之现状,并无现代化合理会计制度建立之可能;(3)以行政现状,亦未达建制推行条件。[①]此论一出,施行所得税之事遂息。

1934 年孔祥熙主行政院长兼财政部长,再提出修正所得税案,于 1936 年 7 月 1 日公布《所得税暂行条例》,复于各省市分设所得税办事处,大力推行。[②] 采分类所得税形态,计分三大类:(1)营利事业:不按所得额高低,而按资本额比例,由所得合资本实收额 5‰～10‰,课税 30‰……分 5 级至所得合资本 25‰,课税 100‰,可谓按"投资报酬率"累进;(2)薪给报酬:自平均每月所得 30～60 元课税 5 分……分 10 级累进,至每月平均 800 以上,每 10 元课税至 2 元(20‰);(3)证券存款课 50‰之比例税(第 3 条)。营利所得非按资本额计算,而其所得额自所得 100～1000 元,课税 30‰……分四级累进至所得在 5000 元以上,课税每增加千元,自 6‰加计 10‰,至 200‰为限。(第 4 条)其所得税收从 1936 年 6487 元至 1946 年 63415969 元,[③]成长之速,实属惊人,当然其中应包含通货膨胀之因素在内。

1938 年抗日战起,税区日蹙,战费激增,物价上涨,商人囤积居奇暴得大利,乃于 10 月公布《非常时期过分利得税条例》与《所得税暂行条例》并行:(1)营利事业:资本额 2000 元以上起征,按"投资报酬率"分 6 级,高度超额累进;其利得超过资本额 20‰～25‰,其超过额征 10‰……超过资本额 60‰,其超过额征 50‰;(第 4 条)(2)财产租赁:超过财产价额 15‰～20‰,其超过额征 10‰……按 5 级高度累进,至超过财产价格 50‰,其超过额征 50‰。(第 5 条)

1946 年全部修正公布"所得税法"42 条,采分类(五类)所得税为主,综合所得税为辅,"个人所得除依照前条课征分类所得税外,其所得总额超过 60 万元者,应加征综合所得税"(第 3 条)。分类或采投资报酬率累进,或采所得额累进,税率从 4‰到 30‰;综合所得税则至 5‰～50‰,计分 12 级。

1955 年 12 月台湾当局修正公布"所得税法"120 条,采营利事业所得税、综

---

① 陈可粤:《台湾地区所得税制度之演变》,第 27 页。

② "财政部税制委员会",台湾地区税务通鉴,2-1-1～2-1-16;翁之镛:《财政学》,复兴书局 1973 年版,第 247～249 页。

③ "财政部"《财政年鉴》续编,三编;陈可粤:《台湾地区所得税制度之演变》,台湾商务印书馆 1986 年版,第 35 页。

合所得税并行制,税率为:营利事业分 4 级及最高至 25％,综合所得税分 24 级,自 1％～50％。1959 年度综合所得税率最高为 60％,级别简化为 15 级。1961 年则降为 40％,营利事业所得税则降为 18％;1965 年综合所得税率由 3％至 52％;1966 年营利事业所得税最高税率为 25％;1970 年综合所得税则由 6％～60％;1974 年营利事业所得税最高税率提高为 35％。

从以上所得税率之变动历史观察,从 1946 年公布"所得税法",最高税率变动不大,虽其间经济社会环境变动极大,大体上营利事业所得税率之调整,以提高免税点及最高税率级距以调节经济景气之变动。[①] 综合所得税税率之调整,则以提高免税额、宽减额、扣除额以配合物资上涨及国民所得提高后最低生活维持费。个中原因,可得而言者有以下数点:

(1)1946 年之所得税最高税率定得极高,足以和现代工业化国家相比,然欧美之高所得税税率乃配合高福利支出,以当时台湾地区国民所得及社会福利相较,税率显然偏高,此可能与战后复员需要大量经费有关,然以后之税率亦未显著调低。

(2)台湾地区所得税税率设计,多仿效欧美先进国家,但各国税率结构不宜以现在静态观察,应从其变动之历史探寻其背后之社会经济背景。兹以德国为例,普鲁士 1891 年其所得税改革时税率仅 0.67％至 4％,至一次大战前最高税率不过 14％,到了 1920 年税率才由 10％至 60％,此时正是现代工业社会全面完成之时,整个社会发展,正迈向现代福利与救济国家之列,[②]1931 年公法学者 Schmitt 即断言:"今日我国(德国)为一福利与救济国家,因同时在相当大之程度内为一租税国家。"[③]

(3)台湾地区以现代福利国家之税率设计,但未能及时随经济发展至某一程度,全面建立"宪法"所揭橥之民生福利国家体系。今后面临大量增加之福利经费,已无法再提高税率,只能以提高稽征技术与效率为主。

(4)由于现代福利国家之税率设计,对开发中国家迈向工业化所需之资本累积不利,是以台湾地区自 1955 年"所得税法"第 39 条即规定:"营利事业之属于公用、工矿,及重要运输工业,而合于政府奖励之标准得减征税额 10％。其系新投资创立之股份有限公司组织者,自开始营业之日起,三年内免征营利事业所得税。其合于政府奖励标准之股份有限公司组织之公用、工矿及重要运输事业,经增资扩展者,新增设备使其生产力大于增资扩展前 30％以上时,得就其事业

① 陈可粤:《台湾地区所得税制度之演变》,第 93～94 页。

② Draschka, a. a. O. S. 46.

③ C. Schmitt, Der Huter der Verfassung, 1931/Nachdruck, 2. Aufl. 1969, S. 81.

全部所得,核算新增之所得,同受前条免征三年之待遇。"此种以租税作为经济指导管制工具,首次有突破性进展。此后 1969 年公布之"奖励投资条例",更扩大奖励标准及范围,逐步提升奖励之对象。当局借由租税之差别待遇干预私经济领域,但亦同时避免了使用直接管制之手段,以及利用公营企业直接经营。

另一方面,由于"奖励投资条例"之制定,利用租税优惠制定,致投资者之税负不若薪资所得者沉重。

现行所得税税率,营利事业全年课税所得额 5～10 万元课全部所得额 15%,但其应纳税额不得超过 5 万元以上部分;超过 10 万元以上者课征 25%。综合所得税,则从 6% 起征分 13 级,所得净额 350 万元以上课征 50%。此种累进税率设计与民生福利原则,是否抵触,殊值探讨。

二、税法上民生福利原则

台湾地区"宪法"虽未明文标示所谓"福利国家"之用语,但第 1 条、第 142 条均有"基于三民主义"、"以民生主义为基本原则",学者称之为"民生福利国原则"[①]或"民生福利原则"[②]。关于基本权利之规定,复有生存权、工作权之保障(第 15 条)及增进公共利益所必要者,得以法律限制自由权利(第 23 条),充分显现出"福利国家"积极干预精神,前已论及。于此我们所要探究者,在于民生福利原则在税法上意义与功能。

(一)民生福利原则为国家目标规定及税法原则

宪法上形式原则,均有具体之国家组织权责之宪法条文加以明确规定。至于民生福利国家原则,仅在基本国策有抽象之规定,但此并非即意味着"无实质之空白概念"(substanzloser Blanketbegriff)[③]或无法律拘束力之方针规定[④],盖台湾"宪法"第 23 条有"增进公共利益"得限制人民基本权,复有第 15 条生存权、工作权之保障,毋宁视为"宪法"上基本价值决定。就税法而言,民生福利原则一方面作为国家目标之规定,负有尊重及注意之义务,并具有授权之性质,赋予"立

① 廖义男:《经济法之概念与内容体系》,载《企业与经济法》,台湾元照出版有限公司 1980 年版,第 41 页。
② 陈敏:《宪法之租税概念及其课征限制》,载《政大法学评论》第 24 期。
③ Grewe, Das bundesstaatliche System des Grundgesetzes, in: DRZ, 1949, S. 351.
④ Forsthoff, Begriff und Wesen des Sozialen Rechtsstaates, a. a. O. S. 89.

法机关"对民生福利积极立法之"宪法"义务①；另一方面，民生福利原则就作为一种税法原则而言，在税法适用上则具有下列功能：

1. 作为论理解释方针之功能

税法体系为一种具有目的性原则所组成之秩序。在作税法解释时(包括决定何者为可能文义之解释界限在内)，即从事在税法系统之内及源于其原理原则之价值及立法目的之思维工作。法律解释者，探究其法律规范之意旨也，亦即探究规范内符合其价值之内涵或其技术性目的。首先须斟酌规范之基本及个别价值或立法目的，从中推究出法律条文中目的内涵。不对法律体系加以斟酌所为之解释，很容易流为自由联想之情感法学，例如在税法中常冠以所谓之"实质课税原则"所为解释即是；不然则沦为盲目的概念法学之虞。具体而言，"实质课税原则"正确之理解，应不外源于税法上民生福利原则所生之"量能课税原则"之反映，而依此原则所为之论理解释。② 换言之，在所有可能之解释中，应选择最适合民生福利原则的解释。③

2. 法律漏洞之填补与补充功能

立法者原由特定之原则与价值出发，但在法律要件条文化过程中有所欠缺，使得该原则在法定要件里未能完全涵盖，致产生漏洞或不完善。由此一漏洞致价值之统一性及法秩序之贯彻受到干扰，此之谓体系之破坏。法律漏洞可借民生福利原则来填补，一般亦称之为法律之类推适用。④

3. 平等原则违反之释明功能

平等原则要求立法之评价能合乎逻辑且无例外地适用⑤。相同事务予以不同评价，则违反平等原则；但有正当理由而存在之差别价值(Wertungsdifferenzierung)时，得予以不同之待遇。基于民生福利原则所为之租税特别措施(优惠或特别负担)，在必要范围内即属有正当理由之差别价值⑥。

---

① Vgl. BverfGE 1, 97(105); 3, 58(134); 8, 274(329).

② Tipke, Steuerrecht, S. 22f.

③ Tipke/Kruse, AO, Tz. 98 §4, 1988.

④ 税法应严守"租税法律主义"(台湾"大法官会议"释字第 167、173、195、198、210、217、219 号)原则上，不得类推适用(台湾"大法官会议"释字第 151 号)。但"租税法律主义"适用于税法，仍有其范围，"'宪法'第 19 条规定人民有依法律纳税之义务，系指人民仅依法律所定之纳税主体、税目、税率、纳税方法及纳税期间等项而负纳税之义务"(台湾"大法官会议"释字第 217 号)。关于程序法方面，既不受租税法律主义拘束，自得类推适用。又税法禁止类推适用，本用以保护纳税义务人，故有利于人民之税法类推适用，亦有主张应允许者。税法是否禁止类推，非税法本质问题，乃是宪法问题。Vgl. Tipke/Kruse, AO, §4 Tz. 121, 1988.

⑤ Tipke, Steuerrecht, 11 Aufl. 1987, S. 23. 35f.

⑥ 陈敏：《宪法之租税概念及其课征限制》，载《政大法学评论》第 24 期。

4.税法裁量时方针之功能

台湾"行政诉讼法"第 1 条第 2 项:"逾越权限或滥用权力之行政处分,以违法论。"违反民生福利法律所为之租税处分即属滥用权力之行为。[①] 在解释适用税法时,在所有可能之裁量选择时,有选择最符合社会需要者之义务。

(二)国家之社会改造任务即协助个人自由之实现

福利国家不同于自由主义法治国者,在于国家不仅为法律秩序之维持者,同时也是社会秩序之促成者。所谓国家社会秩序促成任务,即国家负有透过经济与社会政策,创造社会正义之任务。[②] 但此种对促成社会正义理念所为社会伦理之认识,对福利国家之内涵,并未清楚阐明。在社会生活中,不但存有个人的正义观,更有一群志同道合之人有相同信仰,并努力促使实践,此造成了"正义"内涵之分歧。[③] 除了此点差距之外,可得确定者,乃福利国家原则同基本权有密切关系。宪法上福利国家基本条款乃在促成基本权之实现。也就是从宪法上自由状态,达到社会之生活领域。[④] 民生福利国家之宪法原则即在力求个人自由之实现。个人人格发展之可能性,首先须触及实现个人自由之不可让与的社会条件。自由实现之条件,在于先拥有实体及精神上之物质,作为自我决定之前提。福利国家原则,在于确保,借由必要之物质条件之提供来达成个人自由之社会发展机会。此种物质条件,乃透过国家之计划、给付及分配与国民。[⑤]

福利国家之宪法对自由之确保有两种途径:一是透过法治国家之自由权保障;二是基于国家之社会保障功能,所提供之给付性社会政策所保障之社会自由。[⑥] 依国家之固有意义,在于作为社会安宁之维护者,而个人自由得以保障。基于福利国家之功能,在于提供个人自由生存发展之物质基础,故福利国家中个人之自由亦绝不得废除。由宪法上民生福利国家原则所产生之福利立法,与其说针对社会及经济情势,毋宁说在确认及创造国民之自由。基于福利国家之宪

---

① Tipke/Kruse, AO, §5 Tz. 28, 1984.

② Vgl. Dürig, Verfassung und Verwaltung im Wohlfahrtstaat, in: JZ, 1953, S. 196.

③ Weber-Fas, Allgemeines Steuerrecht, 1979, S. 17~19.

④ Klein, Die Grundrechte im demokratischen Staat, 1974, S. 55.

⑤ Draschka, a. a. O. S. 157.

⑥ Vgl. Böckenförde, Die verfassungstheoretische Unterscheidung von Staat und Gesellschaft als Bedigung der individuellen Freiheit, 1973, S. 38; Schumpter, Geschichte der ökonomischen Analyse, 1965, Bd. 2, S. 939.

法上所要求之社会政策,乃基于"为自由而计划"之原则,以及达成"更多自由"之目的。① 从"宪法"上所表现出之图像而言,台湾地区不仅是民生福利地区,同时也是保障个人自由之自由福利地区。

民生福利原则是对法治国家自由权之补充。二者在宪法上有同样位阶,民生福利原则并不优先于自由权而适用,②台湾"宪法"第23条虽对自由权,可因增进公共利益而加限制,但以必要为限,立法机关虽有权为社会立法,但限制人民自由是否必要,则属司法审查之范围。

经由税收取得财源之国家救助,与个人自我救助之间,仅具补充性,接受国家救助者,应先运用一切自己可能维持生活之手段与方法;若竭尽一切,尚不能维持其最低生活时,始接受国家救助。此种福利国家之补充原则,可演绎推论出,个人自由优先于国家之社会义务。③ 社会福利国家条款,含有具优先效力之宪法上要求,即公权力应尽力去实现个人之基本权。个人得以自我实现自由时,国家为形成社会秩序所有之责任、任务及管辖权,均不得再行介入;凡个人得以自我实现、自我成就时,国家之社会任务,均将退居幕后。此一结论,非由民生福利国家所导出,而是居于国家与社会中个人之优先性以及对自己生活安排之自我负责性。此点不容以福利国家之"对抗穷困及追求平等"④之功能加以否定,亦不容借口"福利国家,为达成保障人人具有人类尊严之生存,减少福利之差异性、排除依赖性之目标,国家应确保与变更社会之经济地位与经济条件"⑤,而侵犯个人之自我决定、自我负责之自由。

国家借由平等分担财政需求,并对陷入生活困境者,创造合乎人类尊严之生活条件,以保护弱者,对团体中居弱势地位之分子,作有利的调节,此乃系民生福利原则原有不可或缺之要素。⑥ 然而凡个人得以胜任完成之领域,应以自行调整为前提,并由此发展出国家福利之补充性原则,基于个人自由价值之宪法上优先性理念,个人有权为自己人格发展而规划,自我形成及塑造自我实现能力,国家应协助其充分展现;对一些可能造成国家成为"福利之怪兽"负面趋向等原因,

---

① Vgl. Herzog, in: Maunz/Dürig/Herzog/Scholz, Grundgesetz, 1984. Art. 20, Rn. 209.

② Herzog, a. a. O. Art 20, Rn. 14.

③ Dürig, in: Maunz/ Dürig/Herzog/Scholz, Grundgesetz, Art. 3, Rn. 135.

④ Zacher, Was können wir über das Sozialstaatsprinzip wissen?, in: Festschrift für H. P. Ipsen, 1977, S. 235

⑤ Zacher, a. a. O. S. 237.

⑥ BVerGE, 1, 97(05); 9, 124(131); 10, 264(270); 22, 180(240).

宜事前予以防杜。[1]

当代之福利国家,由于议会拥有无与伦比之社会立法权,常以社会需要为名,将更多之个人决定权移转给国家,致国家之支配权利在社会生活领域日增,福利国家中许多个人在不知不觉中被宣告"禁治产"及个人存在之"规格化",均不容吾人漠视。

税法上民生福利原则,固然在解释适用税法,须斟酌福利观点,但不因此为实现福利国家之功能,所增加税课致减少或限制人民自由权,反依该原则而当然取得合法地位。盖国家最终所能给付之分配,不能多于社会生产者,维持社会之生产力,应保留其自我决定之能力。国家为增进公共利益而限制人民自由,乃以"必要"者为限。尤其许多人一方面受领社会给付,另一方面支出税捐或其他公课,国家公权力乃在不必要之程序中悄悄侵入私人领域。

(三)福利国家之重分配功能

1.重分配功能及其限制

传统之社会福利理念,在于保护社会之弱者,以维持其为人所必需之最低生活条件。当代之社会福利国家,则包含社会之每一成员对国家之社会福利之参与权。就此功能而言,其前提条件为社会福利之平等分配;其结果则为,借累进税率与社会给付,持续地为重分配(Umverteilung)。急遽之重分配往往导致拉平化(Nivellierung)与等同化(Egalität)。[2]

对重分配之请求,若无节制,则非所必要,或非所明智之情事必大量出现。凡为重分配者,须先由其他人民取得(税课)收入,很可能因此逐步扼杀个人之工作意愿与创造力。因此,社会之给付能力或经济条件,限制了福利国家质与量之发展。为社会给付之重分配,为顾及此一限制,宜考虑给付后,社会仍能维持持续之经济成长,而出于理性的详细规划而为之。按持续之经济成长,不仅创造就业机会,提高所得及税收,其本身即是一种社会福利。对社会给付之期待若趋于极端而无所节制,必产生对社会现状之不满,导致对极权主义失去抵抗力。在理论上,能为全面救助之国家,只有全面极权国家[3]:盖其不仅有重分配之权力,而且对社会资源,甚至就业及薪资,有分配与支配之权力。将福利国家与现时之经济能力完全分离,此乃对宪法上民生福利原则,作限缩解释,而非扩张解释,[4]盖

---

① Draschka, a. a. O. S. 158.

② Draschka, a. a. O. S. 159.

③ Kirchhof, Steuergerechtigkeit und sozialstaatliche Geldleistungen, JZ, 1982, S. 306.

④ Herzog, in: Maunz/Dürig/Herzog/Scholz, Grundgesetz, Art. 20, Rn. 17.

其加重其他纳税人负担,虽可能有益于个人或少数人,但却有害公共利益。故基于民生福利原则之社会正义与自我负责之生活安排基本需求,两原则应在宪法解释中兼容并顾。

2.生存权之保障

基于民生福利原则,承认税法得作为所得重分配之工具,其主要理由在于:基于市场经济之所得或财产分配,并不当然与其所付出或所给付者相等,市场上所得并不等同于给付所得,因为市场经济本身,存在着出发点及机会之很大不平等:先天处于经济强势地位者有之;从事经济投机活动者有之;在市场竞争上寡廉鲜耻、不择手段者有之;诈欺诡骗获取暴利者有之。① 累进税制,即是对此出发点、机会加以校正,并导致福利分配之更正。民生福利国家亦保护无工作能力者,让其维持人之尊严与生存,故最低生活水平线,乃是课税之禁地(tabu)。对生存之所必需之供应,依需求原则(Bedürfnisprinzip)由社会福利法,予以发放救助金或补助金,亦得以在税法上以租税优惠方式为之,此为民生福利原则之取与予之两面。唯最低生活水平,乃一变动概念,随经济社会发展而调整,盖昨日之奢侈品可能成为今日之必需品。又鉴于台湾地区对教育文化生活之重视,最低生活水平,不仅指生理上食、衣、住、行,更包括精神上最低文化生活水平,现行所得税之优惠规定均未计及此,不无遗憾,若能订出每年每一国民或每一家庭最低标准可阅读几本书、一两份杂志、报纸,其支出均可在所得税中扣除,必可使文化出版界欣欣向荣。

又此种最低生存线,不得为税课对象,不仅单就所得税而言,还包括其他直接税及间接税,前已述及。事实上,间接税之缴纳,对穷人而言,因其须花掉所赚得之每一分钱,致单单从货物税、营业税之支出与其所得之比例而言(此即类似于所得税之税率=所纳所得税与所得之比率),较之高所得者为高。

最低生活水平,不仅指纳税义务人物质及文化之最低生活水准,还包括纳税义务人的家庭在内,②台湾地区"宪法"虽未明文保障家庭,但其第156条规定:"国家为奠定民族之生存发展之基础,应保护母性,并实施妇女儿童福利政策。"承认家庭乃民族生存发展之基础,家庭之生存发展理应受到保障。第14条明定:"人民有集会结社之自由",就结社自由而言,不仅指个人有积极成立社团公司之权利及消极退出团体之自由,同时所成立之社团,得为基本权之主体,享有权利能力。③ 家庭虽非法人,同样应受保障,而其在社会上所发挥之功能,绝不

---

① Tipke, Steuergerechtigkeit, 1981, S. 63.

② Vgl. Lang, Familienbesteuerung, StuW, 1983, 103ff.

③ Vgl. BVerGE 4, 9, 102; 13, 174, 175.

下于法人。家庭之生存权表现在税法者,厥为所得税法之配偶免税额、扶养亲属宽减额(台湾"所得税法"第 17 条)。现行台湾"所得税法"系以法定扶养义务为限,基于民生福利原则,其扶养亲属宽减额宜从宽认定,如履行道德上义务而扶养者,得予准用。尤以残障及老年之准用最为迫切。宽减额对适用高税率者较有利,故技术上可改采税额扣抵方式,对低所得者能提供高福利。此从美国雷根总统之 1986 年之租税改革中,大量减少因经济目的之租税优惠,但明白表示对家庭之大力支持,抚养亲属之免税额遽增至 2000 美元,并依物价变动予以指数化,可见一斑。而欧洲各国,近年亦无不大量提高扶养免税额,提高之程度往往惊人。

就最低物质及文化水准以下者,加入税课之侵害,因危及生存权,纵其所受侵害之程度极微,亦有背于公共利益与社会安全,故不得依台湾"宪法"第 23 条,以法律限制之,唯基于避免社会紧急危难,始得例外许之。

3. 租税优惠

福利国家各别内涵,虽容有争议,但一般承认社会福利国家,系对社会为积极干预之国家,国家负有义务:对社会矛盾,经由机会平等之确保、人格之自由发展、以公共利益对个人权利之限制、对经济弱者地位之改善与保护而减轻在宪法上将民生福利原则与课税权结合者,最著名为德国魏玛宪法第 134 条:"人民依其给付能力,依照法律之规定,分担各种公课。"[1]现德国基本法虽无类似条文,但各邦之邦宪则有之,例如:Hessen 邦宪(1946 年 12 月 1 日)第 168 条第 2 项:"财产与所得,应特别考虑家庭之负担,按社会(福利)观点,依累进课税(第一项)。由劳动所得之财产与所得,在课税时应予特别之斟酌(第二项)。"Bayern邦宪法(1946 年 12 月 1 日)第 168 条第 2 项:"具劳动能力者失业时所得,应依法定标准予以特别课税。"第 123 条第 3 项第 1 款:"继承税同时具有,避免巨大财富集中个人之目的。"[2]

对社会矛盾之调节可透过财产税、继承税及累进所得税来达成重分配之功能。基于民生福利原则,亦可由租税特别措施之方式予以特别之减轻及特别之加重。对社会所期望之行为予以租税减轻之奖赏,对社会所不期望之行为予以租税加重负担使其不利。例如烟酒之消费者,非较其他纳税义务人更多之担税能力,然而为社会目的(健康政策),各国多有特殊之烟税或酒税[3],台湾地区之

---

① 《意大利宪法》第 52 条第 1 项规定与此类似。第 2 项则规定:"财税制度以累进制为基础。"

② Tipke, Steuerrecht, 1987, 11 Aufl. S. 41f.

③ Tipke, Steuerrecht, 1987, 11 Aufl. S. 43.

烟酒公卖,对烟酒之消费者亦负担高于其担税能力之税负。先进国家之环境污染税,或爱犬税,亦同。

台湾地区"宪法"第 165 条规定:"国家应保障教育、科学、艺术工作者之生活,并依国民经济之进展,随时提高其待遇。"第 166 条亦规定:"国家应奖励科学之发明与创造",又对"于学术或技术有发明者"予以奖励或补助(第 167 条第 3 款),固然,科学艺术工作者不能因此规定直接向当局请求,但在税法上如有较同等担税能力者更为不利之税课,即属"违宪",例如科技之发明与创造,均历经多年之研究,其以专利权、著作权、秘密方法供他人使用而取得之权利金所得如全部列入当年度所得适用累进税率,即属不利之税课。另在立法方面,则有权对此予以特别优惠待遇(如台湾现行"奖励投资条例"第 36 条有免税之优惠)。此非因生存权之保障,而是国家为鼓励其尽其所能,而为之激励奖赏。因此,此种租税上差别待遇,非基于"需求原则"而基于"功绩酬劳"(Verdienst),不论基于需求或功绩原则,均不得限于某特定群体,致与其他人为不同之待遇,[1]固然"'宪法'第 7 条所定之平等权,系为保障人民在法律上地位之实质平等,并不限制法律授主管机关,斟酌具体案件事实上差异及立法目的,而为合理之不同处置"(台湾"大法官会议释字第 211 号")。是以平等原则是否违反,不在于是否为相同之处置,而在于不同之处置是否有"正当理由",但个人生活是否不及生存线,是否有需求之必要,其具体认定并无困难不宜依刻板印象,就投资者、雇主、工人等类别加以区分,亦不宜因政治上任务而不同。议会及政府非为特定集团而服务,民意代表系"代表人民行使立法权"(台湾"宪法"第 62 条),此人民系指全民而言,职业集团所选出者亦然。故有利于某一群体之租税优惠时,必须以同时有利于公共利益,而该目的非其他手段所能达成者为限。盖租税优惠之同时,即增加其他纳税人之负担。就此点而言,台湾地区"所得税法"第 4 条第 1 项第 1 款、第 2 款:"现役军人之薪饷。""托儿所、幼稚园、国民小学、国民中学、私立小学及私立初级中学之教职员薪资"免纳所得税之规定,既非基于需求原则(低于生存线之所得),亦非特别须激励之行为,故不能基于民生福利原则,取得"合理之理由"而为差别待遇,复以职业为区分标准,对个人职业选择之自由不免有所干扰(例如一些高中教员,宁愿因免税改教初中),其不平等之待遇,并无"不同处置"之"合理"性。按民生福利原则,乃矫正市场经济之出发点及机会不平等而设,但本身即在确保机会之均等。不宜以扭曲市场经济之手段来达成其他目的,就薪资所得课税为职业市场中成本之一部分,对某种职业薪资免所得税,就职业市场机能

---

[1]　Tipke, Steuergerechtigkeit, 1981, S. 63.

不免受损。反之,"高雄市私立乐仁启智中心及台南市私立天主教瑞复益智中心、台湾省仁爱习艺中心及台南教养院,系依据残障福利法规定登记立案之社会残障福利机构,与幼稚园、托儿所之性质不同,其教职员薪资,应无'所得税法'第4条第2款免纳所得税之适用。"(台湾"财政部"1985年4月8日台财税字第14090号函)[1]台湾"财政部"在解释适用税法之际,不依台湾"宪法"所指示之民生福利原则为方针,反而固守概念法学之方法,依"残障福利法"所设立之教育机关,竟较幼稚园、托儿所更为不利之待遇,此岂民生福利国家所应为?

台湾地区现行之租税优惠制度,多偏重于经济增长,如奖励投资、出口与技术发展,其中以奖励投资条例之制定最为世人所瞩目,在一定程度下,亦达成其立法之目的。然以台湾"宪法"之价值取向为依归来观察,此亦不过阶段性策略。按此种"投资优先,成长促进型"税制,一方面对高所得者优遇,另一方面与抑制通货膨胀目的不免抵触。而二者均与福利国家之目标,不免有抵触之处。高成长乃本预为高福利作准备,今后为达成福利国家目标之税制,必然扮演越来越重要的角色。试举数例以兹说明:

(1)福利性所得:福利性所得多指雇主在正式薪金外,对员工所为给付之各种福利。如免费或低价之午餐、交通车、宿舍、制服、医疗、保险、旅游休闲或低价购买公司产品、符合人性之工作环境,在现行台湾"税法"中除部分因计算及查稽上的困难,或因雇主业务之便利而发生可免于课税外(如加班误餐费每餐不超过60元者,伙食津贴每月1800元以内;出差之食宿费、制服费、福利金、康乐活动等),概列入课税范围,此乃根据"租税中立原则"以免以优厚福利取代部分正式薪金,规避综合所得税,[2]然就福利国家而言,以上之福利措施本为当局履行之任务,而由雇主代为执行,较当局更能满足员工需求,理应予以租税优遇。员工福利本为社会福利及公共利益之一部分,当局原应予以支援、协助,或加以监督即可,不应概以规避租税视之。同时此亦为减少劳资冲突、社会矛盾之一种方法。

(2)企业之社会责任支出:企业为尽其社会责任,所进行之社会福利工作、社区发展服务,以及雇用残障、贫病员工,替员工或社区兴建托儿所、幼稚园、娱乐休闲场所,在租税上均宜予优遇。

(3)社会福利事业之奖助:社会福利事业之兴办虽为福利国家当局之任务,但为保持社会福利活动之多元性与独立性,以民间活力从事社会福利,不仅更有

---

①　"财政部"赋税法令研究审查委员会编印,所得税法令汇编,1987年版,页25。

②　参见王建煊:《租税法》,文笙书局1988年第13版,§307。

效率,对社会福利精神与社会伦理之增进均有所助益。[①] 由于租税优惠重在奖赏与激励,以增进公共利益,有关社会福利事业之租税优惠法定要件是否具备,不应单由财税人员认定,宜同时由社会福利专家依公共利益之目的鉴定之。再者,个人或营利事业之慈善捐赠列支应以鼓励态度为宜,另一方面强化慈善事业本身监督方为正途。

(4)个人之宽减额免税额:个人之宽减免税额,宜斟酌民生福利国家之精神制定,如增加鳏寡残障特别扣除额,核实认列医疗生育费用,增列就业妇女之托儿费用,养生送死费用之增列等,但严格言之,此中一部分非属租税优惠。一般人多误以为租税优惠为一统合或上位概念:凡对纳税义务人(租税债务人),以例外条款方式予以减免租税之立法规范,均属之。但此种说法实属不确,盖因较低之负担(给付)能力,而在课税标准中予以斟酌减低者,并非租税优惠,[②]如个人之宽减免税额、营业费用之减除等。租税优惠者,性质上之特征,不在例外规定,而在"租税特权"、"租税赠礼"或是"以税缴税"[③];换言之,租税优惠者,对相同之负担能力,以违背量能课税原则之方法,取得或期望其得到租税利益之法规范。租税优惠,及与非受优惠者比较而来之概念,比较之标准即为负担能力是否相同。[④]

此种消极性津贴或补助,与直接之经济补助或社会福利给付之效果相似,故一般称之"税式支出",基于租税法律主义,税式支出属法律保留范围,限制较严。但事实上却因抽象之立法规定,得以免除如补助金之每年经台湾"立法院"预算审查。租税优惠之正当性,系于其立法目的所欲达成之奖励管制指导目的。但此种目的,因科目之类型化,往往引起争论,尤其许多名目,实际上用以掩护对特定族群优惠之借口,[⑤]尤其是民意代表用以讨好选民者为然。

---

① 葛克昌:《租税正义与社会福利》,载《社区发展季刊》1989年。

② Tipke, Steuerrecht, 1987, 11 Aufl. S. 149;租税优惠之法律上分析,参考 Lang, Systematisierung der Steuervergünstigungen, Berlin, 1984;中文资料参考徐伟初、王文煌等译 Stanley S. Surrey, Paul R. McDaniel 原著,税赋支出,"台湾'财政部'财税人员训练所"世界租税著作翻译丛书48,其中第五章列举美国宪法上法院例案(如某特定租税优惠规定是否违反种族歧视、宗教自由、言论自由及性别歧视)。

③ Karl-Bräuer-Institut des Bundes der Steuerzahler (Hrsg) Mit Steuern Steuern?, 1968, Heft 12 der Sohriftenreihe des Institut.

④ 例如,公教军警之实物配给可以免税(台湾"所得税法"第4条第5款),而民营机构员工所领者不可。又公营机构所领单一薪俸中包括相当于实物配给部分免纳所得税(台湾"所得税法"第4条第5款),但行政机构支领单一薪俸者不免税(台湾"财政部"1983年5月17日台财税3340号函,1983年10月6日台财税37093号函)。

⑤ Arnim, Besteuerung und Eigentum, a. a. O. S. 326.

对同等负担能力者,予以不同之租税待遇,固然可因为达成民生福利目标而取得正常化基础,但目的与手段之间必须符合适合(geeignet),必须(erforderlich)及相当(proportional)之关系,否则即有侵害未优惠者之宪法上财产权之虞。

与此应加以区分者,即税法上"专断禁止"(恣意禁止,Willkürverbot)原则。以租税作为达成管制管理目的之手段,其目的之选择可能涉及是否专断,是否曾作必要之裁量;但为达成其目的,而对租税平等负担加以破坏,则与专断无关,此由于租税平等负担与租税优惠所引导之目的,本质上即不相容,系具有冲突性之价值,对二者不可能作必要之权衡。因之,租税优惠所引导之目的如依民生福利原则具有正当性,则对税课平等之侵害,仅需顾及种类及范围即可。[1]

(四)民生福利原则之限制

民生福利原则在税法之解释适用上有重要之意义。民生福利原则为国家目标规定及税法原则,同时在宪法之解释上亦然。宪法上民生福利条款,在相当程度下,均须经承认及具体化。民生福利原则之实践,有赖立法者,斟酌现存之政治经济条件,而定其施行程度。此一客观之宪法原则,须经立法程序,按其不断变迁之社会负担能力作为其实践之指标。受宪法保障用以防范国家侵犯之自由权,吾人不能遽为变更性质而解释为受益权及请求国家给付权。按租税国家实践民生福利原则,须透过财政手段,故宪法上民生福利条款并无直接之效力,而需经立法者将其具体化,此种社会立法之位阶自然次于宪法直接保障之自由。[2]至于现行法律,因显然违背民生福利原则致违宪而无效,则为另一问题。

因此,民生福利原则作为实质宪法解释之工具,仅限于间接性及赋予方针之原则性,而不得以之直接对人民自由权利加以限制。

民生福利原则视为宪法上原则,其原始功能在对社会弱者予以普遍性保护。在为所得重分配之时,其由国家分得之一部分,即由他人之纳税所付出者,C. Schmitt 曾谓:"只有从一无所有中创造世界之上帝,才能只给不取;而上帝亦只能存在于由其自虚无所创造之世界之中。"[3]故对他人之增加负担而言,即为自由权之限制,而此原应受宪法之保障者。

民生福利原则,乃以增进公共利益为前提,但以公共利益为名,难保不质变

---

[1]　Arnim, Gemeinwohl und Gruppeninteressen, 1977, S. 54ff.

[2]　Draschka, a. a. O. S. 162.

[3]　Schmitt, Nehmen/Teilen/Weiden(1956), in: Verfassungsrechtliche Aufsätze aus den Fahren 1924 bis 1954, S. 504.

而步向极权国家,致与人性尊严、自由、平等相背离。若谓民主之多数,当与专制君王不同,不致滥用权力,此亦非吾人所能信者。因此,民生福利原则应以基本权保障为其界限,并以此确立准则,成为个人对抗国家权力之无条件及牢不可破之保障领域。

第五节 结 论

宪法上民生福利原则表现在税法者,为租税成为社会正义促成者之工具。此种任务,可间接借由课税权,向人民收取金钱;并借由社会福利给付,向人民施予财物,在一取一予之间,对社会资源加以调整、重分配,达成民生福利之国家目标。税之分担,依量能课税原则由国家取得,再透过需求原则之社会给付由国家付出。直接由税来达成民生福利目标,可借累进税、租税优惠、遗产税、财产税来达成,因其得以斟酌社会经济上差异性,并有助于社会之调节。但民生福利国家,以调整事实上社会之不平等为己任;而与法治国家以保障个人自由财产权为前提,势必承认并保障现实上不平等之社会现状,其间不免存有紧张关系。法治国家承认之经济上基本权,本以排除国家干预为目的,而与积极干预之民生福利国理想,不免落空。然而透过租税为中介,由于宪法上赋予人民有依法律纳税之义务,人民经济上基本权,原则上除纳税外不受国家干预,而得保障。另一方面个人经济基本权禁止干预之堡垒,亦因纳税义务,打开一缺口,借此缺口,国家得以闯入并重组社会之财货秩序。①

有别于资产阶级自由国,台湾地区"宪法"对个人自由权保障,允许因增进公共利益之必要,而以法律限制之,可谓典型之社会福利国家,因此民生福利原则既是当局目标规定也是税法之法律原则。立法者有义务斟酌经济社会条件透过立法达成福利国家理想;税务行政则宜敏锐反映社会民生之需求,而以民生福利原则作为税法解释方针与法律漏洞之填补工具;台湾各级法院尤其是"大法官会议",更应发挥民生福利国家功能,赋予"税法"以"宪法"上之界限。而基于传统自由国所遗下之税法原则,如租税中立原则、禁止差别待遇原则,在民生福利国家中不宜全盘接受而须酌予适当修正,如承认社会政策之租税目的,福利所得宽减免税额从宽认定,及薪资所得负担之减轻等。

然民生福利原则并非孤立或不二法则,在台湾地区"宪法"价值体系中,民生

---

① Vgl, Isensee, Steuerstaat als Staatsform, a.a.O. S.432ff.

福利原则与租税国原则及法治国原则同为基本价值决定。民生福利原则自应不违反租税国之内在限制与法治国之人权保障,否则稳定之三角结构必将倾斜,民生福利之基础终将崩坏。事实上,社会福利法制建立之前提,赖于租税体系之正当、充分且有效率,以及个人自我决定、自我负责、自我发展之充分发挥。因此三者如何整合在宪法体系下,使社会福利、租税正义、个人自由能调节至当,各得其所,吾人且馨香祷祝之。

第七章

遗产税改革之宪法界限

第一节　问题概说

一、立法裁量权与宪法界限

台湾"司法院""释字第 405 号解释"理由书明示："'立法院'行使立法权时，虽有相当广泛的自由形成空间，但不得逾越'宪法'规定及'司法院'之'宪法'解释。"此不仅宣示"立法裁量权"有其"宪法"界限，同时标志着台湾地区由"形式法治国"走向"实质法治国"。在此要求之下，"宪法"基本权保障及权力分立，[1]得以抗拒"国会"之多数决并得以限制"国会"权力。[2] 由于税捐系人民之无对待给付之金钱给付义务，税捐法律关系则为人民与当局间最主要法律关系，从各国宪法史观察，无不受"租税法律主义"严格拘束。[3] 但人民之税捐债务仅有形式法律依据仍有未足，而另需有实质正当性，二者均须接受违宪审查。2005 年 5 月 20 日台湾"司法院""释字第 597 号解释"进一步明示："各该（税捐）法律之内容且应符合量能课税公平原则。"更赋予崭新司法审查思维风格："司法应以租税正义或量能平等负担原则，审查税法。"

---

① P. Kirchhof，Die Freiheitsrechtliche Struktur der Steuerrechtsordnung-Ein Verfassungstest für Steuerreformen，StuW 1/2006，3.

② Vgl. BverfGE 3，225；7，377，404；10，59，81.

③ Vgl. BverfGE 23，62（71ff.）；78，249（273）.

二、税法思维与宪法思维

在其肯认量能平等负担为税法结构性原则,[①]司法不仅对税法之内涵为解释,并将税法置于宪法伦理基准之下,针对议会主权有所节制。承认量能平等负担原则得以审查税法,其思维风格为宪法之思维风格,而为"税法之革命"[②]。以宪法之思维风格,取代税法之法学方法。因人民法律上义务甚多,台湾"宪法"第19条所以明定人民有纳税义务,即揭橥宪法优先于税法,税法须受实质之违宪审查。

三、遗产税改革与宪法界限

台湾遗产税改革多以减免税与租税优惠为号召,以期提升租税竞争力。但未能从现阶段地区发展目标[③]着眼,亦未提升至"宪法"角度作理性探讨,二者均以遗产及赠与税法之本质如何定位,是否受量能平等负担原则之拘束为前提。是以本书由遗产税特性出发,接着讨论租税改革与国家目标,次论及遗产税改革之宪法界限,由基本权保障及地方自治制度保障两方面分析之。最后,依上述讨论,提出遗产税改革之现阶段建议。

---

①　量能课税原则为税法结构性原则,参见陈清秀:《量能课税原则在所得税法上之实践》,载《法令月刊》2007年第58卷第5期;柯格钟:《量能课税原则作为税法之基本原则》,载《月旦法学》第136期;蓝佳韵:《论量能课税原则在所得税法体制之体现》,台大法研所财税法组2007年硕士论文;葛克昌:《量能课税原则与所得税法》,载《税法基本问题》,台湾元照出版有限公司,2005年增订版,第155页以下;葛克昌:《量能课税原则为税法结构性原则——与熊伟台北对话》,载《税法基本问题》,台湾元照出版有限公司2005年增订版,第321页以下。

②　G. Wacke, StbJb, 1966167, 95.

③　今日吾人所居历史转折点有三:其一由历年稳健政策下财政盈余,累积世界最多外汇存底的债权地区,在近10年内急遽转换为债务缠身之债务地区;其二为从全地区一心一德追求经济成长的现代化过程,过渡到社会分配不均,亟须透过多元化重建再塑社会正义的艰苦历程;其三为当初人口增长快速需予以节制,不数年转成人口急遽下降,面对世界最快速之迟婚少子老龄社会转换,亟赖台湾当局提出有效政策。国家任务与税法参照 H. Kube, Staatsaufgaben und Solidargemeinschaften, in：DStJG 29. S. 11ff. 2006.

第二节 遗产税之特性及宪法依据

一、遗产税特性[①]

世事无常,唯一可确定者,唯死亡与纳税耳。[②] 遗产税适与二者密不可分,对其加以研讨本身即饶富学术兴味;此税历久不衰,事实上非基于税源丰沛,盖该税无论在何国,所占税收比率均微不足道(各国大体均不超过税收 2%)。不仅于此,其具有无法克服之难题与易规避性,因此在租税体系中无疑扮演最独特与富争议性角色;其存在毋宁在于伦理性、道德性重于财政收入;其法理基础在于阻遏大家族历代财富之无限积累,与重课不劳而获,以平均社会分配——但事实上由于事先规划安排,前揭立法意旨往往未竟其功;而中产阶级常因未谙节税技巧,反受诸多困扰。

遗产税与累进税制及社会政策目的之租税优惠,三者构成福利国家租税政策之主要工具,因其得以斟酌社会经济上差异性,并有助于社会调节。用以确保最低程度之共识与社会团结,而有别于古典自由法治国家之课税中立原则。严峻的遗产税制象征着对资本主义体制之异议与批判,表现出一种深刻而尖酸的道德愤慨,故有谓此种遗产税已非租税,只是徒具租税形式之政治手段。但遗产税以财政手段干扰经济之平衡状态,对当事人基本权而言,影响不可谓不大;再者,今日之继承人即明日之死者,目前所负担之遗产税,绝不会不影响及于将来之储蓄、消费与投资。故对遗产税及赠与税加以法律层面之理解,将提供无限宽广与富批判力之思维空间,诸如继承制度、夫妻财产、所有权制度及量能课税原则、平等原则,透过遗产税之检视、试炼与诠释,更能突显出其中之紧张与矛盾。

---

① 以下依笔者旧稿遗产税规划与法治国理念改写,收入《税法基本问题》,2005 年增订版,台湾元照出版有限公司,第 227 页以下。

② 此为美国谚语。唯世人逐渐发现量能课税负担普遍课征理想在现实社会中难以实现,特别为所得收入最多者,因过度之租税优惠,纳税义务往往得以降低甚至免纳所得税或继承税。是以美国经济学家将该俗谚改为"世事无常,唯一可得确定者,为死亡与租税改革"。因租税负担不公平往往引起不满,若干年后必有租税改革运动兴起,尤以宪政国家总统选举时尤烈。

二、遗产税在宪法上依据

根据台湾"宪法"第 23 条的反面推论,人民之自由权利为"增进公共利益所必要者"得"以法律限制之",税捐的缴纳乃在满足国家财政需求,以推展国家任务,系为增进公共利益,而课以纳税义务。人民透过金钱给付,牺牲其部分财产权,得以免除其他作为义务(如服劳役),保全经济行为的自由,符合比例原则,自属公共利益所必要。人民虽为公共利益依法律负纳税义务(台湾"宪法"第 19 条),但租税种类众多,立法者所选择之课税客体,是否即为增进公共利益所必要,仍有探究审查之必要,亦即遗产及赠与税有无课征之必要,对私经济及私有财产保障是否充分,均须予以检讨。此涉及遗产及赠与税之依据问题,此种租税依据问题,亦涉及遗产及赠与税之法律解释与法律意旨,[①]而租税规划不得违反税法立法意旨,否则即为脱法避税行为,此种遗产税依据问题或合理正当性问题,在宪政国家自然须从宪法中探求依据。[②]

(一)给付国家邻近说

此说认为社会给付国家,对人民负有保护照顾义务,与关系疏远的继承人相较,对死者而言更为亲近。故继承法上法定继承限于一定亲属,并对遗产课以一定之累进税。[③] 但台湾地区"宪法"既承认并保障私有财产制(第 15 条),是以继承权为私领域产物,而遗产税乃基于公共利益,则属公法之给付。不宜将公法上遗产税之依据,归之当局继承权,而使"宪法"所承认之公私领域区分及当局社会二元论[④]相互抵触。

(二)国家居于准亲属地位说

遗产税之依据亦有基于大家族之解体观念而来。按古代之继承,无论台湾

---

① 例如遗产税依据社会所分配政策或财政收入之分担即有不同,后者自需考虑量能课税平等原则,前者需考虑量能原则牺牲程度是否侵害平等权之核心领域及目的手段是否相当合乎比例。

② K. Vogel, Rechtfertigung der Steuern. Eine vergessene Vorfrage, Der Staat, 1986, S. 481.

③ W. Leisner, Verfassungsrechtliche Grenzen der Erbschaftsbesteuerung, 1969, S. 18.

④ 葛克昌:《国家与社会二元论及其宪法意义》,载《台大法学论丛》1994 年第 24 卷第 1 期;以及本书第二章。

地区旧律及欧洲日耳曼法,家产为家属团体公同共有,族产、家产之继承,不过为财产管理人地位之更替,只要继承时,家产仍能维持家属团体之功能,应免于课税,[1]以其用以供应家属之扶养需要。现行法个人死亡时,财产应传于一定亲属(法定继承主义),虽承认遗嘱自由但仍遗留部分于法定继承人(特留分),均为此种遗迹。迨今日由个人继承,免税理由已不存在。而国家须扮演家族同样之社会功能,国家基于准亲属地位,遗产税即为国家代替家族家产负社会扶养照顾责任之对价。在德国魏玛宪法第 154 条第 2 项明文规定国家有权参与继承财产之分配,亦为此种国家继承权之依据。[2]唯基于继承为私法关系,遗产税为公法关系,国家准亲属地位说在台湾地区并无"宪法"根据。

(三)社会政策工具说

国家成为社会正义之促成者,在今日已成为众多改革的重要目标;往往也成为课征遗产税之合理正当性依据,因其具有财产重分配效果。[3]

今日税法大体可分为两类:(1)以财政收入为目的之税法,以及(2)以管制诱导目的为目的之税法。后者又可分为以经济政策目的之税法及社会政策目的之税法。从宪法基本权观点,以财政收入为目的的税法,其目的非在增益国家税收,而在国家财政收入应如何公平分担于国民间,亦即以财政收入为目的之税法,产生负担效果(Belastungswirkung)。此种效果于宪法上的衡量标准,即平等原则(台湾"宪法"第 7 条),适用租税负担之原则,即为量能课税原则。就诱导管制为目的之税法而言,即产生形成效果(Gestaltungswirkung),此种效果宪法上衡量标准,即为财产权保障及行为自由保障(台湾"宪法"第 15 条与第 22 条)。

台湾地区之"遗产及赠与税法"系以死者遗产为对象,不以继承人所继承者为对象,为遗产税而非继承税,继承税本质上为利得税(取得税),遗产税性质上为财产税。[4]但台湾地区所以不实行继承税,系因遗嘱制度不经法院检认程序,避免继承人因规避继承税而分散遗产。就私有财产制国家(资本主义国家)税制,因财产权受宪法保障,原则上税源求诸财产所生孳息,不及财产(资本)自身,少数例外如地价税、房屋税只课以轻度税率,事实上只是就"应有收益(孳息)"课税仍非财产自身。

台湾地区累进式遗产税,不但对遗产课征,而累进最高税率高达 50%("遗

① W. Leisner, Verfassungsrechtliche Grenzen der Erbschaftsbesteuerung, 1970, S. 19.
② Ritschl, HDSW III, 1964, S. 275.
③ Kisker, Die ErbSt als Mittel der Vermögenredistribution, 1964.
④ Kopp, Kommentar zum Erbschaftssteuer und Schenkungsteuergesetz, 1989, Einl. Rz. 4.

产及赠与税法"第 13 条第 10 款),尚非"应有收益税"。而有别于地价税、房屋税,当然具有社会改革,缓和对私有财产制度之反感在内。但此亦仅为租税正义之要求,而非真正之财产重分配。盖遗产税所分配者,为人民之租税负担,而非国民间之财产权。只有不承认私有财产之国家,而将生产工具收归国有之国家,始有权为财产分配。由于宪法保障财产权,故没收式遗产税在台湾地区"宪法"下仍属"违宪"。因此,遗产税之社会政策目的,只能算是次要目的,而其主要目的仍在财政目的——依量能课税原则予以考虑。遗产税之宪法依据,主要仍在平等原则(台湾"宪法"第 7 条)。

(四)租税负担能力说

以上所述各种遗产税依据理论,均有其缺陷,而与现行台湾"宪法"不能完全兼容。由于遗产税起源甚古,长久不衰,其中最主要者仍在于其负担能力与财政需要。就国家而言,遗产税与赠与税是经常性租税,但对于纳税人而言,只有在留有遗产(继承)或赠与时才课税,而属于临时性租税,而赠与税则属继承税之补足税。遗产税在一代间才产生一次,基于偶然继承时取得大量财产并无相当对价,其租税负担能力相当可观。按遗产为生前之积蓄,国家如要就其课税,向死者之遗产管理人或继承人受遗赠人课征,较之向死者生前每年增加其所得税,牺牲痛苦感必较少。而当遗产交与继承人或管理人时,向其课征亦是最有利时机,因此遗产税最主要依据,不外乎平等原则(台湾"宪法"第 7 条)。而基于公共利益所生之社会政策目的,只是次要的依据。[1]

基于平等原则,不仅对遗产税本身,同时也要将遗产税与所得税互相衡量比较。[2] 台湾地区虽因稽征行政上不易克服之困难,避免因分割遗产课征,而减少税收,乃实行遗产税不采继承税,课征方式虽有差异,基本上均为所得税的替代。遗产税在继承开始时就遗产课税,实际上即对继承人就遗产取得课征。就此意义而言,遗产税已不再是传统认为对死者生前所得税之补充税或矫正税,[3]遗产不同于所得具有特别课税要件,但与所得税具有同样之租税负担能力,在当局财政收入需要时,依此量能课税原则,"立法者"具有裁量权以法律课征遗产税及其补充税——赠与税。[4]

---

[1]　W. Leisner, Verfassungsrechtliche Grenzen der Erbschaftsbesteuerung, 1970, S. 27.

[2]　Kopp, Kommentar zum Erbschaftssteuer und Schenkungsteuergesetz, 1989, Enl. Rz. 13~22.

[3]　W. Leisner, Verfassungsrechtliche Grenzen der Erbschaftsbesteuerung, 1970, S. 29.

[4]　S. Bach, Die Perspektiven des Leistungsfähigkeitsprinzips, StuW 2/1991, S. 127.

三、遗产税与法治国理念

从依法治国理念,吾人可对遗产税得出以下几点观点:

1. 借遗产税以达到急遽、革命性之社会改造与财产重分配目的,已非传统意义之租税,就法治国理念而言,系国家权力之滥用,至少是法律形态之滥用。[①]但借遗产税以减轻社会不公平,而仍以财政收入为主要目的,社会正义为次要目的之遗产税,符合现代社会法治国理念,[②]按社会法治国家系奠基于自由法治国基础,对其加以修正改革,而非革命。

2. 遗产及赠与税之税率,依负担能力课征,但不得逾量过高致违反比例原则,而损及宪法上财产权保障原则。盖台湾"宪法"以私有财产制度为主,所有权人虽因公共利益在法律依据下附有社会义务(台湾"宪法"第 15 条、第 22 条、第 23 条),但不能本末倒置,产生没收式遗产税或赠与税。[③]

3. 遗产及赠与税实务上缴纳者多为不动产——土地及房屋,不动产之评价关系遗产税成败。公告地价、评定价格也好,实质市价也好,重要是公平依其负担能力,而不扰民。

4. 法治国租税立法,虽有其裁量权,但仍受宪法基本价值观及租税伦理的拘束,在现行社会通行之核心家庭制度下,被继承人最亲近之人及其遗志均须予必要之尊重。税法虽有其独立性,但基于法秩序统一性,仍不得干扰其他法域之核心价值。[④]

遗产税及赠与税其主要依据,在于继承时就遗产课税,为满足国家财政需求,就其具有负担租税能力者,予以课征;至于社会正义之促成,属其次要附随目的。故遗产税改革是否合宪,应以量能原则、平等原则为衡量标准。

对遗产课税,其意义在于国家对遗产价值参与分配,国家借由遗产税请求权而介入私人之继承权,而与宪法所保障财产自由基本权产生紧张关系。由于私有财产受基本权保障之作用,国民得以自由使用、收益、处分其财产,并排除他人

---

① W. Leisner, Verfassungsrechtliche Grenzen der Erbschaftsbesteuerung, 1970, S. 125.

② 葛克昌:《租税正义与社会福利给付》,载《财税研究》1994 年第 26 卷第 3 期;以及本书第四章。

③ 进一步论述请参阅黄源浩:《从"绞杀禁止"到"半数原则"——比例原则在税法领域之适用》,载《财税研究》2004 年第 36 期第 1 卷。

④ 葛克昌:《租税国家之婚姻家庭保障任务》,载《月旦法学》2007 年第 142 期;税法之独立性及宪法界限,请参阅 A. Raupach, Darf das Steuerrecht andere Teile der Rechtsordnung storen? In FS Tipke zum 70 Geburztag. S. 105ff.

及国家干预。财产自由权,不仅生前所有权人自身得享有,死后遗留与家属者亦受保障,此涉及私有财产制度与继承权之民法秩序。

第三节　遗产税改革与基本权保障

台湾租税改革因受"租税法律(定)主义"拘束,须透过立法或修法为之,唯"'立法院'行使立法权时,虽有相当广泛自由形成空间,但不得逾越'宪法'规定及'司法院'所为之'宪法'解释。"("司法院""释字第 405 号解释"理由书)已如前述。所谓不得逾越之"宪法"规定,其中台湾"宪法"有特别规范者,如"土地价值非因施以劳力资本而增加者,应由国家征收土地增值税,归人民共享之"(台湾"宪法"第 143 条第 3 项)。虽然土地增值是否应以土地增值税税目或课征财产交易所得税容有争议,但租税改革不得全面废止土地增值税应予课税之规定;[①]或虽无特别规范,但租税立法仍不得侵犯基本权之核心领域,特别是财产权、工作权与平等权。"立法权"亦不得逾越台湾"'司法院'所为之'宪法'解释",主要指"量能课税原则"(台湾"释字第 597 号解释"、"第 465 号解释"理由书)、"婚姻与家庭制度保障"("释字第 362、552、554 号解释")及"地方自治为'宪法'所保障之制度"("释字第 498、550 号解释"),以下分述之。

一、基本权核心作为遗产税改革界限

基本权传统区分为自由权与平等权。自由权保障人民免于自由之短缺;平等权要求国家,对人民非有正当理由,不得为差别待遇。主要基本权为自由权,平等权由"宪法"第 7 条所规范。基本权可分为两个层面:客观法律层面与主观权利层面。在客观法律层面系将基本权作为国家之义务,要求其对人民某特定权利不得侵犯(不作为义务)或对人民某特定权利或利益应予保障(作为义务)。德国基本法第 1 条第 3 项甚至明定:"以下各基本权作为直接现行法,拘束立法、行政及司法。"即从客观法律层面表现基本权功能。就主观权利层面系将基本权作为人民之权利,请求国家为特定作为且于国家对其自由之侵犯时予以防御之权(不作为)。

---

① 德国基本法第 106 条即明定中央与地方税目,主要意旨依 Vogel 教授见解,系作为租税改革之刹车器,不以简单多数决即侵害地方自治之制度保障。Vgl. K. Vogel, Zur Auslegung des Artikiels 106 Grundgesetz, in FS Tipke zum 70 Geburtstag.

(一)自由权

遗产税改革不得侵入自由权之核心领域,主要指财产自由权、工作权与一般行为自由权,特别是经济行为自由。对自由权之侵犯,纳税人所得主张之权利,首先即为消极防御权,违反自由权之行政处分系违宪应予撤销,其法规命令违宪而无效,违反自由权之法律系违宪。此消极防御权系基于国家之不作为义务;为人民亦可基于国家作为义务,而向国家为给付之请求,包括制度性保障、基本权最低程度保障及保护权。[①] 综上所述,自由权之功能如下:

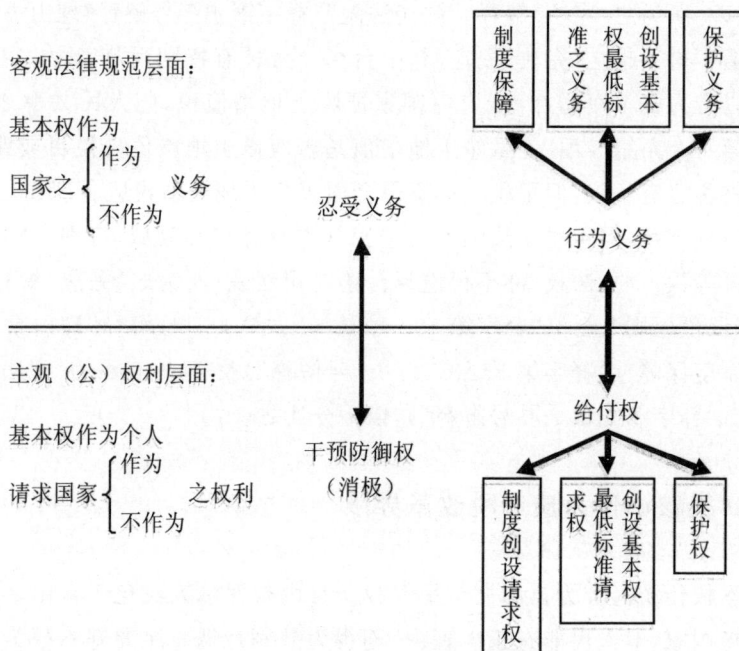

具体而言,遗产税及赠与税改革涉及自由权如下述:

1. 财产权

借因量能负担原则税捐介入个人经济给付能力,[②]亦对纳税人财产权之干

---

① Krins, Grund und Grenzen grundrechtlicher Schutzansprüche, 2003. S. 112ff.；J. Isensee in：HanbStR BdV，§ 111 Rn. 106ff.；V. Epping, Grundrecht, 3 Aufl.，2007, S. 6.

② 台湾"司法院""释字第 565 号解释"理由书明示:"纳税义务人应按其实质税负能力,负担应负担之税捐。……唯为增进公共利益……或特别规定,给予特定范围纳税义务人减轻或免除租税之优惠措施,而为有正当理由之差别待遇。"对财政收入为目的租税系个人经济给付能力予以定税捐负担之干预程序;至于非财政目的税捐是否能侵害量能课税原则核心领域,则仍有争议。参见葛克昌:《租税优惠、平等原则与违宪审查》,收入《税法基本问题》,第277 页以下。

预。依德国联邦宪法法院近年所强调者,税捐系对纳税义务人之行为自由之干预、对纳税人财产处分权与收益权之介入,涉及私有财产人之人格发展[BVerfGE 93,121 (137);105,17 (146)]①。如有法律依据,受宪法保障之财产自由权虽能依税法予以限制,但不得侵害其核心领域,私有财产之私用性与私处分权之法律地位应予维持[BVerfGE 93,121 (137);87,153 (160)]。财产权保障权利、实物、金钱等私有财产之持有、收益、管理、处分[BVerfG 97,350 (370)]。宪法保障财产权借其自由处分其经济基础,以确保个人自由。从基本权谱系中,财产权保障之任务,"在于确保基本权主体在财产权领域内有其自由空间,而得以形成其自我负责之生活"[BVerfG 97,350 (371)]。个人之生存与自由之经济基础,在今日多数国民仰赖职业收入并辅以社会安全体系,但传统多仰赖财产之持续状态。所有权人之财产价值法律地位及从财产权衍生各种权利之主体,应得以对抗国家课税权之侵害。是以,生存最低之需求成为税课之界限[BVerfGE 87,153 (169f.)]。总体税捐负担,应就收入减除成本、费用之余额为之,依类型观察法,其税课上限,仅能接近半数②[BVerfGE,93,121 (138)]。基于此种半数理论,鉴于公共福祉原则,在遗产或继承税税课应维持企业永续经营理念,企业作为生产与就业场所,应特别受公共福祉原则所拘束,而附有增进公共福祉义务。是以遗产税或继承税之课征,不得有害于企业之永续经营(BVerfGE 93,165,175,176)。又财产权保障中,个人及家庭所需财产,须予以特别之保障,课税时对纳税人及其家庭应确保其自我负责、形成各生活领域之自由空间。因此,就常规或一般家用财产,应予保障而免于税课干预,在遗产或继承税中应予充分免税额(BVerfGE 93,165,175)。

2.工作权

(1)三阶段理论

台湾"宪法"保障人民之工作权(第15条),依台湾"司法院""释字第404号解释"及"第411号解释",将工作权区分为"自由选择之工作及职业"及"从事工作方法"而予以不同之违宪审查基准。例如依照"释字第404号解释"意旨,认为对工作权得以法律为适当之限制:"'宪法'第15条规定人民之工作权应予保障,

---

① 台湾"司法院""释字第400号解释"明示:"'宪法'第15条关于人民财产权应予保障之规定,旨在个人依财产之存续状态行使其自由使用、收益及处分之权能,并免于遭受公权力或第三人之侵害,俾能实现个人自由、发展人格及维护尊严。"亦同此旨。

② 受德国前联邦宪法法官Kirchhof影响所发展出"半数理论",进一步讨论参见黄源浩:《从"绞杀禁止"到"半数原则"》,载《财税研究》2004年第36卷第1期;葛克昌:《纳税人财产权保障》,收入《行政程序与纳税人基本权》,台湾翰芦图书出版有限公司2005年增订版,第133页以下。

故人民得自由选择工作及职业,以维持生计。唯人民之工作与公共福祉有密切关系及应具备之资格或其他要件,得以法律为适当之限制,此观'宪法'第23条之规定自明。""释字第411号解释"理由书则认为:"由于土木与结构工程均涉及公共安全,限由学有专精者执行其专长业务,是为增进公共利益所必要,与'宪法'对人民工作权之保障,尚无抵触。""释字第514号解释"就职业选择自由加以说明:"基于'宪法'上工作权之保障,人民得自由选择从事一定之营业为其职业,而有开业、停业与否及从事营业之时间、地点、对象及方式自由。"此类解释虽未明示,但皆染上德国联邦宪法法院1958年"药房判决"之三阶段理论之影子(BVerfGE 7,377f.)。

该判决所指之三阶段理论,指:"执业执行自由之限制"、"职业选择自由之主观许可要件"、"职业选择自由之客观许可要件",越属前阶段之工作权限制,立法裁量权越大;越属后阶段者,依比例原则审查,其违宪审查密度越高。[1] 三阶段理论,试以图示阐述如下:[2]

职业之执行	职 业 选 择	
第一阶段	第二阶段 主观许可要件	第三阶段 客观许可要件
目的:保护社会公众法益	目的:保护特殊重大之社会公益法益	目的:防御对极重大社会公众法益构成,可证实显然严重危害
限制手段: 适合性 必要性 相当性	限制手段: 适合性 必要性 相当性	限制手段: 适合性 绝对必要性 相当性

就第一阶段指"从事工作方法之自由"而言,如广告限制、营业时间、营业设备限制,只要系为公共利益之必要,依法律且符合一般比例原则即可加以限制。

---

[1] V. Epping, Grundrechte, 3. Aufl. 2007, S. 166.

[2] 德国联邦宪法法院关于职业自由限制之三阶理论,参阅李惠宗:《德国基本法所保障之职业自由》,载《德国联邦宪法法院裁判选辑(七)》,1997年6月,第1页以下。

就第二阶段"职业选择自由"之限制,指"人民之工作与公共福祉有密切关系及应具备之资格或其他要件"(台湾"释字第 404 号解释"),例如:学历、证照、考试等主观要件,须经权衡,而有较个人自由更值得优先保护之"特殊重大社会法益",始得立法加以限制之。至于第三阶段职业自由限制,则涉及总量管制,地区药房开设数目与国家垄断或地区有关,原则不得限制,只有在具极重大公益要求时,即为防杜明显而高度之危险时,亦即"绝对必要时",始得依法律限制之。问题是:税捐负担是否为职业自由之限制? 遗产及赠与税法又有何特殊之处?

(2)税法与工作权保障

税捐负担亦为职业秩序中之一部分,税捐负担减低职业收入,同时限制了职业自由。[①] 德国联邦宪法法院于 1992 年 9 月 25 日,曾就免税额作成如下判决(BVerfGE 87,153,169):"税法就限制自由之作用,应以基本法第 2 条第 1 项[②]予以衡量。因此应斟酌考虑者,系税法对财产权及职业范围内(基本法第 14 条第 1 项、第 12 条第 1 项)对人格发展之一般行为自由予以干预;其法律上意义,为税法具有'绞杀性效果'为法所不许;受保障之自由得受(税捐)限制者,仅限于基本权主体(纳税义务人)其私有财产之经济效果,但其所创造具有财产价值之法律地位,而财产权核心部分仍保有在其手中。"此种以税捐是否具有绞杀性效果,作为课税权界限,在职业自由保障上显有不足。[③] 因德国联邦宪法法院只将作为职业执行规则,而不涉及职业选择自由(BVerfGE 13,181,186;14,76,100;16,147,162;26,1,12;37,1,17;38,61,79;42,374,384f.f.;46,120,137;47,1,27)。由于在职业自由限制,税法仅为第一阶段之限制,立法者因此具有较大裁量自由(BVerfGE 47,1,27)。只有在课税结果,致依该职业通常情形,已属无法永续经营者,始构成对人民职业自由之损害,因其对职业自由所赖以维生之基础,有所伤害(BVerfGE 13,181,186;38,61,855)。德国联邦宪法法院此种见解,对税课影响职业自由,只从专业活动保障之单一角度审视,而未从其经济背景审查其是否已造成市场干扰之结果。在税法以外领域,德国联邦宪法法院见解则与此有所不同,对基本法第 12 条第 1 项职业自由之保障,非针对特定职业之功能,毋宁在于人民有权选择特定之职业活动,并以此作为经济活动之基础(BVerfGE 7,377;30,392)。换言之,职业自由所保障者非

---

① R. Kirchhof, Der sanfte Verlust Freiheit, 2004, S. 111.

② 该条明定:"凡人均有自由发展人格之权利,但不得侵犯他人权利、违反宪法秩序或善良风俗。"

③ K. Tipke, Die Steuerrechtsordnung I, 2. Aufl. 2000, S. 431ff;黄源浩:《从"绞杀禁止"到"半数原则"》,载《财税研究》2004 年第 36 卷第 1 期。

在特定活动,而在作为营利之工具。

事实上,营业行为与营业结果不应分离,故租税立法如对营业结果可能有所干预,不可避免地亦将对营业行为有所干预。换言之,以财政收入为目的之租税,不得对市场经济法则有所干预;财政收入以外目的的租税(社会政策或经济政策目的之租税),应受比例原则审查,如税课影响特定职业之存续,涉及职业选择自由,原则上不应许可。总之,宪法保障工作权,不宜针对特定职业为过度之减免,如现行所得税法对证券交易所得停征所得税,使证券交易损失亦不得扣除,对工作权自然有所影响。[①] 另一方面,税课亦不宜使特定职业生存发生困难,至干预职业选择自由。

(3)遗产税与工作权保障

就遗产税法与工作权保障,须予阐明之问题有三:

①遗产税法是否具有职业规制性质?

②如具有职业规制性质,究竟为职业执行规制或职业选择自由之限制?

③如为职业选择自由之限制,究竟系主观许可要件之限制,还是客观许可要件之限制?

就第一个问题,答案为肯定。因遗产税倘过高,不免导致企业无法永续经营。[②] 私营企业可能因几次遗产税负担转移为公有。遗产税之介入亦可改变经营形式,具有职业规制效果。遗产税负担之对象虽为公法上金钱给付,并不针对特定职业,但职业规制规则无须针对特定职业为规制,仅须对职业活动产生重大影响或限制为已足。

就第二个问题,遗产税同时是职业执行与职业选择规制。遗产税减少了原有之财产,适度之遗产税在此情况下,规制了职业之执行。遗产继承时,须负担遗产税,有如继受遗产须支出许可费,而这些费用自然使营利降低(BVerfGE 13,184f.)。

过度之遗产税税率,致继承得之企业,无法得利致难以永续经营,此种经营危机,有害职业选择自由,成为职业自由之客观许可要件。亦有对遗产之继受人设下主观许可要件者,例如:在要求农地限由具有农民身份继承人一人继承,始可免税之时代,更可看出此种效果。对职业自由之主观许可要件限制,须经权衡

---

① 进一步分析,参见葛克昌:《租税优惠、平等原则与违宪审查——台湾"大法官释字第565号解释"评析》,收入《税法基本问题》,台湾元照出版有限公司2005年增订版,第268页以下。

② W. Leisner, Verfassungsrechtliche Grenzen der Erbschaftsbesteuerung, 1969, S. 98.

后,有重大公益要求,始可为之。过度之遗产税,难以具备重大公益要求。[①]

(四)平等权保障

平等权之保障,可区分为一般平等权之保障与遗产及赠与税之特别平等权保障。后者又分为财政收入为目的之遗产及赠与税之平等要求,以及非财政收入目的之租税优惠。二者之平等要求均与量能平等负担及婚姻家庭保障有关,此皆非台湾"宪法"所明定,而为台湾"司法院""宪法"解释所发展出来者,此一部分为下文所讨论。此处先探讨一般平等权之功能。

遗产税改革不得侵犯平等权之核心领域,一方面指继承人之最低生存保障标准不容侵犯,另一方面对于婚姻家庭不得歧视,租税优惠不得过度。由于基本权拘束立法、行政与司法,对平等权而言更有其适用性。平等权不同于自由权,最初之意义系要求国家权力作用须符合"恣意禁止"原则,原为客观之法规范,亦即纯粹是国家之义务规范。但平等权如与其他基本权相结合,如:财产权或工作权之平等保障,则为主观之公权利。[②] 亦即,对不平等处遇之消极防御权。

就基本权之主权权利方面,为衍生之给付权,亦即对现有之给付权之分享。[③] 吾人将平等权之功能,图标如下:

二、宪法解释作为遗产税改革界限

台湾"立法院"于遗产税改革行使"立法权",虽有相当广泛之自由形成空间,但不得逾越台湾"司法院"所为之"宪法"解释。其主要者有"量能课税原则"("释字第 597、465 号解释理由书")、"婚姻与家庭制度保障"("释字第 362、552、554 号解释")及"地方自治之制度保障"("释字第 489、550 号解释"),以下分述之:

(一)量能课税原则

遗产税之宪法依据,应依量能平等负担遗产为最妥适。此种宪法依据,除在遗产税法律解释应斟酌此立法目的外,[④]并应受合宪解释之管制。台湾"司法院""释字第 597 号"明示:"各该法律(税法)之内容应符合量能课税公平原则"赋

---

① W. Leisner, a. a. O. , S. 101.

② W. Leisner, a. a. O. , S. 84.

③ V. Epping, Grundrecht, 3. Aufl. 2007, S. 7.

④ E. Höhn, Zweck(e) des Steuerrechts und Auslegung, in: FS Tipke zum 70 Gebutstaag. S. 213

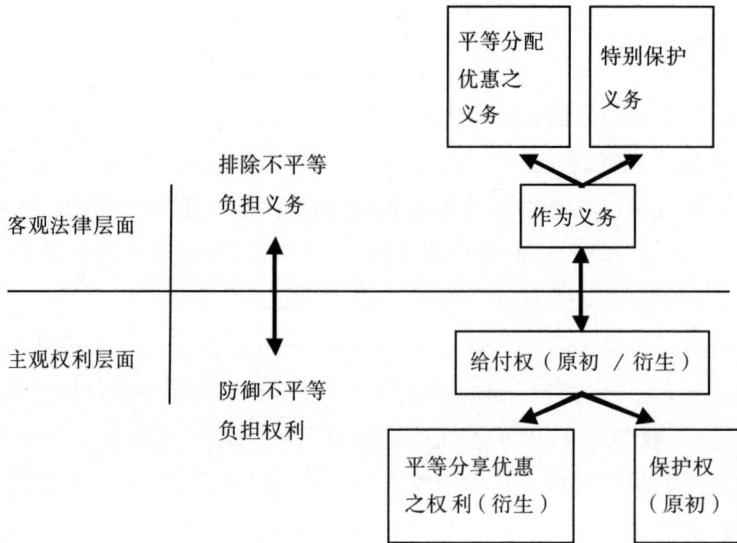

予崭新司法审查风格,不仅以此内涵作为司法审查基准,并将税法置于宪法审查伦理基准,针对议会多数决权限,有所节制。

1.规范性原则

一般法律条文是由法律要件与法律效果所构成,称之为法规则;但法律不仅由法律规则所组成,在规则之间及其背后,另有法原则存在。法原则系由宪法、法律、判例加以具体化之一般法律原则("行政程序法"第 4 条)及一般法律基本思想。法原则由复数法规范适用结果,或由复数法规范中共同本质所归纳而成之实证法指导准则或指导思想,[①]其包括法之深层结构与基本决定,以防范个别法规则之恣意立法。

宪法规范系由体系性原则所具体化,其对法律之形成与法律解释具有重大意义。法律原则为税法体系中重要支架。大体税法原则可区分为两大基本原则:实体之基本原则与形式上基本原则。实体之基本原则为量能课税平等负担原则,简称量能原则;形式之基本原则为法治国原则,主要指租税法律主义。基本原则下衍生各个税法原则,如实体之主观客观净所得原则,及技术性之年度课税原则。

---

① Röhl, Allgemeine Rechtslehre, 1995 § 32. 陈显武:《论法学上规则与原则之区分》,载《台大法学论丛》2005 年第 34 卷第 1 期;张嘉尹:《法律原则、法律体系与法概念论》,载《辅仁法学》第 24 期。

　　税法之最高理想,不外乎以租税正义作为租税负担之衡量标准,①税课之衡量标准并非抽象之租税政策之理念,而为宪法具有规范力之正义要求。税法学强调租税立法者需受正义要求之拘束,税法作为正义体系须与特定之租税正义相符。② 税法之首要原则为量能课税原则。③ 量能原则长期以来,多被视为税法之结构性原则④;亦即个人之租税负担应依其经济之给付能力来衡量。

　　量能原则之肯认,在台湾地区不仅为学者所普遍实行,⑤在实务界,亦逐渐得到承认。

　　2.量能原则之宪法依据

　　在台湾量能原则不仅基于宪法平等原则("释字第 565 号解释理由书"),而系由台湾"宪法"中民主原理,自由权、平等权及社会国理念所共同作用所衍生。⑥ 具体而言,基于"宪法"所保障之概括自由权(第 22 条)和财产自由权(第15 条),个人得依财产存续状态行使其自由使用、收益及处分之权能,免受公权力之侵害,俾能实现个人自由、发展人格及维护尊严("释字第 400 号解释"),唯此种财产使用收益自由,须受社会衡平(公共)负担正义之限制(台湾"宪法"第 7条)。是以量能课税原则,单独由台湾"宪法"第 7 条平等原则所导出尚有不足,由社会国原则亦然⑦;同样将量能课税原则视为财产自由权之对立面,或对财产权保障之限制,亦尚有未恰。⑧ 毋宁说,量能课税原则包含在宪法所保障财产自由权制度之中,按此种私有财产权制度,因考虑公共负担平等、全体纳税人共同体间团结原则,及社会义务拘束理念,在财产使用收益,分担公共支出之结构性原则,即为量能原则,基此观点,该原则应适用于以财政收入为目的之一切税捐。至于非以财政收入为主要目的租税,系以经济、社会、环保政策为主要目的,以租税优惠或特别负担为手段,本质上系牺牲量能平等负担原则,已非税法而为经济

　　① H. Weber-Grellet, Steuern im modernen Verfassungsstaat, 2001, S. 27.

　　② K. Tipke, Die Steuerrechtsordnung I, 2. Aufl, 2000, S. 256ff.

　　③ K. Tipke, a. a. O. , S. 479ff; P. Kirchhof, StuW 1985, 319ff. 葛克昌:《量能原则与所得税法》,收入《税法基本问题》,台湾元照出版有限公司 2005 年增订版,第 195 页以下。

　　④ K. Vogel, Die Dogmatik des Leistungsfähigkeitsprinzips, DStJG 1989, 123, 141.

　　⑤ 例如陈敏教授认为"各税法所共同之基本原则及其课征限制"(氏著:《宪法之租税概念及其课征限制》,载《政大法学评论》第 24 期);陈清秀教授则称量能课税原则及课税基础原则限制(氏著:《税法总论》,台湾元照出版有限公司 2004 年版,第 23 页)。

　　⑥ 此系基于宪法一体性原则,参见 Häberle, JöR 48 (2000) 399, 417.

　　⑦ 促进民生福祉及宪法基本原则,此观之台湾"宪法"前言、第 1 条基本政策及"宪法"增修条文"第 10 条之规定自明"("释字第 485 字解释")。参见陈英钤:《"自由法治国"与"社会政治国"的制度选择》,载《台湾本土法学杂志》1999 年第 4 期。

　　⑧ H. Weber-Grellet, a. a. O.(同注 43), S. 167.

法、社会法及环保法。①

3. 垂直与水平之量能原则

量能平等课税原则,可从不同之角度观察,就绝对之量能课税原则系由台湾"宪法"第 15 条财产权、生存权,第 22 条自由权所派生,此为垂直租税正义之表现。相对之量能课税原则,系由台湾"宪法"第 7 条平等原则及社会国原则所派生,用以确立其与其他纳税人间关系,则为水平租税正义之展现。②垂直正义涉及课征之程度及对个人自由干预之强度,水平正义则为平等问题。量能课税原则具双重功能:首先为保障未具负担能力者或有限之负担能力者,免受税课侵害(垂直正义);其次为具负担能力者其负担程度,依其负担能力与他人比较定之(水平正义)。

宪法上税课平等原则,理想类型为社会国家所需资金经社会全体同意负担。量能负担原则用以确保个人合乎人性尊严之生存,同时,每位纳税义务人基于社会团结义务,依其负担能力负担租税。

绝对之量能负担能力,首先触及个人之整体租税负担之上限,例如近日热烈讨论之半数理论(半公半私原则)③以及净所得课税原理等;相对负担课税原则,涉及税课之累进税率,以及特别负担(灾害疾病扶养亲属)之扣除等,何者应为当局或社会须予斟酌者。

4. 量能原则与税法简化

量能原则适用时,在普遍适用该原则与税法简化间存有紧张关系。台湾"大法官释字第 473 号解释"对全民健康保险之保险费,认为"鉴于全民健康保险为社会保险,对于不同所得者,收取不同保险费,以符量能负担之公平性,并以类型化方式合理计算投保金额,以收简化功能"。④所论者虽系非税公课,但亦足以表现税法简化与量能原则间冲突。

---

① 参见葛克昌:《管制诱导性租税与违宪审查》,收入《行政程序与纳税人基本权》,台湾翰芦图书出版有限公司 2005 年增订版,第 103 页以下。

② D. Birk, Das Leistungsfähigkeitsprinzip als Maßstab der Steuernormen, 1983, S. 165 ff.

③ 参见黄源浩:《从"绞杀禁止"到"半数原则"——比例原则在税法领域之适用》,载《财税研究》2004 年第 36 卷第 1 期;葛克昌:《纳税人财产权保障》,收入《行政程序与纳税人基本权》,台湾翰芦图书出版有限公司 2005 年增订版,第 148 页以下。

④ 台湾"大法官释字第 473 号"对现行全民健保保险费以"量能负担"、"类型化"、"简化"作为合宪性基础,而未考虑及以职业区分之违反平等原则,依现行规定,既未考虑相同职业者不同之收益,亦未考虑家庭其他成员收益,更未斟酌负担之扶养亲属及疾病灾害,实与量能原则不符。

（二）婚姻家庭保护

为促进诱导某些基本权实现所设计之租税减免制度，在德国基本法第 6 条因有婚姻及家庭受国家特别保护之规定，并基此特别为家庭促进法之立法，其中并有租税优惠特别条款。[①] 此外为避免夫妻合并计税造成婚姻惩罚，经联邦宪法法庭宣告因违反基本法第 6 条无效，而引入"折半乘二"所得分割制。[②] 在台湾，"婚姻与家庭为社会形成与发展之基础，应受'宪法'制度性保障。"为"司法院""大法官释字第 554 号解释"所明示（参见"释字第 362、552 号解释"），但婚姻与家庭保障为宪法上制度性保障，台湾地区与德国并无不同。[③] 婚姻与家庭既受制度性保障，如对婚姻与家庭在租税负担上有不利情事，自与量能平等负担有违。结婚后，固然经济规模消费支出可能降低，唯亦有可能反而增加，特别是生养教育子女方面，然均不足以说明受制度保障之婚姻家庭，须受租税上之不利待遇。"司法院""释字第 318 号解释"明示："（夫妻）合并课税时，如纳税义务人与有所得之配偶及其他受扶养亲属合并计算税额，增加其税负者，即与租税公平原则有所不符。"是以，因累进税率适用，合并计税，除薪资所得外，较之单独计税显然增加税负。显与平等原则与婚姻制度保障有违。台湾"司法院"释字第 620 号解释理由书第 10 段明示，对"最高行政法院"2002 年 3 月 26 日决议"有违'民法'第 1030 条之一之立法目的及婚姻家庭应受'宪法'保障之意旨"。

台湾"司法院""释字第 554 号解释"明示："婚姻与家庭为社会形成与发展之基础，应受'宪法'制度性保障。"并谓："婚姻制度植基于人格自由，具有维护人伦秩序、男女平等、养育子女等社会性功能。"虽台湾地区"宪法"并未如世界人权宣言第 16 条明定："家庭为社会当然基本单位并应受社会及国家之保护。"亦无德国基本法第 6 条第 1 项明文："婚姻与家庭应受国家之特别保护。"但从台湾"宪法"第 22 条概括基本人权保障，及"宪法"第 156 条增修条文第 10 条第 6 项规范，在"宪法"解释上应与德国基本法并无不同。

由于社会变迁，台湾地区社会迟婚化、少子化与老龄化社会快速来临，双薪

[①] P. Kirchhof, Ehe-und familiengerechte Gestaltung der Einkommensteuer, NJW2000, S. 2792

[②] H. J. Kanzler, Besteuerung von Ehe und Familie, DStJG, Band24, 2001, S. 417. Leisner, a. a. O. , S. 115ff.

[③] 戴东雄台湾"大法官"在"释字第 552 号"协同意见书，指出从台湾"宪法"第 22 条及 156 条母性保护规定，应与德国基本法第 6 条意旨相同。参见，李震山，家庭权，收入多元、宽容与人权保障，2005 年，页 149 以下。葛克昌，所得税与宪法（增订版），2003 年，翰芦，页 101 以下。

家庭成为社会主流,为因应此种社会变迁,婚姻与家庭应受特别保护之"宪法"要求尤为迫切。唯"现代法治国家成为社会国家,主要系以租税国家表现其功能",为避免国家直接干预婚姻与家庭,国家之婚姻与家庭保障任务,主要落在税法之改革上。

早在台湾"司法院"释字第 318 号解释已明示:"合并课税时,如纳税义务人与有所得之配偶及其他受扶养亲属合并计算税额,较之单独计算税额,增加其税负者,即与租税公平原则有所不符。""主管机关仍宜随时斟酌相关法律及社会经济情况,检讨改进。"自 1983 年后仍未改进。台湾地区"亲属法"夫妻法定财产制多有变革,尤以贯彻男女平等原则,重视家庭主妇(夫)家务与育幼贡献,并引入德国净益共同财产制,而有台湾"民法"第 1030 条之一之剩余财产分配请求权。

唯此种对主妇辛劳,在所得税法并未作相应修正,仍实行夫妻合并申报合并计税制度(台湾"所得税法"第 15 条),并因累进税率致婚姻受不利之税课,虽薪资所得分别计税缓和此种不利,但家庭主妇辛劳并未在所得税法上考虑。又储蓄投资特别扣除额,每户以 27 万元为限,购屋借款利息房屋租金均以每户为限,不利于婚姻家庭。此外,亲属法既承认分别财产制,所得税法又不许分别申报计税。因社会变迁,分居或其他非典型夫妻类型,税法上未予考虑。总之,台湾地区公法上特别税法思潮,未能赶上私法思潮及社会变迁,不仅不能积极因应少子、迟婚之社会变迁,积极在税制上仍有不利措施,此与世界各先进国家,改采折半乘二制与分别申报并行制,并在税法上多方引入对婚姻、子女有利制度,显然有很大差别。就遗产税而言,采总遗产制,但最高税率高达 50%,与财产税之"应有孳息"不符,如依量能原则,则需改为"继承税"或"家庭分割制",遗产税额除以继承人违反,适用累进税率再乘以人数,始符婚姻家庭之保障。

(三)地方自治之制度保障①

台湾"司法院""释字第 419 号解释"理由书明示:"公法上行为之当然违法致自始不生效力者,须其瑕疵已达重大且明显之程度始属相当……所谓重大系指违背'宪法'之基本原则,诸如国民主权、权力分立、地方自治团体之制度保障。""释字第 467 号"董翔飞、施文森"大法官"不同意见书则称:"此一解释……将省在'宪法'中制度性保障之地位与功能全盘予以否认。"刘铁铮"大法官"不同意见书则认为:"省仍受'宪法'制度性保障……此观该条文("增修条文"第九条)第一项开宗明义肯认'省、县地方制度'即为明证。""释字第 498 号解释"再次强调:

---

① 进一步讨论,参见葛克昌:《制度性保障与地方税》,载《法令月刊》第 59 卷第 5 期。

"地方自治为'宪法'所保障之制度"、"地方自治团体在'宪法'及法律保障之范围内,享有自主独立地位"。以上系地方自治团体在'宪法'上受制度性保障。至于地方自治以财政自主为核心,①台湾"司法院""释字第 550 号解释"则明示:"地方自治团体受'宪法'制度性保障,其施政所需之经费负担仍涉及财政自主权之事项。"又提出"不侵害其自主权核心领域"之见解。唯财政自主在租税国家②又以地方税自主为中心,③"释字第 277 号解释"明示"中央应就划归地方税课……制定地方税法通则……俾地方得据以行使'宪法'……赋予之立法权"。

地方税自主权应受宪法制度性保障,经台湾"司法院""宪法"解释所明示,但在现实上仍处于不安定地位,例如对某特定地方税立法变更为国税,经租税改革废止某特定地方税,或借由租税优惠削减地方税收益,或虽名为"国税"实则主要收益权归地方之税目予以变更或废止(如遗产赠与税)。以下分述之:

1. 地方税收入权应由宪法明定

地方财政自主权为地方自治之核心领域,受台湾"宪法"制度性保障,虽迭经"司法院"解释已如前述,但"国税"与地方税之划分,"宪法"既明定为台湾地区政府立法并执行事项(台湾"宪法"第 107 条第 1 项第 7 款),并制定"财政收支划分法",不仅使台湾地区政府独占课税权之划分,④即使已划归地方之税目,亦可能因财政收支划分法之修正,使原有之地方税改划为"国税",或受严重侵害,均与台湾"宪法"制度保障有违。虽台湾"司法院"解释,如能发挥积极功能,长期得依制度保障而为"违宪"审查,但地方税仍处于不安定地位,⑤为使地方财政自主得到宪法明确性保障,让地方长期规划成为可能,地方自治生命有持续可靠供养,

----

①　蔡茂寅:《地方自治之理论与地方自治法》,2006 年增补版,第 277 页以下;葛克昌:《规费、地方税与自治立法》,收入《税法基本问题——财政宪法篇》,台湾元照出版有限公司 2005 年增订版,第 252 页。

②　国家之类型,可由不同角度观察。如由财政形态考察,现代自由国家,将生产工具原则归私人所有而予宪法保障(私有财产制);国家支出之财源不仰赖国有财产收入、国营企业盈余;国家财政收入系来自私经济收益之"分享",亦即租税取得,谓之租税国家。参见 J. Isensee, Steuerstaat als Staatsform, in FS Ipsen, 1977, S. 409ff;参见本书第五章。

③　K. Tipke, Die Steuerrechtsordnung, III, 1993, S. 1082ff.;葛克昌:《地方课税与纳税人基本权》,收入《税法基本问题——财政宪法篇》,台湾元照出版有限公司 2005 年增订版,第 223 页以下。

④　学者黄俊杰,认台湾地区政府独占课税权之划分为"释字第 234 号"与"释字第 277 号解释"结果,该两号解释忽略地方财政自主,与台湾地区"宪法"第十章当局与地方权限划分之精神有所抵触。参见氏著:《财政划分之规划设计》,收入《财政宪法》,台湾翰芦图书出版有限公司 2005 年版,第 65 页以下。

⑤　参见本书第一章。

宜采取德国基本法模式,对课税权收入明定于宪法。^①

2.地方之参与与协商权

"法律之实施须由地方负担经费者……于制定过程中应予地方政府充分之参与……草拟此项法律,应与地方政府协商。"为台湾"司法院""释字第 550 号解释"所明示。有关地方税之立法与修正,各两院制国家宪法均定,应由代表地方之参议院通过。台湾地区无参议院制度,为确保地方政府之充分参与,未经地方同意或至少多数同意,不得片面由台湾"立法院"修正地方税之法律。固然此种程序,可能有碍租税改革,然基于地方自治之制度保障,及国家与地方自治团体系"对等、协力关系",此种程序保障为宪法之要求。

3.地方租税优惠制度与制度保障

地方税借由修法,引入租税优惠条款,由于地方税立法权仍落入台湾地区政府之手,台湾地区政府修法减免地方税,侵犯地方之租税收益权。按现行制度,不仅台湾地区政府有划分国税与地方税之权,已划分为地方税者,仍由台湾当局制定"地方税法通则",该通则规范地方自治团体并无充分之地方税立法权,而只拥有弹性调整空间。^② 多数之地方税法,如娱乐税法、土地税法均由台湾地区政府立法,台湾当局利用引入租税优惠条款或促进产业升级条例等减免地方税,亦即俗称之"中央请客,地方买单"问题,又某些国税主要之收益权归地方者,如遗产及赠与税法,亦然。此种租税优惠之立法因涉及地方财政自主之制度性保障,须受"违宪"审查。

4.地方有限课税立法权与国家干预

现行"地方税法通则"将地方税立法权原则仍归台湾地区政府,地方自治团体在法律具体授权范围内得弹性调整。是以除特别税课及临时税课外,地方自治团体并无地方税立法权。但此有限之税课立法权仍受国家之干预,亦即该"通则"第 3 条第 1 项但书"不得开征"第 4 款:"损及台湾地区整体利益或其他地方公共利益。"实则"损及台湾地区整体利益",涉及台湾地区政府与地方课税权之权限争议;"其他地方公共利益"则涉及地方间课税权争议。^③ 二者如由当局予

---

① K. Vogel, Zur Auslegung des Artikels 106 Grundgesetz, in FS K. Tipke zum 70. Geburtstag, S. 93ff. 廖钦福:《财政宪法与纳税人权利保障》,收入《现代宪法的理论与现实》,2007 年版,第 118 页。

② 进一步讨论参见黄俊杰:《地方税法通则之立法评估》,载《台湾本土法学杂志》2003 年第 42 期;葛克昌:《地方课税权与纳税人基本权》,收入《税法基本问题》,2005 年增订版,第 221 页以下。

③ 黄俊杰:《地方税法通则之立法评估》(同上注),收入《财政宪法》,台湾翰芦图书出版有限公司 2005 年版,第 218 页。

以单方裁量,亦有损于地方财政自主之制度保障。

综上讨论,就地方税与"宪法"制度保障,可归纳出下列几点讨论:

(1)地方自治团体之制度保障,为"宪法"之基本原则,而地方自治之核心领域为财政自主,财政自主又以地方税制度性保障为核心。

(2)受制度性保障之制度,消极禁止以立法加以废止,积极需透过立法者形成制度之内涵。

(3)地方自治团体为统治团体之公法人,虽非基本权主体,但地方自治制度本旨即为保障并实现住民之基本权,而为国家补充性原则之具体化。地方自治团体为居民之基本权,亦有向国家请求除去侵害及请求保护之权。

(4)台湾地区"宪法"第110条对"宪法"未列举权限划分事项明定"有台湾地区全区一致之性质属台湾地区政府……有一县之性质者属于县"原则,唯此一原则仍应辅以国家辅助性原则,即"地方能做,中央不做"。遇有争议时,由"立法院"解决之。但立法非代表地方之参议院,故有关地方事项,宜建立地方参与机制。基于制度性保障精神,立法者积极立法,建立相关法制。台湾"司法院"亦应积极利用宪法解释,阐明此点。在过渡时期,宜利用协商与合意解决之,以明国家与地方对等协力关系。

(5)地方税就狭义而言,指"地方税法通则"第2条,目前实务上只有行政权与救济权归属("国税局"或地方税捐稽征处)始有现实意义,唯台湾"宪法"之意旨划归为地方税者应归地方立法,"地方税法通则"限制地方立法权宜予修正,始符制度性保障原则。

(6)就收益权而言,地方税应就实质考察,如遗产及赠与税,80%归乡镇,亦应受制度保障,不仅不宜随意废止,如全面减低税率,亦应让地方协商,与替代性财源筹措。

第四节　宪法界限下遗产税改革

一、遗产税现况

租税国家不仅系指国家财政收入,主要取诸私经济所征纳之租税,而非出于国有财产、国营企业者①;其在社会法治国之宪法意义,正如 1954 年德国公法大师 Forsthoff 在《社会法治国之概念与本质》②一文所断言"所谓现代法治国家成为社会国家,主要系以租税国家之形态表现其功能"。法治国,特别是实质意义之法治国,本质上须同时成为租税国家。③ 因为国家财政收入由租税取得,国家自身不必保有国有财产或经营公营事业,财产及企业得以归属私有,人民取得私有财产后之纳税义务,即为取得营业自由与职业自由之对价。没有纳税义务,就不可能有经济自由;没有租税国家,也不可能有以经济自由为中心之实质法治国。④ 特别是现代法治国,同时要成为社会国家(社会法治国),不免有其扞格紧张之处:因社会国以调整现实社会不平等为己任,勇于打破社会不平之现状;而法治国以保障个人自由财产为前提,势必承认并保障现实不平等社会现状。法治国保障经济上自由权,本以排除国家干预为目的;坚持法治国保障,亦不免使社会国积极干预的理想为之落空。然而透过租税为中介,人民经济自由除依法纳税外得免于受国家干预;另一方面个人经济自由成为禁止国家干预之堡垒,亦因纳税义务得斟酌社会国目的而打开一缺口,即国家得借由累进税率、社会政策目的租税优惠、遗产赠与税制以及量能负担原则贯彻等加以调整,借此缺口国家得以介入并重组社会之财货秩序。故社会国家理想,要同时维持法治国传统,只有以租税国形态,表现其功能。⑤

累进税中最主要者,原为所得税,所得税产生之初本定位为富人税,"没有任何税比所得税更为民主、更富有人性及社会性"原为财政学者 Neumark 在《现代所得税理论与实务》一书扉页所引用之标语。⑥ 所得税系以所得归属人为中心,特别斟酌考虑纳税人个人状态与家庭负担,而被认为最符合量能原则之税目。

---

① 对国家考察,如基于其财政方式,现代自由国家,将生产工具原则归私人所有而予以宪法保障(私有财产制)。国家财政收入系透过私经济收益,亦即租税取得,谓之租税国家。参照,J. Isensee, Steuerstaat als Staatsform, in FS H. P. Ipsen, 1977, S. 409ff; P. Kirchhof, Wirtschaftsfreiheit und Steuerstaat, in B. Gemper (Hrsg.) Wirtschaftsfreiheit und Steuerstaat, 2001, S. 31ff. 参见本书第五章。蓝元骏:《熊彼特租税国思想与现代宪政国家》,台湾大学法律研究所 2005 年硕士论文,第 19 页以下。

② E. Forsthoff, Begriff und Wesen des Sozialen Rechtsstaats, VVDStRL 12 (1954), S. 32;翁岳生译:《社会法治国家之概念与本质》,载《宪政思潮》1974 年第 2 期。

③ K. H. Friauf, Unser Steuerstaat als Rechtsstaat, StbJb, 1977/78, S. 39ff.

④ K. H. Friauf, Verfassungsrechtliche Anförderung an die Gesetzgebung über die Steuern von Einkommen und von Ertrag. DStJG Bd12 (1989), S. 3ff.

⑤ 进一步讨论,参见葛克昌:《社会福利给付与租税正义》,收入《国家学与国家法》,台湾元照出版有限公司 1997 年版,第 48 页以下。

⑥ Neumark, Theorie und Praxis der modernen Einkommensbesteuerung, 1947, S. l.

但曾几何时,随着薪资所得就源扣缴的普遍采用、薪资所得不承认成本费用扣除之规定以及资本利得之租税优惠不断扩大,致本质上有很大转变。其转变成为对大众课税,尤其是成为薪资所得者不平的来源。[1] 反之,相较于薪资所得,在台湾,遗产税基本免税额为 700 万元,配偶扣除额为 400 万元,继承人为直系血亲卑亲属者之扣除额为 40 万元,未成年人每年可加扣 40 万元至 20 岁,故遗产税仍保持其富人税特质,只因具规避性而税收不丰。兹以 2005 年遗产税税收241 亿元,申报案件 5100 件,达最高税率(50%)者仅 154 件,但总缴纳税额 115亿元占总税额比例 47.7%。兹将该年度遗产税实征情形列表如下:

台湾地区 2005 年遗产税实征情形一览表[2]

级距	税率（%）	实征税额（千元）	实征件数	实征税额（%）	件数（%）	实征案件遗产总额（千元）
1	2	3696	482	0.01	9.42	7325096
2	4	16863	512	0.07	10.00	7634836
3	7	74511	652	0.31	12.74	11213899
4	11	115535	440	0.48	8.60	8473155
5	15	171275	397	0.71	7.76	8233587
6	20	631925	680	2.62	13.29	17612767
7	26	876393	468	3.64	9.14	14412453
8	33	4964245	966	20.59	18.87	46589315
9	41	5751502	367	23.86	7.17	33076230
10	50	11503723	154	47.71	3.01	53573480
合计		24109668	5118	100.00	100.00	208144818

二、遗产税改革

从前述宪法界限讨论,遗产税改革应由多元角度予以考虑,不能只由降低税率简化其过程。其中正当法律程序之落实与纳税人权利保障,始为提升租税竞争力之首要。如未考虑此二者,纵大量降低税率,仍不免困扰纳税人。

---

[1] 进一步讨论,参见葛克昌:《综合所得税与宪法》,收入《所得税与宪法》,台湾翰芦图书出版有限公司 2003 年增订版,第 1 页以下。

[2] 数据源:台湾"立法院"第六届第 5 会期财政委员会,台湾"财政部"对"废除遗产及赠与税问题"之项目报告,附件一。

(一)量能平等负担原则

从量能平等负担原则考虑,遗产税宜改为继承税,仅就继承部分课征继承税,如此一来,在现行之高累进税率下,得因继承额较遗产总额大量降低而使纳税义务人之税捐义务得以减轻,且使现行各继承人连带负担遗产税之不合理现象得以消除。

(二)脱法避税之防杜

遗产税就被继承人之全部遗产课征高累进税率,致增加脱法避税之诱因,若能将遗产税制改革为继承税,将可大量减少脱法避税之情事。虽脱法避税之一般防杜条款尚有待立法,唯吾人不能因担心脱法避税行为经立法后,将依照各国立法例,改为只能加以补税而不得处罚而不积极着手立法。盖脱法避税之调整系税法独立性之表现,虽不必拘泥于民商法之私法自治与形式上之法安定性要求,但亦不得对脱法避税行为加以补税后再重罚,否则税法独立性将会侵扰他法域之核心价值。

(三)最适化之租税优惠

经济政策之租税优惠不得泛滥,遗产税因有易于规划性且实际所征得税收又少,最适宜作为管制诱导工具。但遗产税所具社会国原则色彩,亦不宜因租税优惠而丧失。是以租税优惠仍应保留社会国原则色彩,而以创造就业机会作为减免遗产税要件较为适宜。其次,提升创新能力与研究发展亦属重要,倘遗产税废止则丧失最适宜作为社会政策之租税工具。

(四)地方自治制度性保障

遗产及赠与税之收益80％归其所属之乡镇,故遗产及赠与税宜由国税改为地方税,让地方依法更能尽可能为遗产税纳税人提供服务。且遗产税若能尊重死者之遗嘱或遗愿而将所征收之遗产税作为特定目的之使用(如兴建地方医院或学校),应可降低遗产税不当之脱法避税规划,借由死者回馈社会之心意以提升缴纳遗产税之意愿。

(五)婚姻与家庭保障

遗产税法律关系为公法上债权债务关系,宜较私法更优先保障婚姻家庭。尤其台湾2008年1月4日施行之"民法"第1153条第2项,为保护继承人已修改为部分法定限定继承制,亦即继承人对于继承开始后,始发生代为履行之保证债务,继承人仅须以其所继承遗产负清偿债务之责。而现行"遗产及赠与税法"第 6 条第 2 款规定无遗嘱执行人者,由继承人为纳税义务人之规定,现行实务做法系由各继承人连带负担遗产税债务,倘遗产不足清偿遗产税债务时,将可能侵害继承人之固有财产甚至使其负担额外债务或被限制出境。然遗产税法律关系作为公法上债权债务关系,更应使纳税义务人受基本权之直接保护,现行实务上见解与保护婚姻与家庭之立法潮流实未能相符。现行遗产税制,最高税率高达 50%,则需改造为"继承制"或"家庭分割制"。

(六)行政罚与人权保障

有关遗产税之行政罚,特别在无罪推定及举证责任之规定方面,"遗产及赠与税法"第 44 条、第 45 条之罚锾规定,其处罚过重则有不合比例之嫌,盖其既无最高额之限制,又未给予行政机关免予处罚之裁量余地,与法治国原则及人权保障未尽相符,尤须改革。

第八章

房地产奢侈税立法及其宪法界限[*]

第一节 立 法

在都会区尤烈的高房价,造成所得不均与无房地产者反感及社会不安。依据台湾"行政院研究发展考核委员会"所做的调查,都会地区房价过高在"十大民怨"中排名第四位,仅次于电话及网络诈骗泛滥、求职不易及失业、民生物价过高等问题。以此为出发点,而有奢侈税之立法。台湾"行政院"在 2011 年 3 月 10 日通过了《特种货物及劳务税条例》(下称"本条例")。依据"行政院"所提草案之总说明指出,其立法目的在于:"近期部分地区房价不合理飙涨,且近期房屋及土地短期交易之移转税负偏低甚或无税负,又高额消费带动物价上涨引发民众负面感受,为促进租税公平,健全房屋市场及营造优质租税环境,也符合社会期待,故参考美国、新加坡、南韩及香港之立法例,对不动产短期交易、高额消费货物及劳务,课征特种货物及劳务税。"足见本条例系积极响应前述与舆论要求所制定。台湾"立法院"亦极为迅速地在 2011 年 4 月 15 日完成三读审议程序。

本条例关于不动产部分,系针对短期买卖非供自住不动产课征特种货物及劳务税。依据本条例第 2 条第 1 项第 1 款之规定,所有权人在销售持有期间 2 年以内(含 2 年)坐落在台湾地区境内之房屋及其基地或依法得核发建筑执照之都市土地,皆应依法缴纳特种货物及劳务税。

倘若合理、常态及非自愿性移转不动产,依本条例第 5 条之规定,将之排除在课税项目之外。

---

* 由台大法研所财税法组硕士班研究生黄咏婕律师、吴怡凤律师及曾玠智协助数据搜集及文字整理,特此感谢。

第二节 台湾房地产税制及其缺点

一、私有财产制下房地产

台湾"宪法"第15条明定人民财产权应予保障之规定,依"司法院""释字第400号解释",认为"旨在确保个人依财产之存续状态行使其自由使用、收益或处分之权能,并免于遭受公权力或第三人之侵害,俾能实现个人自由、发展人格及维护尊严"。在土地私有财观念下,土地及房屋不动产最受青睐;唯行使财产权仍应受社会责任及环境生态责任限制,最主要之社会责任,即为依法律平等负担税捐。

二、房地产税制

房地产税制建制与其他税制相同,原则上依量能原则指标定之。[1] 税捐负担能力之指标,一般分为所得、财产与消费。在私有财产制国家,财产权归私人所有,原则上国家不介入(直接)税课,[2]而就财产使用收益产生所得,或依所得与财产花用间接推估所得予以课税,是现代国家税制乃以所得税与增值型营业税为重心,例外就特种财产之持有,依应有收益(Sollerträge)推估课以轻税。[3]

1.所得型土地增值税。房屋(财产交易)所得税,房地产因交易而有所得者,系财产交易所得,[4]由于个人所得税,系实行综合所得税制。房屋交易所得,个

---

[1] 葛克昌:《量能课税原则与所得税法》,收入《税法基本问题》,台湾元照出版有限公司2005年版,第157页以下。

[2] 财产权本体受宪法制度性保障,不容税课侵害,按财产权由自己取得者,已课征所得税;无偿由他人取得者,亦已课征遗产及赠与税。支出过程已课征加值型营业税,是以一般财产税经德国联邦宪法法院宣告违宪(违反财产权保障与量能原则,BVerfG v. 22.6.1995,BVerfGE 93, 121)并限期1996年12月31日前完成修正,逾期国会并未修正,事实上业已废止。

[3] 特种财产税,如地价税、房屋税,应有收益如自住、投资报酬、房地贷款利益、涨价利息。

[4] 台湾"所得税法"第14条第1项第7类财产交易所得:凡财产及权利因交易而取得之所得。其价算方法为:财产或权利原为出价取得者,以交易时之成交价额,减除原始取得之成本,及因取得、改良及移转该项资产而支付之一切费用后之余额。

人须计入年度所得总额按累进税率课征综合所得税（台湾"所得税法"第 14 条第 1 项第 7 类），营利事业则课征营利事业所得税。至于土地交易所得，则采分离课税不列入综合所得税，另课征土地增值税。[①] 土地增值税分离课征，一般认为系基于台湾"宪法"第 143 条第 3 项明定："土地价值非因施以劳力资本而增加者，应由国家征收土地增值税，归人民共享之。"此仅由文义解释，如由目的解释只要对增值课税，并无必然须独立于所得课征之理。唯土地交易由于常基于持有多年出售，成本费用举证不易；且土地涨价多因公共建设或都市计划所造成。房屋交易所得理论上与土地涨价不同，仍纳入综合所得税课征，而归类于财产交易所得计算成本费用。

2. 财产型。原则上财产权之持有，不予课税，以免侵害财产权保障与量能原则；为房地产作为投资与增值工具，有必要就"应有收益"课征土地税与地价税。

3. 交易型。房地产交易原则课征契税；营业行为则课征营业税，但台湾"契税条例"第 2 条但书规定："但在开征土地增值税区域之土地，免征契税。""加值型及非加值型营业税法"第 8 条第 1 项第 1 款规定，出售土地免征营业税，是以契约及营业税原则适用于房屋交易。

三、房地产税法制上缺失

现行房地产税法主要缺失，在于房地产买卖之实价登记制度未建立，并因此衍生土地、房屋之市价未制度化，推估价格与实际价格在房地产高涨时期差距甚大，无法按实际所得课征累进税。个别税制之缺失如下：

(一)土地增值税

土地增值税最大缺失，在于实际交易价格远高于土地公告现值。此外，土地增值税系以土地涨价总数额超过原规定地价或前次移转时核计土地增值税之现值税额适用税率，亦即以涨价倍数适用税率。实际上，前次核计土地增值税之现值为公告现值，如此次出售以实价计算，则一次需缴纳无法承受之土地增值税，不得已仍以公告现值计算。修法趋向，为"土地征收条例"第 30 条以公告土地现值，补偿其地价，改为以市价补偿，另一方面将土地公告现值逐步调整为市价 90% 以上，但如此土地有促涨作用。且公告现值每年调整一次，在此期间买卖所得，反无须课征土地增值税。

---

① 黄茂荣：《不动产税及其对不动产业的经济引导》，收入《税法总论》（第三册），植根法学丛书编辑室 2008 年第 2 版，第 473 页以下。

另有因技术上原因亦如台湾"司法院""释字第 180 号解释",因土地合建,由及时申报一转,多年缠讼后,致申请人因出卖土地所得或价金不足缴纳土地增值税,主张"土地税法"第 30 条第 1 项,以申报当期限值向出卖人课征规定违宪,该号"解释"认该规定"旨在使土地自然涨价之利益归公"未违宪,唯"是项税款,应向获得土地自然涨价之利益者征收,始合于租税公平原则。"①

(二)房屋财产交易所得税

个人出售房屋,未能提出交易时成交价格及原始取得实际成本之证明文件者,实务上均以函释为依据一律以出售年度房屋评定价格 20％计算财产交易所得,经台湾"司法院""释字第 218 号解释"认为,"不问年度、地区、经济情况如何不同,盖按房屋评定价格,以固定不变之百分比",推计"自难切实际,有失公平合理,且与所得税法所定推定之意旨未尽相符","应自本解释公布之日起六个月停止适用"。其后即明定该法施行细则第 17 条之二,分区分年核定推估标准。②

(三)地价税、房屋税

由于地价税、房屋税系以"应有收益"为对象,不可避免无法按实价课征,仅能依法定评定价格,即公告地价 80％("平均地权条例"第 17 条)与房屋现值("房屋税条例"第 10 条)。而法定评定价格与市价间如何接近,即成主要问题。再者地价税房屋税,按累进税率课征,由于现行土地房屋常由法人持有,是否适用累进税率,即值得检讨。

(四)契税、营业税

销售房屋,除课征营业税另课征契税,不仅有重复课税问题,且契税以销售毛额为税基,此为不合理多阶段重复课税。

总之,现行房地产税制存有不合理与不公平之处,特别对房地产飙涨无抑制作用,乃有特种货物税性质之奢侈税立法,以平息民怨,唯该税涉及诸多宪法问题,容下文讨论之。

---

① 葛克昌:《纳税人财产权保障》,收入《行政程序与纳税人基本权》,台湾翰芦图书出版有限公司 2005 年第 2 版,第 136 页以下。
② 葛克昌:《金钱给付及其协力义务不履行与制裁》,《行政程序与纳税人基本权》,台湾翰芦图书出版有限公司 2005 年第 2 版,第 85～90 页。

第三节　问题概说

由于遗产税税率大幅调降,台湾"税制改革委员会"有意规划奢侈税以为平衡。具体内容虽尚未成形,但奢侈税之法律定性及所衍生之法律问题,其"合宪性"及"宪法"界限,有必要先予厘清。

第四节　奢侈税之沿革

从法制史观察,在 16 至 18 世纪,对奢侈品进口关税,有所谓"奢侈税"(Luxussteuern),当时[①]与"人头税"同为最古老之直接税[②]。在 1573 年 10 月 22 日 Johann Albrecht von Mecklenburg 公爵之遗嘱即明示某些物品须予课税,即"进口过分华丽、淫奢、不必要,且导致伤风败俗,过度花费物品。"[③]此种税课部分缘由,系对原禁止交易之奢侈品予以课税后许可买卖。例如 17 世纪,在 Württemberg 即征收"酒税"(Saufgulden),作为酒禁后开放买卖之条件。

1906 年汽车税作为奢侈税引入德国,该税定性为直接税与消费税。[④] 1922 年起对营业用汽车亦加课税。其支配性思维为等价原则。[⑤] 该税用以平衡公共道路之兴建,[⑥]但并非规费,因其未纯粹按使用程度而支付。但昨日之奢侈品可能为今日之必需品,[⑦]将汽车税视为奢侈税已经过时,拥有汽车已非奢侈行为,纵今日仍有奢侈之车款,但仅少数阶层拥有。至于支付道路建设之等价原则或利益原则,但拥有不等同于使用,且等价或利益原则亦不为现代税法所接受。因现代税法强调税捐非基于对价原则而负给付义务,由于此种特性,国家及地方自

---

① Birk, Steuerrecht, 11 Aufl. 2008. § 1 Rn 16.
② 直接税谓立法者立法意旨认为法定纳税义务人即为实际税捐负担人;不致因转嫁而由他人负担。
③ Hartung, Volk und Staat, 1940. S. 105.
④ Lang, StuW 1990, 107, 127.
⑤ Reißin Tipke/ Lang, Steuerrecht, 19 Aufl. 2008, S. 686.
⑥ Tipke, Die Steuerrecht sordnung, 2 Aufl. 2003, S. 1099.
⑦ 昨日之奢侈品可能为今日之必需品,他人之奢侈品可能是自己的必需品。私有财产制旨在实现个人自由、发展人格及维护尊严(台湾"司法院"释字第 400 号解释),是否系奢侈品应由自己决定、自己选择,而非由立法者决定。

治团体本身不受对价拘束,得自行选定目标、自行确定其执行手段,此即租税国家与规费国家不同之处。[①] 特别是现代国家,强调社会法治国,对无资力者更需提供社会福利,接受国家给付越多者反而纳税越少,此与利益原则正为相反。[②] 现代国家税法之结构性原则系量能原则,而该原则原即为对抗利益原则(受益者付费原则)[③]。汽车税在今日仍有存在价值,唯非基于奢侈税,而系基于生态税。生态环境税系基于汽车对生态破坏之社会成本,汽车使用造成有害物质(二氧化碳)及噪音,汽车税基于生态环境政策要求,既基于环境税思维,为租税经济,而改由汽油税征收。有基于噪音造成健康伤害,亦可能基于交通意外造成健康伤害之危险,除生态税外亦可基于健康税。除了汽车税外,烟酒税今日亦不视为奢侈税,而以健康税代之。昔日部分奢侈税均已改头换面仍存在于今日,其他则逐渐凋零。

第五节　奢侈税之法律性质

奢侈品随时代而异,亦有同一物品使用,虽同受不利税捐待遇,但随时代环境变迁,已不定性为奢侈税,而依环境税(如汽车)或健康税(如烟酒)予以课征。是以奢侈税共同特征,在于直接针对奢侈品之使用或奢侈行为,予以税捐之不利负担。所谓税捐之不利负担,指对"量能原则之例外",亦即对量能原则作部分牺牲,以管制纳税人之使用奢侈品。奢侈税之法律性质,大体可由下列几方面予以说明:(1)非财政目的租税;(2)量能原则之例外;(3)社会政策目的租税;(4)租税之不利负担。

一、非财政目的租税

在自由法治国家,因严守最小政府理念,租税亦限于财政收入目的,迨 20 世

---

① 葛克昌:《论公法上金钱给付义务之法律性质》,收入《行政程序与纳税人基本权》,台湾翰芦图书出版有限公司 2005 年增订版,第 2005 年增订版,第 51 页;Kirchhof Verfassungsrecht und öffentliches Einnahmsystem, in Hansmeyer（Hrsg.）, Staatsfinanzieruug im Wandel, 1983, S.33.

② 葛克昌:《量能原则与所得税法》,收入《税法基本问题》,台湾元照出版有限公司 2005 年增订版,第 161~162 页。

③ 陈清秀:《量能课税原则在所得税法上实践》,载《法令月刊》第 58 卷第 5 期;柯格钟:《量能原则作为税法之基本原则》,载《月旦法学》2006 年第 136 期。

纪中叶以后,社会法治国理念兴起,国家不仅为法律秩序之维护者,同时亦为社会秩序之形成者,国家为形塑社会正义,得以运用国家一切工具,包括财政工具,其中多以租税优惠作为诱导纳税人作为不作为,亦有以不利之租税负担,用以管制人民特定作为不作为,均非财政目的之租税。是以社会法治国家之税捐,不限于财政收入为唯一目的,随历史演变,改为以财政收入为主要目的;随着国家社会任务之不断扩充,国家职权亦加扩张,财政收入为税捐之主要目的,亦经立法修正为只要为附随目的或次要目的即可(例如:德国1977年之租税通则第3条)①。

二、量能原则之例外

量能原则为依经济能力平等负担原则之简化,首先肯认税法应依量能原则为台湾"司法院""释字第565号解释"理由书明文:"纳税义务人应按其实质负担税负能力,负担应负之税捐"②,并将租税优惠定义为量能负担之例外:"惟为增进公共利益……或特别规定,给予特定范围纳税义务人减轻或免除租税之优惠措施,而有正当理由之差别待遇。"但量能原则例外,除租税优惠外,另有租税之特别不利负担以管制人民特定行为,奢侈税即为典型。③奢侈税系量能原则之例外,是以认为奢侈品使用者,具有较高负担税捐能力,而适用较重税负,此种基于量能原则之考虑,系对现行税法之税捐客体衡量之修正,并非一般所谓之奢侈税。

三、社会政策目的租税

非财政目的租税有:经济政策目的租税、环境健康目的租税及社会政策目的租税。奢侈税有改良社会风气及平均社会财富之功能,可归之于社会政策目的租税。

---

① 财政收入是否得仅为税捐次要目的之讨论,参见葛克昌:《论公法上金钱给付之法律性质》,收入《行政程序与纳税人基本权》,台湾翰芦图书出版有限公司2005年第2版,第36页以下;Friauf, Verfassungsrechtliche Grenzen der Wirtschaftslenkung und Sozial gestaltung durch Steuergesttze, 1966.

② 台湾"司法院"解释文明示量能原则为"释字第597号解释":"各该(税捐)法律之内容且应符合量能课税及公平原则。"

③ 量能原则例外之讨论,参见葛克昌:《租税优惠、平等原则与违宪审查——释字第565号解释评析》,收入《税法基本问题》,台湾元照出版有限公司2005年增订版,第277页以下。

四、租税不利措施

量能平等负担之例外,此种租税特别措施,一般系给付纳税人特殊之租税优惠,以诱导其从事所奖励之行为;但亦非不得以不利之租税负担,用以管制国家所不欲之行为。此种间接管制,虽不如直接命令或禁止较为强烈,仍对其施以不利之措施。

第六节　奢侈税之合宪性

一、奢侈税不符合平等原则

按台湾税法平等原则衡量标准"并非绝对、机械之形式上平等,而系法律上地位实质平等"、"有正当理由之差别待遇,尚非'宪法'第 7 条所不许"。但税法上差别待遇是否"有正当理由",其衡量标准即在是否符合量能平等负担原则,作为租税特别不利负担,既系牺牲量能平等负担原则,用以管制人民之奢侈行为,自不符平等原则。唯虽不符平等原则,但如有更大公益要求,牺牲部分平等原则,仍非"违宪"。是以税法违反平等原则是否"合宪",系于两种基准:(1)是否侵犯量能原则之核心领域;(2)所维护之公益是否远大于所牺牲之量能原则。

二、奢侈税是否违宪

基于上述两种基准,原则上奢侈税仅就奢侈行为者加诸不利之租税负担,虽牺牲量能原则,仍未达到侵犯平等原则之核心领域;除非此种负担,已达"寓禁于征"的程度。寓禁于征之租税,既不以财政收入为目的,已不符租税"至少以财政收入为附带目的"之定义,为披着租税外衣之禁止措施,是为法律形式之滥用,同时与宪法保障工作权、财产权之意旨不符。[①] 至于奢侈税所维护之公益是否大于所牺牲原则,则须具体权衡。但亦与对此种租税不利负担,其违宪审查基准有关。在 20 世纪 70 年代以前,鉴于环境生态日益恶化,社会贫富不均日益加重,

---

① Tipke, Die Steuerrecht sordnung III, 1993, S. 1058.

肯认国家得利用租税优惠及特别不利措施,作为社会政策之工具,用以变更或调整所得财产分配。但在 20 世纪末,对租税优惠及特别不利措施,则认为系国家不甚允当之工具,虽非必然违宪,然究其合宪性须经严格审查,[①]其主要原因有三:

1. 租税特别不利负担或租税优惠,均系牺牲量能平等负担原则,除非其管制诱导目的已在法条中明示,以明立法者曾斟酌过平等原则(指明条款)[②],且该目的优先于量能原则之牺牲。租税特别不利负担或租税优惠,从量能原则而言,系不符平等原则之要求。[③]

2. 租税特别不利负担或租税优惠,均利用租税之差别待遇作为经济诱因,以管制诱导人民行为,致宪法所保障之经济自由、职业自由、营业自由、财产权保障及一般行为自由,产生缺口。

3. 租税特别负担及租税优惠,破坏量能平等负担,致课税前后市场竞争力已有所不同,市场自由竞争功能从而扭曲,市场机能亦难以维持。

是以奢侈税虽非不具合宪性,但其合宪性已甚为可疑,盖奢侈税破坏量能平等负担,故不仅立法上须予节制,在司法审查时,亦应严格审查其是否逾越宪法之界限。奢侈税系偏离量能平等负担,而置经济自由、财产私用性及市场机能于不顾,引公权力进入经济社会领域,须有较空泛之改良社会风气或平均社会财富分配,更为具体重大之社会政策要求,始能取得正当性。[④]

第七节　奢侈税之宪法界限

从上述讨论,吾人可归纳出奢侈税之立法,仍有其宪法上界限。盖人权之核心领域,是不容多数决来侵犯。

1. 寓禁于征之奢侈税,非宪法所许。奢侈税等此种租税特别不利负担,虽系为社会政策目的,而牺牲量能平等负担原则。唯平等原则虽可牺牲,但不容剥夺。奢侈税课征达到寓禁于征地位,即侵害量能平等原则核心领域。寓禁于征之奢侈税,系滥用租税之手段,而行禁止之实,与保障职业自由、财产权意旨,亦

---

① R. P. Schenke / S. Schenke, Abschied vom Steuerrecht als Lenkungsmittel? NTW 1999, S. 2573.

② BVerfGE 93, 121 (148); 99, 208 (296).

③ Tipke, Die Steuerrecht sordnung I, 2Aufl. 2000, S. 340.

④ Osterlob, DstJG 22 (1999). S. 177 (179).

有不符。

2.课征奢侈税之立法目的,应明示于法条之中(指明条款),以明立法者曾考虑量能平等原则之牺牲,以及所增进之社会政策目的较平等原则之牺牲,更有价值。[①]

3.奢侈税之课税要件须受国会保留原则之限制。

4.奢侈税课征除已侵犯量能平等负担原则,固因其同时对市场经济竞争秩序亦有伤害,故须考虑其对职业自由与财产权保障之侵害。

第八节　奢侈税相关问题之探讨

奢侈税相关之宪法问题,可值得探讨者有下列三点:

一、奢侈税是否为税捐

台湾"宪法"第19条明定人民有依法律纳税之义务,是否为宪法上税捐涉及"法律保留"之程度,当局与地方权限划分"国税与地方税",管辖机关及违宪审查。[②] 原则上租税系以支应国家任务之财政需求为目的,唯此并不排斥租税同时具有管制诱导人民行为或社会形成之作用。税法规范以取得收入为主要目的,吾人称之为财政收入目的规范。此种规范主要考虑,在于租税负担如何公平分配予公民。此种负担分配规范,其负担效果并非依立法者偏好(立法裁量范围),而须依特定之正义基准予以分派,从而成为"违宪"审查对象。[③] 故租税平等负担要求,成为税法之最高体系原则。反之,奢侈税虽以社会政策目的为主要

————————

① 德国联邦宪法所以对租税特别不利负担或租税优惠,要求须在法定要件指明其管制诱导目的,其理由在平等原则。因平等原则"并不排斥所有管制诱导纳税人为增进公益行为,税法如基于非财政目的,而在法定要件中指明管制诱导之目的与界限时,仍有其正当性"[BVerfGE 99,280(296)]。

② 台湾"宪法"规定人民有依法律纳税之义务,系人民之基本义务,当局仍得依法律向人民强制收取其他公法上金钱给付("司法院""释字第473号解释")。唯税法涉及当局与地方权限划分,及由于税捐具有其他特别公课所无之无对待给付性质,及由此本质所生宪法量能平等负担要求,税与非税公课在"违宪"审查之基准自有不同。故本质上为税者,不论使用何种名称,规定在何种法律,仍不容规避"宪法"对其所为之限制。参见葛克昌:《管制诱导租税与违宪审查》,收入《行政程序与纳税人基本权》,台湾翰芦图书出版有限公司2005年增订版,第106页以下。

③ Vogel,StuW,97(97).

目的,但多多少少带有财政收入目的,故仍为税捐[①];而与财政收入完全无关之强制金钱给付义务,诸如罚金、罚锾、怠金、滞纳金、短估金、利息及费用不同。奢侈税为税捐,其收取及行政机关为财税机关。

二、规范奢侈税之法律是否为税法

规范奢侈税之法律是否为税法,自然涉及税法定义。一般将税法分为财政收入目的与管制诱导目的之租税,并非在形式上是否以税捐为财政工具,而须以实质价值观为取向,以量能平等负担为主要审查基准者为税法,除量能原则仍须考虑社会政策目的或经济生态目的为非财税目的税法,问题是此种非财政目的税法是否已非税法,而为社会法、环保法或经济法? 此自然与税法之定义有关,但从"违宪"审查观点,是否仍属税法并不重要,问题是奢侈税是否仍受量能原则之拘束?

三、奢侈税是否仍受量能原则拘束

奢侈税虽系牺牲量能平等负担原则,但仍不得侵害量能平等负担原则之核心领域,[②]奢侈税既然以财政收入为附带目的,仍须考虑量能原则。是以奢侈税法之"违宪"审查,并非与量能原则完全无关之审查基准,除了要考虑社会政策目的及比例原则外,首先仍须审查是否侵犯量能原则之核心领域,亦即不得有"寓禁于征"之奢侈税。其审查基准,系双重审查,是否违反量能平等负担之核心领域;是否为增进社会政策所必要,其牺牲之量能原则与增进之社会公益目的,是否符合比例原则。

第九节　结　论

奢侈税,系对相同负担能力者,特别针对奢侈品之购买或使用,利用立法使其负担较不利之税负,以管制奢侈品或奢侈行为之泛滥。如企图以奢侈税解决

---

① 反之,仅具管制诱导目的,而与财政收入无关者,即非税捐,之所以税捐概念中须保留收入作为附带目的,即在凸显租税之财政功能,有别于单纯行政功能之禁止规定或行政辅助(BGH, BStBl 96, 538)。

② 葛克昌:《税法独立性与统一法秩序》,载《月旦法学教室》2008 年第 66 期。

财政困境,往往徒劳无功。奢侈税之立法,有违量能原则之体系正义,自须有重大公益要求,且不得超越宪法界限。其宪法界限主要不得侵犯量能平等负担之核心领域,即不得有"寓禁于征"之奢侈税;其次,所增进之社会目的,须符合比例原则,其目的须明示于法律条文,以示立法者已斟酌量能平等原则之牺牲而作出权衡,符合"指明条款"要求。至于是否实质符合比例原则,则有待违宪审查。

第九章

税捐实质正当性与违宪审查[*]

第一节　问题概说

宪法,所贵者不在完美,而在施行;宪法之施行更取决于观念之变革。二者均有赖于法官对法律之合宪解释(verfassungskonformer Auslegung)^①、合宪法律补充与违宪审查。设有宪法法院之国家,犹然。

一、税法之合宪解释与违宪审查

税法为富含强烈宪法意识之法律,^②此不仅税法上金钱给付义务及其作为不作为之协力义务,为国民及居民与国家、地方自治团体最主要法律关系;同时,税捐者系以国家公权力,强制将人民之部分财产,无偿移转为国家所有,因此,本质上税法无所逃于对人民自由、财产、职业之干预与介入之命运,先天上较其他

---

* 本文承台湾大学法律学研究所财税法组研究生陈佳函协助搜集资料、提供意见及整理文稿,特此感谢。

① 法律解释原则上强调合宪解释(在法律解释中有多种可能时,最终应予审查者即应选择符合宪法之解释),为德国联邦宪法法院近 10 年之判决趋势。参见 Bogs, Die Verfassungskonforme Auslegung von Gesetzen, 1966 ; Hess, Grundzüge des Verfassungsrechts der Bundesrepublik Deutschland20Aufl. , 1995, Rz. 79 ; Leibholz/ Rinck, GG, Art. 20 Rz. 586ff. , 2011 ; Drüen, Verfassungskonforme Auslegung und Rechtsfortbildung durch die Finanzgerichte, StuW 3/2012, 269.

② P. Kirchhof, Rechtstaatliche Anforderungen an den Rechtsschutz in Steuersachen, DStG18, 1995, S. 38.

法域更受宪法基本价值观,特别是基本权理念拘束。[1] 是以税法之合宪解释与违宪审查,较之其他法域更为重要。[2]

二、实质宪政国家与税法违宪审查

现代宪政国家,不满于传统形式法治国家仅强调依法行政与依法审判,确保法律保留(行政须有法律依据)、法律优位(行政不得与法律抵触),不顾税法之实质内涵,而让税法成为脱逸宪法控制之脱缰野马,课税权成为与宪法陌生之庞然怪兽。现代宪政国家,追求以人性尊严与人格发展为中心之实质宪政国家,[3]亦即正义国家[4]。基于此种理念,给付国家之规模与范围越来越向外扩张,由国家将从市场征收之税收,与政府人力资源相结合,以实物、服务、金钱给付方式分配于社会弱者。因给付之泉源为租税,源于不符公平负担租税所为之社会给付,其规模越大,实际结果距社会正义反越行越远,社会贫富差距亦逐渐扩之,同时也只有符合正当公平之租税负担,才能源源不绝地供应社会福利所需,故税捐之公平负担为法治国之社会福利前提条件,也是社会福利广度与深度指标。[5]

此种实质宪政国家,亦即正义国家之要求,对租税负担不以议会多数决为已足,进一步要求税法整体秩序所表彰之价值体系,与宪法之价值体系必须协调一致。故税捐立法裁量权应受宪法价值观拘束,特别是宪法基本权拘束,而为违宪审查之对象。正由于给付国家租税负担加重,又承认经济政策、社会政策为目的之租税,创造许多奖励诱导性租税特权,是以租税负担不平感最为人民所关切,台湾"司法院""大法官解释"中有关税法案件也最多,实际上所为之解释亦发挥不少功能,尤其是有权利即须有救济,与法律优位、法律保留方面影响深远。但在实质正义国家要求,如何建立起租税正义之实质衡量标准,以保障纳税人基本权,大概是宪法解释所不得不面临之课题。

---

[1]　Blauroch, Steuerrecht und Grundgesetz, JA 1980, S. 142f;钱俊文:《国家征税权的合宪性控制》,法律出版社 2009 年版,第 6 页。

[2]　Birk, StuW 1990, 304ff.;Hey, BB 2007, 1303;Droege, StuW 2011, 110f. J. Lang 更于 2008 年 Tipke/Lang, Stuerrecht 19 版序言特别论及当今税法立法者为宪法之"异乡人"(verfassungsfremder Steuergesetzgebung)。

[3]　参见葛克昌:《人性尊严、人格发展——赋税人权之底线》,收入《行政程序与纳税人基本权——税捐稽征法之新思维》,台湾翰芦图书出版有限公司 2012 年第 3 版,第 41 页以下。

[4]　最近讨论,参见 D. Fabio, Steuern und Gerechtigkeit, JZ 15/16/2007,749.

[5]　葛克昌:《社会福利给付与租税正义》,收入《国家学与国家法》,台湾元照出版有限公司,第 43 页以下。

本书鉴于税法之形式合法,亦不能取代实质正义之宪法要求。税捐之实质正当性,既是税法之前提,亦为合宪解释补充与违宪审查之主要课题。本书以德国近年对此问题,重新关注热烈探讨为背景,[①]对现代社会负担公平之核心问题,试图接近以宪法为共识之讨论情境,唯税捐正当性问题,须就各税予以探讨,本书仅就共通课题予以探讨。在讨论之前,先就常引为税捐正当性,实际上却是实质宪政国家"异乡人"之见解,予以排除,再就法制史与学说加以探讨。

三、不能构成租税正当性事由

在探求租税正当性时,以下各点往往为财税机关或立法者作为租税正当性依据,但吾人进一步分析,即可发现各点均无法单独作为课税合理正当依据。这些不足以构成正当性的事由,[②]包括:基于财政需求,征收该税不可避免;该税之课征,行之多年,具有历史因素,取消无替代税源;该税税源丰沛,税收良好;该税之负担表面看起来轻微、温和,对纳税人影响不大;该税稽征成本少且效率高,符合租税经济;基于总体经济或个体经济要求;基于地方自治需求等。以下逐一探讨之。

(一)首先须探究财政需求,何以不足作为课征之正当依据

按租税概念,本即为满足公共财政需求,所负公法上无对价金钱给付义务,但满足财政需求之课税手段,必须是适当且必要。财政需求本身,不得为选用立法者偏好租税之正当化依据,而只有正当妥适之租税才能作为正当化依据,因租税负担必须正当公平分配于国民。财政需求越巨大,并不足以减轻租税正当性要求,[③]亦不能因此免于违宪审查。就私法债权而言,亦不能因债权人有重大财务需求,即得以减轻其请求依据。同样理由,租税亦不仅因税源丰沛,而具备课征之正当性。

---

① 例如 K. Vogel, Rechtfertigung der Steuern, Der Staat 1986, 481; M. Rodi, Die Rechtfertigung von Steuern als Verfassungsproblen, 1995; P. Kirchhof, Die verfassungsrechtliche Rechtfertigung der Steuern, Symposion für K. Vogel, 1996, 27; K. Tipke, StRO I[(2)], 2003, 604.

② 此一部分,就葛克昌:《两税合一之宪法观点》,收入《所得税与宪法》,台湾翰芦图书出版有限公司,第161页以下予以改写而成。

③ K. Tipke, Die StRO II[(2)], 2003, S. 584f. f.

(二)租税亦不能因具长期征收之历史,而取得正当性依据

租税课征原则上不得以习惯法为法源,其理由有二:(1)基于法律保留原则,虽然法律基于特定目的,而以内容具体、范围明确之方式,就征收税捐所为之授权规定,并非台湾"宪法"所不许("释字第 346 号参照"),但有关纳税之义务(纳税主体、税目、税率、纳税方法、纳税期间等)("释字第 217 号解释")应以"法律"定之,此"法律"指当局或地方立法机关经立法程序所制定者,[①]而习惯法不与焉。[②] (2)在台湾地区当局与地方权限划分中,"宪法"对"国税"、省税、县税之划分,规定由台湾地区当局"立法"并执行之,已划分为(省税)、县税为(省)县立法并执行事项。故从权限划分观点,习惯法不足作为课征依据。[③] 虽然,在司法造法与税法漏洞之填补方面,习惯法仍扮演重要角色,[④]但仍不免于实质正当性之审查。[⑤] 同时经立法程序之税法或其他法律(如"国民教育法"第 16 条第 1 项第 3 款),其规定纳税义务是否具有合理正当性,不能以行之经年为已足,盖该课税之初可能即不具有合理正当性,亦可能原具有合理正当性,因情事变更,原有之正当性已不存在者。

德国联邦宪法法院判决即曾多次指出,立法者单以财政需求或课征技术上要求,仍不具有税法所需之正当性要求,而不免于违宪审查。[⑥] 换言之,租税立法者不得不顾及租税正当性要求,只因财政需求,或不显著、征收方便即予课征,亦即租税正当性考虑,应优先于财政需求或课征技术。唯有符合租税正当性之租税有多种,吾人加以选择时,始斟酌财政需求及课征技术。

---

① 黄茂荣:《论税法之法源》,载《经社法制论丛》第 8 期;黄俊杰:《宪法税条款与释宪发展》,载《中原财经法学》第 2 期。

② Paulick, Lehrbuch des allgemeinen Steuerrecht, 3 Aufl. , 1977, Rn. 244ff. ; Birk Steurrecht I, 2 Aufl. , 1994, S. 39. 实务上,对纳税人不利之习惯法,不得作为课税依据("行政法院"1965 年判字第 162 号判例)。

③ Tipke/Kruse, AO/FGO, 1996, § 4 AO Tz. 22; Birk, Steuerrecht I, 1998, S. 33.

④ 税法中仅处罚规定与非财政目的之税法,与"刑法"相同,均以法律发布,教育人民免于犯罪或管制诱导人民行为,禁止填补法律漏洞或类推适用,其他之漏洞应以"课税公平原则"、"实质课税原则"填补之。习惯法可作为填补漏洞之指针。

⑤ 黄茂荣:《论税法之法源》,载《经社法制论丛》第 8 期。Tipke, Die Steuerrechtsordnung III, 1993, S. 1156. 依习惯法而为税法漏洞之填补,系贯彻原立法者之意旨,与立法权限划分亦无违背,习惯法既有反复惯行,人民对之有法之确信,依习惯法而为法律补充更符合人民参与之"民主原则",在课税要件以外事项,应得为法律补充之依据。

⑥ BVerfGE 6, 81; 13, 203; 49, 360; 50, 392; 65, 354.

(三)租税之课征应以正义之衡量标准为优先,作为正当性依据

租税课征当然要考虑到其经济效果,但是在法治国家,特别不以形式或程序正当性为已足。实质法治国家应以正义之衡量标准为优先,作为正当性依据。法治国家对租税立法者要求,具有正当性租税且经济上最适当者;同时对整体经济有害者,即不具有租税正当性,而在市场经济制度下,负担公平之租税最不妨碍竞争秩序,自然有利于物价之稳定、充分就业、经济平衡发展,以及经济增长。是以,以财政收入为目的租税,应符合量能原则,每个人按其负担能力,平等分担公共财政需求。[①]

至于非以财政收入为目的租税,特别是经济政策或社会政策目的之租税优惠或租税特别负担,在给付国家由于国家职权扩张,有必要以租税特权或租税特别负担作为经济诱因。故租税优惠在给付国家原则上允许其存在。但是租税优惠在技术上须与整体税法协调一致,且具体方面须加以审查,以租税优惠为手段达成经济政策或社会政策,其手段与目的之间是否有关联,必要且相当。[②]

排除上述不足作为税捐正当性事由,吾人接着从法制史观点,先探讨国家理念之变迁与税制变迁关系,再论及现代宪政国家,税捐之地位;次探究现代宪法国家何以得以税捐干预人民经济生活;再就个人税捐负担之宪法衡量基准予以讨论;最后作一简单结论。

第二节　国家观与税制变迁

一、财政救急、利益说、牺牲说、再生产说

当代对税捐实质正当性之税法基本问题,重新予以正视并赋予崭新时代意义者,系德国驰名之宪法与税法学者弗戈尔(Klaus Vogel)于1986年所发表之《税捐之正当性》一文,[③]其副标题即为《一个被遗忘之前提问题》。Vogel教授将

---

① Birk, Das Leistungsfähigkeitsprinzip als Maßstab der Steuernormen, 1983, S. 167.

② Meßerschmidt, Umweltabgaben als Rechtproblem, 1986, S. 402f.

③ K. Vogel, Rechtfertigung der Steuern-Eine vergessene Vorfrage, Der Staat, 25 (1986), S. 481f. 后收入 K. Vogel, 1964—1990 论文选辑 Der offene Finanz und Steuerstaat, 1991, S. 605f.

税捐正当性理解为,须从法制史观察,并与国家现实与国家理念密不可分,Vogel谓国家系从功能观点考察,即为租税国家(Steuerstaat)①。所谓法制史,指的是欧陆法制史,按税捐实质正当性,此一被遗忘之税法基本课题如拟重予建构,赋予时代意义,须对当代税法之历史环境与国家之理念具有鲜明之意识感。

　　在上古时期封建特权经济时代,经院哲学与官房法学派,主张税捐非为常规收入,于国家财政困窘时期暂时救急之用,税捐征收始得许可。亦即税捐仅限于非常规之财政需求,诸如战备费用、诸侯生活必要费用、大赦、国王女儿出阁嫁妆,始得征收。②迨近代国家兴起,基于国家契约说理念,国家目的有所变迁,国家任务扩张,原先非常时期课征之税捐,不得不转变为常态之租税负担,有必要探究常态税捐之实质正当性问题,与个人应负担之税捐与应享相对利益相当。随着私有财产制度扩大与市场经济发展,国家为个人所提供之服务与利益,需基于税捐来支应。是以当时,税捐视为国家对个人提供保护与安全之对价。税捐给付之多寡,相应于国家对个人保护之程度。③

　　迨18世纪末,欧洲各小王国林立逐渐整并为诸统一之国,资本主义逐渐成熟,贫富不均现象则日益严重,原本国家(与人民)契约理论,亦代之以"国家有机体说"(organische Stattslehre),后说认为国家为个人服务仅为其一小部分功能,反之国家另为较高之存在,为较高价值统一体,人民对国家纳税,非为给付或利益之交换关系,而系国家期待人民为之牺牲,此为人民之牺牲义务,④此谓之"牺牲说",亦称之"义务说"。国家既为有机之整体,个人仅为国家之部分,为了国家荣誉与宏远目标,个人连生命都可以为国家牺牲,何况金钱给付⑤,牺牲说由是

---

　　① 租税国家指国家财政收入主要取之于税捐之现代国家,而非取自国有土地、国有财产及国营企业之收入。换言之,即私有财产及市场经济国家;国家原则上不自行拥有财产与企业,其财政收入只就私有财产之增益予以课税,参与分配。参见本书第五章;Vgl. Gawel, Der Staat 2000, 209;Isensee, in FS Ipsen 1977, S. 409ff;Kirchhof, in: Isensee/ Kirchhof, HStRV, § 118 Rn. 5ff.
　　② K. Vogel, Der Staat 25 (1986), S. 486f.
　　③ 例如雷布斯(T. Hobbes, 1588—1679)即明言:"税捐乃接受国家利益之代价,故应依其所得利益来缴税。"
　　④ K. Vogel, Der Staat 25(1986), S. 489f.
　　⑤ 税捐牺牲说源于英国弥勒(J. S. Mill,1806—1873),其后德国华格纳(A. Wagner, 1835—1911)予以发扬光大,此说系基于国家乃个人职业与营业所必要依赖之公共团体,用以维持治安、市场交易秩序与教育,其经费除由税捐负担,而税捐则为国民(国税)与地方居民(地方税)之义务。

而生。① 国家有机体说今日虽已沉寂,但牺牲理念在今日财政学仍持续其生命力。唯国家既非高于个人之有机体,个人对国家之牺牲自有限度,特别牺牲在法治国家已不容存在,是以为公益而牺牲之征收,需予以对价补偿。但平等牺牲在现代宪政国家,仍有必要,此种平等牺牲,即借由一个人负担能力之负担平等(量能原则),取得税捐正当性。唯今日之平等牺牲,作为纳税之衡量标准,而非昔日之纳税人为有机体国家而为牺牲。② 是以牺牲说,在今日仍有其影响力。

国家理念之历史环境与税捐正当性问题,在近代则有德国基尔大学法学教授史坦因(Lorenz vom Stein)③论及。在其名著《财政学》中指出,税捐概念系随同国家理念之发展一同变迁。税捐正当性来自税捐国家理念,个人经济收益须得到国家协助,税捐系对其取得经济增长之部分返还。依此种见解,就其收益因得国家帮助,而取得税捐正当性,国家课税权应有其界限,最主要即不得就财产或资本本身课税。亦即维持再生产能力之资本或财产,不得借税课予以侵犯。换言之,课税后须维持再生产能力,则每一税捐所益于再生产者须超过所得征者。政府行政之支出,如超过其所创造之价值,则丧失其生产力,而致自我沉沦。

二、再生产说(Vogel 理论)

(一)社会法治国再生产之必要性

弗戈尔(Vogel)从法制史上税捐正当性发展分析,支持史坦因见解,并加以阐明。国家系法律共同体(Rechtsgemeinschaft),个人对国家支付税捐,仅限于其所赚得之经济增益之部分,予以返还。并进一步发展成社会国家④之再生产所必需理论,与该国家个人须受社会(共同体)拘束之"人之图像"⑤,亦即人为社会动物,个人维护人性尊严发展人格自主,须受其所参与之共同体(包括国家)之

---

① 葛克昌:《所得重分配——国家任务与团结互助社群》,载《台湾法学杂志》2011 年第173 期。

② K. Vogel, Der Staat 25(1986), S. 491f.

③ 史坦因,为德国基尔大学法学教授。为黑格尔学派一员,1842 年出版《法国社会主义与共产主义史》,1805 年更名为《1789 年迄今法国社会运动史》,成为自由法治国转向社会法治国的推手(参见本书第二章)。1885 年出版《财政学(Lehrbuch der Finang-wissenschaft)》两巨册,本书税捐实质正当性之见解出于该书 I. S. 26, 183. Ⅱ. 348.

④ 社会国家(Sozialstaat)指国家以维持法律秩序,并附有重塑社会正义、照顾社会弱者、调节贫富差距之任务。参见 Isensee, Der Sozialstaat in der Wirtschaftskrise, in FS für J. Broerman, 1982, S. 365.

⑤ 参见林子杰,人之图像与宪法解释,翰芦,2007 年 1 月,页 120 以下。

拘束与限制。Vogel 在该文发表后,更进一步研究发展出,再生产之必要性非仅关系国家任务,且纳税人取得经济增益后,就其一部分以税捐形式流回国家,而税捐之正当性理由在于国家一般利益与经济之个人利益;或私经济(市场经济)之营业竞争成果经社会国须予以矫正,税捐即取得正当性。税捐之支付,其对私经济具有原则上再生产能力,原则上应予推定;唯在税捐负担加重时,此种推定之形成心证则予降低。换言之,由税捐所征收者是否有利于生产,宜由反面推论之,亦即国家所利于生产者,不少于对经济所课征之负担,即具再生产能力。

(二)国家、经济与社会

若国家就私人收益部分,得课超过 50%,税课即超越宪法界限,对税捐之正当性,国家即需负举证责任。Vogel 不同于 Stein,即在 Vogel 特别强调,就当代国家之现实而言,传统之国家社会二元论[①]已过时,须代之以国家、经济与社会三元论,作为税法基础理论前提。[②] 由于跨国企业逐渐壮大发展,形成巨大组织之经济体系,以其独立性对立于国家体系。此种经济体系,不同于国家系以公共福祉(伦理)为评价,判断决定其政策,而系以营利为经济思维评断。就经济角度而言,一方面税捐正当性须以再生产能力为基准;另一方面对所得、财产与购买力之个人利用,就税捐债务予以注意。

(三)法理念之沦丧

依上述衡量基准,对当代现存德国税法,Vogel 作严厉的批判,认为系"法理念之沦丧"[③],当代德国税法已不再是法,而沦为"得以对他人处置金钱之危险至极之庞然怪兽"[④]。

此种税捐之法理念沦丧,Vogel 教授之处方为税捐伦理与税捐正义之重振。Vogel 将税捐正义视为分配之正义(austeilendende Gerechtigkeit)[⑤],实行再生产作为税捐正当性依据,其正当性具体衡量之第一步,即在税捐予特别公课

---

① 国家社会二元论理论及其是否过时之讨论,参见本书第二章。

② K. Vogel, Rechtfertigung der Steuern-Eine vergessene Vorfrage, Der Staat-25 (1986), S. 481f.

③ K. Vogel, Der Verlust des Rechtsgedankens im Steuerrecht an das Verfassungsrecht, in: DStJG 13(1989), S. 123f.

④ K. Vogel, Der Verlust des Rechtsgedankens im Steuerrecht an das Verfassungsrecht, in: DStJG 13(1989), S. 127f.

⑤ K. Vogel, Der Staat 25(1986), S. 481f.

(Sonderabgaben)①,主要之界限所在:税捐收入须为一般纳税人之共同利益而支出。具体言之,于所得税法,再生产能力在于用于营业之公共支出,财产税则为对财产营利之特别保护,继承税在于所继承财产,营利之持续保障。② 进一步,吾人需区分财政目的税捐与诱导管制目的税捐,二者之正义要求有所不同。③ 在累进税方面需区分水平与垂直之平等。另一主要课题,在于符合家庭正义之税课,其中包括夫妻所得分割制(Ehegattenspilitting)之建制④;赋予扶养子女扣除额⑤;在财产税扣除家用所需之财产;继承税中减除家庭生活所必需。租税学与租税宪法之发展,逐渐厘清了税捐之基本体系,在此体系中,个人就私经济之增益一部分,借税捐返还,以为公共支出,而取得课征之正当性。其公共支出,包括国家维持共同体之法律秩序,对市场秩序之维护与对生产之支持协助。而税法系以量能平等负担作为规范之核心取向,并受财政宪法拘束(主要指中央地方权限划分),及以财产保障为主之自由与平等基本权,并受法治国家之要求,与社会国之形成任务(国家积极促成保护社会弱者重塑社会正义)。⑥

---

① 台湾"司法院"释字第 426 号解释理由书曾特别指出:"特别公课与税捐不同,税捐系以支应国家普通或特别支出为目的,以一般国民为对象……并以归入公库,其支出则按通常预算程序办理。"特别公课系"为国家政策目标之需要,对于有特定关系之国民所课征之公法上负担,并限定其课征所得之用途"。进一步分析,参见葛克昌:《特别公课与地方财政工具》,载《台湾法学杂志》第 213 期。

② 台湾已将高度累进之遗产税,改为按 10% 比例征收之比例税;昔日就遗产课税,乃高度累进税制,避免继承人任意分割遗产规避高额累进税制,唯不得已措施;改采比例税后,仍课征遗产税已失其实质正当性,宜改为继承税,始符量能原则。各继承人间连带责任尤为违反比例原则,更何况原非税捐债务人之行为(征纳)义务,如遗嘱执行人、遗嘱管理人,如非违法变更遗嘱,不应负债务担保责任。进一步讨论,参见葛克昌:《遗产税改革之宪法界限》,收入《行政程序与纳税人基本权——税捐稽征法之新思维》,台湾翰芦图书出版有限公司 2012 年版。

③ K. Vogel, Die Abschichtung von Rechtsfolgen in: StuW 1977, S. 97f.

④ 葛克昌:《租税国家之婚姻家庭保障任务》,收入《所得税与宪法》,台湾翰芦图书出版有限公司 2009 年第 3 版,第 352 页以下。

⑤ 葛克昌:《租税国家之婚姻家庭保障任务》,收入《所得税与宪法》,台湾翰芦图书出版有限公司 2009 年第 3 版,第 362 页以下。

⑥ 社会国家(Sozialstaat)指国家以维持法律秩序,并附有重塑社会正义、照顾社会弱者、调节贫富差距之任务。参见 Isensee, Der Sozialstaat in der Wirtschaftskrise, in FS für J. Broerman, 1982, S. 365.

三、税捐系自由宪政国家表征

在自由宪政国家,税捐之正当性大体归纳有下列数种:

(一)营业人与(租税)国家分享私经济之成果说

1. 国家财政需求是否构成税捐正当化事由

税捐正当性,首先常为人所论及之问题,即为国家财政需求,是否得构成税捐正当化事由? 国家任务之正当性,为支应此种任务所必需之财政需求,可否作为国家征收税捐之正当性? 此种将税捐正当性系于国家任务正当性,最主要问题,正如 Rodi 教授所指出,[①]国家正当任务之财政需求,到税捐正当性,中间有一段论理的跳跃性,因未解答何以财政工具要选择税捐。国家任务之财政需求,可借由国有土地、国营企业收入充之。亦可借由公债发行,或昔日战时,亦有以劳务义务充之。税捐不能仅以国家任务之财政需求取得正当性,仍需进一步论证说理,此种财政需求何以税捐课征充之为必要性。[②]

2. 税捐为私经济成果之分享

国家课税权不能仅因维持国家生存或财政需求,即取得正当性,已如前述;而需进一步,就国家何以有权介入个人(经济)自由而取得课税权予以阐明? 人民之职业与财产自由,为宪法所明定应予保障;从而营业之基础(财产)与营业(工作)原则上归私人所有,是以垄断性国营企业收入(昔日烟酒专卖制度),或强制生产,或借通货膨胀征收私人财产,原则上均非市场(自由)经济宪法所许。宪法选择私有财产制度,经济财归私人所有、管理、使用、收益处分[③]。国家财政只能在私经济成果借税捐予以分享。故原则上,在私有财产之存续状态,国家不得借税课予以干预;而仅能在使用、受益阶段,与人民共同分享经济成果。

在现代租税国家,国家财政由提供行政服务之对价支付,仅为例外。国家行政给付之财政需求,原则上出于无对价之税捐收入;仅例外由对待给付之归费支

---

① M. Rodi, Die Rechtfertigung von Steuern als Verfassungsproblen, 1994, S. 14f.

② 台湾"司法院"释字第 696 号解释理由书第三段后半部特别阐明:"至于维持财政收入,虽攸关全民公益,亦不得采取对婚姻与家庭不利之差别待遇。"此种财政需求,消极不得抵触"宪法"基本权,阐述甚明;唯"违宪"审查另一面,亦须寻求个别税捐课征之积极正当性,不得以正当性国家任务财政需求为已足。

③ 台湾"司法院"释字第 400 号解释明示:"'宪法'第 15 条关于人民财产权应予保障之规定,旨在确保个人依财产之存续状态行使其自由使用、收益及处分之权能,并免于遭受公权力或第三人之侵害,俾能实现个人自由,发展个人人格及维护尊严。"

应或调节之。由于税捐之无对价性,税捐之实质正当性,即成为宪法课题及违宪审查之标的。①

私有财产制度之法治国家,其法律体制须存在法律共同体中,确保有营利意愿者得从事有丰沛成果之营利活动。国家从而借税课分享其经济成果。纳税义务之产生,系从法律共同体中经济收入之归属者;此种法律共同体,系基于营业自由之理念,国家就私经济成果共同参与。由于国家有权参与私经济之收益,是以早期德国联邦宪法法院认为,除了税课侵犯财产本体或过度课征达到扼杀效果,一般税法上金钱给付义务并不在宪法上财产权保障范围之内。② 国家虽有权参与私经济之收益,唯财产权保障,除对财产之存续保障外,财产权私用性亦为财产权保障之核心领域。③ 私经济之收益,国家以税课加以分享者,如超过私人所得收益者,则虽名为私有财产制,实质已为公有财产制。④ 自 1993 年起,德国联邦宪法法院,作出一系列判决,私经济之收益,国家税课之参与最多只及于半数。⑤

(二)对营利能力或营利结果予以税课干预

1.客观负担税捐能力

人民之税捐义务,其缘由有二:或基于可收益之财产及营业职业能力,或基于所得、消费之现有负担能力。受传统牺牲说观点影响,除非过度课征达到没收地步,德国联邦宪法法院在 1992 年前,均持宪法财产权保障不及于税课见解。依此见解,只要平等牺牲,量能平等负担之负担能力,即可能为为公益牺牲之(应有)营业或职业能力。在 19 世纪市场经济中,即存有客观之收益税,依平均收益

---

① P. Kirchhof, Die Verfassungsrechtliche Rechtfertigung der Steuern, in Kirchhof/Birk/Lehner, Steuern im Verfassungstaat, Symposion zu Ehren von K. Vogel, 1996, S. 33.

② BVerfE 4, 7(17); 10, 89(116); 14, 221(241); 70, 219(230); 72, 200(248). 此种早期德国联邦宪法法院对税课不受宪法财产权保障进一步分析,参见黄源浩:《从"绞杀禁止"到"半数原则"》,载《财税研究》2004 年第 36 卷第 1 期;葛克昌:《纳税人财产权保障》,收入《行政程序与纳税人基本权——税捐稽征法新思维》,台湾翰芦图书出版有限公司 2012 年版,第 452 页以下。

③ H. J. Papier, Der Staat, 1972, 50ff. H. J. Papier, DVBL 1980, 794f.

④ P. Kirchhof, Verfassung und öffentliches Einnahmesystem in Hansmeyer(Hrsg)Staats finanzierung in Wandel, 1983, S. 40ff.

⑤ BVerfGE 93, 121; 93, 149; 93, 165, J. Lang, Vom Verbot der Erdrosselungssteuer zum Halbteilungsgrundsatz, in FS. K. Vogel 2000, S. 173ff.; R. Seer, Verfussungsrechtliche Grenzender Gesantbelastung von Unternehmen, DStG23(2000), S. 107ff.

可能,就收益源头:土地、房屋、营业经营课征相当之税捐。[1] 此种方式对收益高于平均收益,得以激励其追逐收益,而收益低于平均水平者则蒙不利之税课待遇。此种"应有收益税"仍残存于当代之"财产税",如房屋税、地价税,唯仅为例外,以避免其空置不使用;原则上,不对营业潜力,仅对已得之所得与消费(营业结果)之现有支付能力分担税捐。国家保障人民之私有财产权,其财产权所生之收益,国家借纳税义务已分享之。[2]

2.财产应有收益或职业营业之实有收益

现有税捐体系,虽例外得就财产之应有收益课以轻税,但不及于个人之工作能力。所课征者,仅及于已收益者——薪资与营利所得、财产或由财产花费所展现之购买力,但不及于个人之营利能力。若某人长期受国家资助之学校及大学教育后,从事海外旅游或享受休闲,无须对国家财政支出负纳税义务(除间接税外),其具有营利能力,但无营利结果。间接税,尤其消费税虽须负担,唯基于社会国(民生福利国家)考虑,生活必需品不得课税,以免侵及低收入户之生存基础。[3] 所得税方面,就纳税人不能支配消费之疾病、灾害、子女扶养之免税额扣除额,均非税捐优惠。[4]

3.对戮力营利之宪法期待

税课对纳税人之干预,只限于已获得收益者,符合宪法自由基本权要求。台湾"宪法"虽以德国魏玛宪法为蓝本,但不采纳德国魏玛宪法第163规定:"所有国民负有以精神与体力,为公共福祉而劳动之道德义务。"是以纳税义务非由所有国民,按其职业、营业(应有)能力负纳税义务,而仅就实有之收益分担税捐。[5]并避免在宪法上规范营业之基本义务与强制劳动之义务。[6]

---

[1]　P. Kirchhof, Die verfassungsrechtliche Rechtfertigung, der Steuer, Symposion für K. Vogel, 1996,34.

[2]　参见葛克昌:《综合所得税与宪法》,收入《所得税与宪法》,台湾翰芦图书出版有限公司 2009 年第 3 版,第 37 页。

[3]　进一步讨论,参见葛克昌:《纳税者权利之立法与司法保障》,收入《行政程序与纳税人基本权》,台湾翰芦图书出版有限公司 2012 年第 3 版,第 415 页以下。

[4]　台湾"司法院""释字第 415 号解释"曾误认扶养亲属免税额:"其目的在以税捐之优惠使纳税义务人对特定亲属或家属尽其法定扶养义务。"此将基于量能平等负担考虑之减除与量能原则例外之税捐优惠("释字第 565 号解释"理由书参照)混为一谈。扶养费用既非税捐优惠,故不计入所得基本税额条例,亦非立法裁量范围,如有漏洞,应为"合宪"解释与"合宪"补充,如无法以"合宪"解释补充,应为"违宪"宣告。参见葛克昌:《租税国家之婚姻家庭保护》,收入《所得税与宪法》,台湾翰芦图书出版有限公司 2009 年第 3 版,第 37 页。

[5]　参见本书第一章。

[6]　P. Kirchhof, Die Kulturellen Voraussetzungen der Freiheit, 1995, S. 3f.

　　台湾"宪法"保障私有财产权,旨在确保个人依财产之存续状态行使其自由使用、收益及处分之权能,并免于遭受公权力或第三人侵害,俾能实现个人自由,发展人格及维护尊严(台湾"司法院"释字第 400 号解释)。此种"宪法"对财产权人期待,除发展人格实现自由外,亦包含收益部分负纳税义务。现行税法,须呼应"宪法"此种期待,并在各别税法之建构与总体税捐负担予以展现①。

四、主观负担能力(所得)与客观推估负担能力(消费)

　　在私有财产制度下,立法者在选取法定要件以决定租税负担时,可在所有权变动时或所有权长期持有或固定归属时予以掌握。就所有权持有状态予以课税者,台湾现行"税法"中有不动产之房屋税、地价税、田赋②、动产之使用牌照税。课征之衡量标准非为所有权之持有,而为所有权之应有收益(孳息),或可期待之收益。由于财产权受"宪法"保障,鉴于资本主义国家坚守资本维持原则,当局只借由租税课征分享收益(孳息)而不及于所有权本体,因此对财产税之税率,不论动产或不动产,均不超出其孳息所能负担之限度。租税应平等负担之,在财产税其平等性衡量基准在于(应有)收益能力。

　　对所有权变动时课税,原则上可由不同阶段来掌握,主要是所得与支出(所有权之支用)。就所得阶段课税者,现行法有个人综合所得税、营利事业所得税及土地增值税。③ 所得税就一定期间内所有权增长,及个人财产增加为负担对象。所得税课征是否过苛,其合理相当性,在于依其一定期间内所有权增长所生之私人利用性。所得税负担之平等性,其衡量标准乃基于个人之所得、财产、消

---

　　① J. Isensee, Grundrechtsvorausvoraussetzungen und Verfassungserwartungen, in: HstR V 1992 §115 Rn. 19f., 262f.

　　② 田赋现已停征。

　　③ 台湾土地增值税在现行税法中,虽与地价税、田赋(已停征)同规定于土地税法中,唯系就已规定地价之土地,于所有权移转时,按其土地涨价总数额征收土地增值税("土地税法"第 28 条)。考其性质本与所得税法中财产交易所得(如房屋交易所得税)并无差异,唯因"宪法"第 143 条第 3 项规定:"土地价值非因施以劳力资本而增加者,应由国家征收土地增值税,归人民共享之",致由"所得税法"中分离出来,独立课税。吾人解释"宪法"不应拘泥于所用字句,土地增值部分只要得以课税方式予以公众分享,不论是否有土地增值税名称,是否与所得税法分离,均与台湾"宪法"第 143 条第 3 项相符。而综合所得税,在客体上经由综合课征,更能掌握纳税义务人负担能力;主体上能斟酌纳税义务人主观特殊情况,而予宽减额扣除特殊考虑。是以土地增值税回归所得税,不失为正本清源之策。参照黄茂荣:《如何将土地增值税改为所得税》,收入《税捐法论丛》,第 254 页以下;陈清秀:《土地增值税的检讨与改进》,收入《税法之基本原理》,第 471 页以下。

费与需求状态。

就所有权之支用课税者,现行税法中最主要者即为营业税,其他尚有证券交易税、货物税、契税、财产税、娱乐税及关税为负担对象。此种就支出或消费课税,乃就市场中自由交易,依物品需求而有新价格为负担对象。消费税是否过苛,其合理相当性系于转嫁予一般消费者之可能性。在消费税其平等性之衡量标准,在于课税对象之经济财与劳务给付。在所得税,国家就个人财产增长部分参与分配;在消费税,国家就物品交易因新价格加值部分参与分配。

就所有权变动之际予以掌握课税,除所得、支用外,现行法亦就权利义务概括继受予以课税,此即遗产税。"宪法"保障财产权自由,所有权人得自由使用、收益、处分其财产,在不违反特留分范围内亦得以遗嘱自由处分遗产,且死后遗留于家属之财产自由权亦受"宪法"保障。但保障之同时,国家对遗产价值亦有参与分配之权,此即遗产税请求权之产生。[①]

原则上现行税法,对所有权课以租税负担,以所有权主体变动者为主,所有权未变动时不予课税。在继受取得时,原所有权人权利丧失,同时为新所有权人取得权利,此时为租税介入最适时机,因其不强制所有权人变动其权利,而只对约定移转所有权或劳务给付之对价,国家予以参与分配(因而减少其对价)而已。个人从而仍保有所有权之自由处分、收益、使用之权。此种结构性建制,法律上理由即为比例原则——公权力(税)之干预,以对人民自由权利最少损害方式为之。

第三节　税法之宪法审查基准

税捐正当性作为违宪审查对象,须就各别税法正当性分别探讨之。[②] 一般税法之正当性,除了前述主观负担能力(所得)与客观推估负担能力(购买力)外,其总体税负不得过度,致侵害财产自由权核心领域,且不得侵及人性尊严与人格发展。又税捐为无对待之公法上金钱给付义务,其平等权要求更为严格。此外,非财政目的税捐(管制诱导性税捐)又以特殊之审查基准,以下分述之:

---

① 参见本书第一章。

② 例如个人所得税,参见葛克昌:《综合所得税与宪法》,收入《所得税与宪法》,台湾翰芦图书出版有限公司2009年第3版,第35页以下;公司税,参见葛克昌:《两税合一之宪法观点》,同上书,第515页以下;遗产税,参见本书第七章;K. Tipke, StRO II², 2003, S. 604~1127.

一、财产权保障[①]

不论财产自由权或职业自由权,亦不论台湾地区"司法院""宪法"解释或德国联邦宪法法院传统见解,均不作为税法违宪审查基准,除非达到扼杀性效果。但此种见解之出发点,不仅矛盾,且受到学者一致性批判。因人民与国家最主要之法律关系即为税捐债务,如基本权不能发挥作用,基本权将难逃空洞化之宿命。纳税人在宪法上保障,若只依形式上税捐法定主义,纳税人无法得到实质保障。

例如台湾"宪法"财产权应予保障之规定,"旨在确保个人依财产之存续状态行使其自由、收益及处分之权能,并免于遭受公权力或第三人之侵害,俾能实现个人自由,发展人格及维护尊严"(台湾"司法院"释字第 400 号解释)。是以财产权所保障者系个人之自由、人格发展与尊严维护,所保障者系"人",而非特定动产、不动产。换言之,非人所有之"物"。此号解释可能源自德国联邦宪法下列判决:"整体基本权结构之任务,乃确保基本权人在财产法领域得以拥有自由之空间,俾能借此自我负责地开展其生活[BVerfGE 50,290(339)]。"[②]唯财产权保障在台湾地区"司法院""宪法"解释中,始终未能以人在财产法得以拥有自由之空间予以审查,而迄今虽有"释字第 622 号"及"第 484 号解释"明示违反财产权保障,但"释字第 622 号解释"系纳税人生前未发单死后却向继承人发单,"释字第 484 号解释"系不发税单致无法移转所有权,对于税捐债务本身是否过度侵害纳税人基本权,均未阐明。德国联邦宪法法院自 1954 年[BVerfGE 4,7(17)]直到近 10 年始终坚持宪法财产权上财产保障不及于公法上金钱给付(税捐)义务。[③] 同时,职业自由对税法之审查亦然,依联邦宪法法院主要见解,认为"特定

---

① 以下系由税捐罚与宪法解释,收入《行政程序与纳税人基本权》,台湾翰芦图书出版有限公司 2012 年第 3 版,第 957 页以下改写而成。

② 类似判决可参考:BVerfGE 24,367(389);31,299(239);53,252(297)。

③ 1954 年该判决,认为基本法第 14 条财产权保障,系针对个别财产权客体(动产、不动产、无体财产权),而不及于个人财产总体因法定纳税义务而减少。嗣后则认为公法上金钱给付义务如过度,致根本损及财产关系或产生没收与绞杀效果,始有财产权侵害[BVerfGE 30,250(272);38,60(102);63,312(327);67,70(88);70,219]但至 1991 年并无任何税法因此为"违宪"宣告(Kurse, Lehrbuch des Steuerrechts I, 1991, S. 38)。参见葛克昌:《租税国家之宪法界限》,收入《所得税与宪法》,台湾翰芦图书出版有限公司 2009 年第 3 版,第 283 页。

税法,只有在具体确认,系针对当事人之职业自由予以规范,[1]始与职业自由保障意旨有违,但一般性税法[2],即非以诱导管制为目的之税法,因其未针对特定适用对象,与职业主要的特征,如盈利、收益、营业额或财产等,并无直接之关联〔BVerfGE 47,1(21)〕",故与职业自由之保障无关。

　　总之,自 1954 年以来德国联邦宪法法院,对税捐此种公法上金钱给付义务,不论财产权或职业自由权,均不得作为违宪审查基准,因其以财政收入为目的,具有公共利益,后演进为除非例外存有扼杀效果不在此限,但实务上并未发生。至于结合一般行为自由保障,以财政收入为目的之税捐通常并未能及之,至于以诱导管制为目的之税捐,则另当别论。但 1992 年在最低生存线判决中〔BVerfGE 87,153(169)〕,则明白宣示税法在违宪审查中,须就"一般行为自由中,应由个人发展其财产权与职业自由之面向"予以审查。从 1993 年以后,宪法学者 P. Kirchhof 出任宪法法院第二庭法官,说服该庭作出一系列税捐负担原则上不得超过收益半数之判决:财产税加上收益税,其租税总体负担(近年更承认各别税目亦然),应就收入减除成本、费用余额,依类型观察法,其归于私有部分因税课而归公部分,后者至多应接近半数,不得超越。[3] 此种"半数原理"乃基于德国基本法第 14 条第 2 项所导出,盖财产权之利用,应"同时"有利于公共福祉,私有财产权"附有"社会义务,私有财产制国家,私有财产应以私用为主,纳税义务为私有财产之附带社会义务,自不容反客为主,税负超过收益之半数。[4] 此一理论虽批判者众,但支持者更多,近日主要支持理由,在于以人性尊严为宪法

---

　　① 例如"寓禁于征"之税捐,其主要目的在逐渐(附期限)禁止该行业,则可能违反职业自由。实则寓禁于征之税捐,如有违反职业选择自由在于是否应予禁止,而税捐多多少少均须以财政收入为目的(虽非主要),寓禁于征税捐既以禁止(无收入)为目的,本质上已非税捐。本质上非税捐而使用税捐之名,系法律形式之滥用。

　　② 在 20 世纪 80 年代,D. Birk 为探求联邦宪法法院对财产权、职业自由不适用于税法违宪审查基准之理由,认为税法区分为两类:负担效果税法与形成效果税法,前者系以财政收入为目的之一般性税法,违宪审查主要基准系量能平等负担。至于形成效果税法,系不以财政收入为主要目的,而以租税优惠或租税特别负担为经济诱因,达成社会政策、经济政策或环保政策之形成效果。财产权等自由基本权得以审查形成效果之税捐,但对负担分配之一般性税法,不适用之。D. Birk, Das Leistungsfähigkeitsprinzip als Maβstab der Steuernormen,1983,S. 179ff.

　　③ BVerfGE 93,121,138.

　　④ 黄源浩:《从"绞杀禁止"到"半数原则"》,载《财税研究》2004 年第 36 卷第 1 期;葛克昌:《纳税人财产权保障》,收入《行政程序与纳税人基本权》,台湾翰芦图书出版有限公司 2012 年第 3 版,第 122 页以下。

核心价值国家,私有财产范围,个人权利原则上不少于公共财政收入利益。[1]

二、平等原则——量能负担原则

台湾"司法院""宪法"解释迄今几乎未以财产权保障或工作自由权作为税课"违宪"审查衡量标准,已如前述。是以"司法院"对解释税法之违宪审查,除形式上常以"租税法律主义"作为审查衡量标准外,往往亦察觉过于僵硬而思有所突破,而一再强调"课税公平原则",例如"释字第 218 号解释"(依推计核定方法估计所得额时,应力求客观合理,使与纳税义务人之实际所得相当,以维租税公平原则)、"释字第 221 号解释"(被继承人死亡前因重病无法处理事务期间举债或出售财产,继承人不能证明用途者,仍应列入遗产课税规定,系为维持课税公平所必要)、"释字第 224 号解释"(申请复查者,须于行政救济程序确定后始予强制执行,对于未经行政救济程序者,亦有欠公平)、"释字第 248 号解释"("财政部"订定营业税特种税额查定办法,小规模营业人仍得自行申请依一般方法计算税额,符合租税公平原则)、"释字第 257 号解释"(汽车冷暖机用之压缩机,依冷暖气机类课征货物税,为简化稽征手续,防止逃漏税捐及维持课税公平所必要)、"释字第 281 号解释"(保税工厂产品,非经报关缴税,不得内销,违反者以私运货物进口论,旨在防止逃漏关税,维持课税公平)、"释字第 327 号解释"(违反扣缴义务之行政罚规定,旨在掌握税源,维护租税公平)。问题是何谓"租税公平原则",上述解释中并未进一步说明,换言之,未从"宪法"基本权保障或其他价值取向中,发展出实质审查标准。唯其中尚有少数解释以台湾"宪法"第 7 条"平等原则"作为形式"租税法律主义"到实质"税捐正义"间桥梁者,其中"释字第 420 号"更对形式主义作重大突破,提出实质课税原则,按该原则,原本即是量能原则在税法事实认定与法律解释之方法。[2]

---

[1]　H. Butzer, Freiheitsrechtliche Grenzen der Steuer-und Sozialabgabenlast, 1999, S. 77ff; M. Jachmann, Sozialstaatlichr Steuergesetzgebung im Spannungsverhältnis zwischen Gleichheit und Freiheit: Belastungsgrenzen im Steuersustem, StuW, 1996, S. 103f; R. Seer, Verfassungsrechtliche Grenzen der Gesamtbelastung von Unternehmen, DStJG 23 (2000), S. 87ff.

[2]　黄茂荣:《实质课税原则》,收入《税法总论》(第一册),植根法学丛书编辑室 2005 年第 2 版,第 365 页以下;陈敏:《租税课征与经济事实之掌握——经济考察方法》,载《政大法学评论》1982 年第 26 期;陈清秀:《实质课税原则裁判之研讨》,收入《现代税法原理与国际税法》,台湾元照出版有限公司,第 95 页以下;葛克昌:《经济观察法与量能原则》,载《月旦法学教室》2008 年第 71 期,第 73 页以下。

量能原则之肯认,在台湾地区不仅为学者所普遍实行,[①]在实务界,亦逐渐得到承认。以"司法院""大法官解释"而言,"量能原则"首见于"释字第 473 号解释",该号解释首先定位全民健保法之"保险费","属于公法上金钱给付之一种,具有分担金之性质"、"鉴于全民健康保险为社会保险,对不同所得者,收取不同保险费,以符量能负担之公平性"。该号解释虽提出"量能负担之公平",唯系针对非税公课,而非税捐。[②] 按租税之特性,在于并无可归属于个人之对待给付,无法对其对待给付加以衡量其价值,使以纳税义务之衡量标准,只能求诸量能原则。台湾"司法院"大法官解释,正式肯认量能原则为税法基本原则,在于"释字第 565 号解释"理由书,该号理由书第三段明示:"依租税公平原则,纳税义务人固应按其实质税负能力,负担应负之税捐。唯为增进公共利益,依立法授权裁量之范围,设例外或特别规定,给予特定范围纳税义务人减轻或免除租税之优惠措施,而有正当理由之差别待遇者,尚非'宪法'第 7 条所不许。"该号解释有关量能课税主要见解为:(1)量能课税原则系出于"宪法"第 7 条平等原则;(2)税课须依租税平等原则,即量能原则;(3)量能原则之主要内涵为纳税义务人应按其实质税负能力,负担应负之税捐;(4)租税优惠为量能原则之例外或特别规定。此号解释,在相当程度内缓和了台湾"宪法"对量能课税原则之沉默与法定定义之阙如。

近年台湾"最高行政法院"在判决中曾多次引用"量能课税原则"[③],其中又以 2004 年"判字第 59 号判决"说理最为详尽:"复按量能课税原则虽然无'宪法'明文,亦缺乏法定定义,唯在学理上自'宪法'第 15 条、第 23 条及第 7 条出发,认为租税负担之衡量应就个人为之(人税),应负担之对象为供私人使用之经济财(租税客体),所课者应为收益部分而不及财产本体,税后仍留有可供使用之经济财(税基)。易言之,量能原则在'宪法'上任务,为期负担之衡量应以个人为准,课税时应保障财产权且平衡课征。"

---

① 例如陈敏教授认为:"各税法所共同之基本原则及其课征限制。"(氏著:《宪法之租税概念及其课征限制》,载《政大法学评论》1981 年第 24 期);陈清秀教授则称量能课税原则及课税基础原则(氏著:《量能原则在所得税法上实践》,收入《现代税法原理与国际税法》,台湾元照出版有限公司 2010 年第 2 版,第 45 页以下);柯格钟:《量能原则作为税法基本原则》,载《月旦法学杂志》2006 年第 136 期。

② 税捐与非税公课,原则上适用不同之指导原则。因吾人依量能平等负担租税外,另须负担非税公课,则须有特别负担之正当性存在,因规费受益费原本与量能平等负担之要求相违背,但近年来非税公课基于社会国原则,逐渐亦受量能原则拘束。参见葛克昌:《论公法上金钱给付义务之法律性质》,收入《行政程序与纳税人基本权》,台湾翰芦图书出版有限公司 2012 年第 3 版,第 64 页。

③ 如台湾"最高行政法院"2002 年判字第 1875 号判决;2002 年判字第 1623 号判决。

依台湾"最高行政法院"见解,则纳税义务人负担税捐,所按实质税负能力(经济给付能力),除了台湾"司法院""大法官解释""释字第565号解释"之相对负担能力——平等原则;另包括绝对负担能力——自由权保障,主要指财产权及生存权;并受"宪法"比例原则拘束。[①] 量能原则主要适用领域为所得税法,因所得税之课税要件旨在掌握租税债务人之个人负担能力,是以所得税之构成,须与量能原则相符。其为实现量能原则,由两方面为之:(1)客观净所得原则:基于量能平等课税要求,收入须减除营业成本费用后之净所得,始得课征,使营利事业有永续经营之可能。[②] 此一原则之缓和,为类型化方法及总额主义之采认。[③](2)主观净所得原则:基于"宪法"生存权保障,个人及家庭生存所需之最低生活基准,应为课税禁区;扶养亲属免税费用及特别灾害疾病支出在计算所得时须于减除。[④]

绝对之量能负担能力,首先触及个人之整体租税负担之上限,例如近日热烈讨论之半数理论(半公半私原则)以及净所得课税原理等;相对负担课税原则,涉及税课之累进税率,以及特别负担(灾害疾病扶养亲属)之扣除等,何者应为国家或社会须予斟酌者。

量能原则适用时,在普遍适用该原则与税法简化间存有紧张关系。台湾"大法官释字第473号解释"对"全民健康保险"之保险费,认为"鉴于全民健康保险为社会保险,对于不同所得者,收取不同保险费,以符量能负担之公平性,并以类型化方式合理计算投保金额,以收简化功能"。所论者虽系非税公课,但亦足以表现税法简化与量能原则间冲突。

---

① P. Kirchhof, Der Verfassungsrechtliche Auftrag zur Besteuerung nach der finanziellen Leistungsfähigkeit, StuW, 1985, S. 320. 早期德国联邦宪法法院规定亦由基本法第3条平等原则导出量能原则(BVerfGE BStBl II 1982, 717;II 1984, 357;II 1990, 653),但晚近判决除平等原则,亦由其他自由权,如财产权、职业自由权及一般行为引出量能原则(BStBl 1993, 413 ff.)。

② 参见黄源浩:《从"绞杀禁止"到"半数原则"——比例原则在税法领域之适用》,载《财税研究》(同注53),第151页以下;葛克昌:《纳税人财产权保障》,收入《行政程序与纳税人基本权》,台湾翰芦图书出版有限公司2012年第3版,第148页以下。

③ 台湾"司法院"释字第473号解释对现行全民健保保险费以"量能负担"、"类型化"、"简化"作为合宪性基础,而未考虑及以职业区分之违反平等原则,依现行规定,既未考虑相同职业者不同之收益,亦未考虑家庭其他成员收益,更未斟酌负担之扶养亲属及疾病灾害,实与量能原则不符。

④ P. Kirchhof, Der sanfte Verlust der Freiheit, 2004, S. 111.

三、非财政目的税捐之违宪审查

税法大体可区分为二：(1)以财政收入为目的税捐之税法；(2)以非财政收入目的税捐之税法。后者为"经济诱因"，诱导或管制纳税人以达成经济政策目的、社会政策目的以及环保卫生政策目的。[1] 以财政收入为目的之税捐，乃将国家所需之财政收入，依税法公平分配给纳税人负担，现代国家以量能（经济给付能力）平等负担为原则。早期台湾"司法院""宪法"解释，对租税优惠认为系租税减免，是否得以减免以法律有明文规定为限，故非财政目的的租税之违宪审查主要基于法律保留、法律优位。例如"释字第 415 号解释"(1996 年 11 月 8 日)明示："所得税法有关个人综合所得税'免税额'之规定，其目的在以税捐之优惠使纳税义务人对特定亲属或家属尽其法定扶养义务。"理由书并加上："若施行细则得任意增减'免税额'之要件，即与租税法律主义之意指不符。"[2] 又如公司之盈亏互抵，台湾"司法院"释字第 427 号解释，亦认其减免为租税优惠，又特别指明"至公司合并应否给予租税优惠，则属立法问题。"[3] 直到 2003 年 8 月 15 日台湾"司法院"作出"释字第 565 号解释"，该号解释理由书始里程碑式明示："依租税平等原则纳税义务人固应按其实质税负能力，负担应负之税捐。唯为增进公共利益，依立法授权裁量范围，设例外或特别规定，给予特定范围纳税义务人减轻或免除租税之优惠措施，而为有正当理由之差别待遇者，尚非'宪法'所不许。"该号解释确立量能原则作为财政收入税法违宪审查基准（参见"释字第 597 号解释"），并明示税捐减免非租税优惠，租税优惠系量能原则之例外，提升税法之"违宪"审查至实质法治国阶段。[4] 惜乎，该号解释未对租税优惠之审查基准予以确立。租税优惠既系量能原则之例外，违宪审查所面临之问题，是否无须量能原则之审查；

---

[1] 黄茂荣：《论税捐优惠》，收入《税法总论》(第三册)，台湾植根法学丛书编辑室 2008 年第 2 版，第 341 页以下；张永明：《租税优惠正当性之探讨》，载城仲模教授古稀祝寿论文集：《行政法各论》，新学林出版社 2008 年版，第 6 页以下。

[2] 该号解释将扶养亲属免税额认定为租税优惠，依陈敏"大法官"之见解："人民之负担税捐能力，须先维持个人及受扶养亲属合乎人性尊严之基本生活需求，始有余力负担财政需求。"陈敏：《宪法解释对税捐法制发展之影响》，载台湾"司法院"大法官 2005 年学术研讨会（下），第 66 页。

[3] 黄茂荣：《公司之合并及其亏损的扣除权》，收入《税法总论》(第二册)，台湾植根法学丛书编辑室 2005 年版，第 357 页。

[4] 近一步讨论，参见葛克昌：《租税优惠、平等原则与违宪审查——大法官释字第 565 号解释评析》，收入《税法基本问题》，台湾元照出版有限公司 2005 年第 2 版，第 268 页以下。

进一步则为非财政目的如为合理,是否即非违宪?台湾"司法院""宪法"解释并无明确说明。

"释字第565号解释"理由虽提出依租税平等原则纳税义务人"应按其实质税负能力,负担应负之税捐"(量能原则),而租税优惠为量能原则之例外,将税法之违宪审查由形式法治国(租税法定主义)迈向实质法治国(以量能平等负担为主之基本权为审查基准)。唯虽抽象提出租税优惠系量能原则之例外,却又自我设限,以具有合理差待遇即断定不违反平等原则,而忽视租税优惠牺牲(但不能剥夺)量能平等负担原则,本质上具违反平等原则特性,只因有更优先之重大公益要求(基于社会国原则之经济政策、社会政策、环境卫生政策)[1]而例外非属"违宪",但仍须权衡量能原则之牺牲与重大公益增进,何者更值保护。故非财政目的租税之违宪审查,须受更严格之双重违宪审查:首先是否侵犯量能平等负担之核心(依德国联邦宪法法院判决,租税优惠须立法者认知平等原则之牺牲,须在条文中之指明优惠目的及条件,只能减至接近半数,不得超越,尤不得减免,否则即侵害平等原则之核心)[2],并审查是否侵犯纳税义务人或第三人之工作权、财产权及一般行为自由;其次须就租税优惠之立法目的与量能原则加以权衡,是否该立法目的更值得保护,并依比例原则加以审查。[3]

第四节　结　论

综上讨论,吾人可得下列四点简单结论:

一、两种正当化事由:所得与购买力

现行税法正当性事由,可归纳为两种,即所得及购买力。课税权得以介入私经济之时机,在于:(1)借由国家与市场之营利所取得之经济财;(2)财货,由所有权人中,依自由意志,移转至另一法律主体,由市场支付其对价,税捐只能从私经

---

① 张永明:《租税优惠正当性之探讨》,载城仲模教授古稀祝寿论文集:《行政法各论》,新学林出版社2008年版,第6页。
② BVerfGE 19, 253(267); 49, 343(362); 93, 121(148); 99, 208(296); 99, 280(296).
③ Wernsman, Verhaltenslenkung in einem rationalen Steuersystem, 2005, S. 215ff., 237ff., 381ff.

济之市场利用加以分享,且由权利、财产价值或劳动力,依其自由意思交换其他有财产价值给付。税课不能削弱其存续,但影响交换之价格。

税捐经由所得与购买力负担,分享私经济成果,其对基本权保障之经济财较少侵犯,但涉及对透过市场交易之行为自由,税捐视为营业与消费之条件。

二、财产权自由与其他自由

在市场中,经济主体寻求给付交易,基本上可区分为所得取得与消费。为营利取得所得,乃依其偏好之财务经济行为,涉及财产权自由。消费取得其对象之所有权,则涉及其他自由权。在营利时,行使其信息自由;购买画笔与颜料,涉及艺术自由;置入住宅,涉及住宅不可侵;为取得所得以消费,则需就业,涉及职业选择与职业执行之自由。税捐在取得之所得予以介入,需得到对财产权自由干预之正当性,税捐在消费行为予以介入,需取得其他自由干预之正当性。此等基本权干预之正当性,需建立违宪审查基准。

此外,在所得阶段介入,尚有诱导管制性税捐,其违宪审查则更需进一步。[1]所得税需审查财产之增长介入之正当性;消费则需审查税课是否侵犯生存必需品,以及医疗照顾及维持营业基础;以及抑制奢侈生活习惯与有害环境之消费。

三、对个人或不知名者课税

所得税系属人税,消费税系对物税。所得税系针对个别之纳税义务人,系对个人课税;消费税则针对市场不知名之消费者。[2]且消费税既对市场不知名消费者课征,无法对个人整体消费行为予以综合评量,只能针对个别消费行为。所得税得以对个人在年度内予以量能负担;消费税则只能对境内之消费予以课征,如出境或外销则予退税。

四、税捐正当性非宪法所专属

国家课税权与对所得及消费之介入,需得正当性。此种正当性涉及市场经

---

① 参见葛克昌:《管制诱导性租税与违宪审查》,收入《行政程序与纳税人基本权》,台湾翰芦图书出版有限公司 2012 年第 3 版,第 201 页以下。

② 人与物之纳税义务,参见葛克昌:《所得税法基本概念》,收入《所得税与宪法》,台湾翰芦图书出版有限公司 2009 年第 3 版,第 16 页以下。

济之运行,营业及市场供需。税捐负担需禁止过度并平等课征。谓税捐正当性仅为税捐课征之宪法界限,得作为税捐违宪审查之重要基准,但非谓税捐正当性系宪法所得单独专属。[①]

---

① P. Kirchhof,Die verfassungsreche Rechtfertigung der Steuer, in Kirchhof/Birk/Lehner,Steuern im Verfassungstaat, Symposion zu Ehren von K. Vogel,1996,S. 53.